现代企业
生产物流与采购管理研究

◎ 金 凤 著

东北师范大学出版社

图书在版编目(CIP)数据

现代企业生产物流与采购管理研究 / 金凤著.
—长春：东北师范大学出版社，2016.12（2024.8重印）
ISBN 978-7-5681-2555-0

Ⅰ.①现… Ⅱ.①金… Ⅲ.①企业管理—物流管理—研究 ②企业管理—生产管理—研究 ③企业管理—采购管理—研究 Ⅳ.①F272

中国版本图书馆CIP数据核字（2016）第307374号

□策划编辑：王春彦
□责任编辑：张 琪 张辛元   □封面设计：优盛文化
□责任校对：王中韩 王春林   □责任印制：张允豪

东北师范大学出版社出版发行
长春市净月经济开发区金宝街118号（邮政编码：130117）
销售热线：0431-84568036
传真：0431-84568036
网址：http://www.nenup.com
电子函件：sdcbs@mail.jl.cn
三河市佳星印装有限公司印装
2017年3月第1版   2024年8月第4次印刷
幅画尺寸：170mm×240mm   印张：13   字数：220千

定价：43.00元

前 言

现如今,物流已成为21世纪的一个热点问题。物流活动贯穿于企业经营活动的整个过程。从企业的角度而言,现代企业生产的物流活动包含生产物流、销售物流、采购物流与回收物流。采购活动是人类经济活动的基本环节,也是现代企业进行生产经营活动的物质基础。任何企业若离开了采购,经营活动都无法顺利展开。随着新经济时代的来临,经济全球化以及市场一体化的趋势越来越明显。现代企业不仅要应对竞争激烈、变化无常的市场环境,还要应对消费者需求的多样化和日益提升的消费水平。传统的生产、采购及物流模式已无法适应市场的迫切需要。企业务必准确把握市场的导向,缩短产品的开发、采购、流通周期,全面提高企业的生存能力和核心竞争力。由此可见,对现代企业生产物流和采购管理进行研究具有十分重要的意义。

《现代企业生产物流与采购管理研究》一书共分九章,包括生产物流基础知识、供应链管理研究、生产库存管理研究、现代企业生产物流成本管理、现代企业生产物流质量控制、生产物流管理信息系统、供应商管理、供应链环境中的采购管理以及现代企业采购管理的创新。本书以实用为原则,按照目标明确、理念先进、深入浅出的总体要求进行写作,重点突出了企业生产物流与采购管理的相关内容,注重将理论与实践相结合,有助于真正培养广大读者的管理技能。

目 录

第一章 / 生产物流基础知识 / 001

 第一节 物流的基本含义 / 001
  一、物流的基本定义 / 001
  二、对物流系统的具体分析 / 003

 第二节 物流的发展历程和趋势 / 004
  一、物流发展的阶段 / 004
  二、物流未来的发展趋势 / 008

 第三节 生产物流概述 / 011
  一、生产物流的特点 / 012
  二、组成现代生产物流系统的基本要素 / 013
  三、现代生产物流的管理手段 / 014
  四、生产物流的特点 / 015
  五、生产物流主要的管理理论 / 016

 第四节 现代企业生产物流的管理模式 / 026

 第五节 采购与采购管理 / 032
  一、采购与采购管理的定义 / 032
  二、采购的目标 / 033
  三、采购的进化与发展 / 035

第二章 / 供应链管理研究 / 040

 第一节 供应链管理的概念与基本内容 / 040
  一、供应链管理的概念 / 040
  二、供应链管理的主要内容 / 042

第二节　生产物流管理与供应链管理的关系　/　042

　　一、供应链与生产物流管理的关系　/　043

　　二、物流管理与供应链管理的区别　/　045

第三节　采购管理与供应链管理的关系　/　046

　　一、传统模式的采购　/　046

　　二、供应链管理环境下采购的特点　/　047

　　三、准时采购　/　051

第三章　/　生产库存管理研究　/　056

第一节　库存管理的相关概念　/　056

　　一、对库存的分类和定义　/　056

　　二、库存优劣的分析　/　058

　　三、库存管理的目的与作用　/　060

第二节　生产计划及生产计划管理　/　062

　　一、生产计划概述　/　062

　　二、生产计划的管理　/　068

　　三、线性规划　/　069

　　四、流程管理理论　/　070

　　五、企业管理制度的理论　/　072

第三节　现代企业生产计划管理的技巧　/　074

　　一、柔性的策略　/　074

　　二、敏捷策略　/　075

　　三、合作策略　/　076

第四章　/　现代企业生产物流成本管理　/　077

第一节　企业物流成本管理的现状及分析　/　077

　　一、企业物流成本管理的现存问题　/　077

　　二、对企业物流成本管理现状的分析　/　078

第二节　物流成本管理的办法　/　084

　　一、建立现代企业物流组织结构　/　084

　　二、如何构建一个高效率的物流系统　/　086

　　三、建立现代物流信息系统　/　088

　　　　四、企业物流管理的创新 / 091

　　　　五、建立物流公司的子公司 / 092

　　　　六、企业物流外包 / 094

　　　　七、物流成本的制度创新 / 095

　　　　八、提高物流意识，建立物流新观念 / 097

　　　　九、政府政策的导向 / 097

　　第三节　物流成本的核算方法 / 099

　　　　一、传统成本核算方法 / 099

　　　　二、作业成本法 / 102

第五章 / 现代企业生产物流质量控制 / 109

　　第一节　生产物流质量控制的特点和方法 / 109

　　　　一、生产物流质量控制的特点 / 109

　　　　二、生产物流质量控制的方法 / 110

　　　　三、生产物流质量控制的原则 / 114

　　第二节　生产物流质量控制的因素 / 115

　　第三节　生产物流质量成本控制的原则 / 116

　　　　一、物流成本分类 / 116

　　　　二、物流成本管理 / 118

　　　　三、物流成本控制原则 / 119

　　　　四、现代企业生产物流质量成本控制体系的建立 / 120

第六章 / 生产物流管理信息系统 / 122

　　第一节　生产物流管理信息系统的结构与开发策略 / 122

　　　　一、生产物流管理信息系统的结构 / 122

　　　　二、生产物流管理信息系统的开发策略 / 123

　　第二节　生产物流管理信息系统的技术分析 / 124

　　　　一、计算机网络技术 / 124

　　　　二、物流信息采集技术 / 126

　　　　三、数据库技术 / 128

　　　　四、电子数据交换技术 / 129

　　　　五、跟踪技术 / 130

　　　　六、路径选择的算法 / 131
　　第三节　生产物流管理信息系统的优化措施 / 134
　　　　一、实施优化过程计划 / 134
　　　　二、维护优化成果的运行 / 136

第七章 / 供应商管理 / 137

　　第一节　供应商管理的必要性和关键环节 / 137
　　　　一、供应商管理相关含义和理论 / 137
　　　　二、分析供应商管理的必要性 / 138
　　　　三、供应商管理的重要环节 / 139
　　第二节　供应商管理的系统 / 140
　　　　一、管理基本信息环节 / 140
　　　　二、评价与选择环节 / 141
　　　　三、企业供应商资料的管理系统 / 142
　　第三节　供应商选择和评价 / 145
　　　　一、选择供应商的标准 / 145
　　　　二、选择供应商的过程分析 / 147

第八章 / 供应链环境中的采购管理 / 152

　　第一节　传统采购与供应链采购的比较 / 152
　　　　一、采购的传统模式 / 152
　　　　二、采购供应链管理环境下采购方式的特点 / 153
　　　　三、供应链管理与传统管理模式的不同 / 156
　　第二节　现代企业采购管理中的问题及挑战 / 157
　　　　一、企业采购管理情况 / 157
　　　　二、供应链管理下企业采购管理的挑战 / 158
　　第三节　企业采购管理的优化途径 / 159
　　　　一、建立与完善管理信息系统 / 159
　　　　二、重构企业组织和业务流程 / 162

第九章 / 现代企业采购管理的创新 / 165

　　第一节　现代企业采购管理创新的背景 / 165
　　　　一、思想方面 / 165
　　　　二、行为层面 / 166
　　　　三、增强企业采购管理创新的必要性 / 168
　　　　四、创新企业采购管理的背景 / 171
　　第二节　现代企业采购管理创新的外部环境 / 174
　　　　一、我国政府行为误区对企业采购管理创新的影响 / 174
　　　　二、我国市场环境制约企业采购管理 / 174
　　　　三、技术环境制约企业采购管理 / 175
　　第三节　现代企业采购管理创新的重要内容 / 175

附　录 / 企业标准体系管理标准和工作标准体系（GB/T 15498-2003）/ 181

参考文献 / 196

后　记 / 198

第一章
生产物流基础知识

随着全球化进程的不断加快,企业间的分工不断加强,促进了企业成本的降低,并且在一定程度上提高了企业的核心竞争力,进而推动了经济的发展。物流行业的高度发达保证了这一切。值得称道的是,这个时代是物流的时代,它不仅是一个增长迅速的市场,通过对其他多个方面的影响决定了整个经济的增长率。为此,人们越来越重视物流在国民经济中的贡献。

目前,随着市场环境的发展,在更加细化的社会分工下,对产品多样化和个性化的需求也越来越高。随着多品种、小批量产品的生产,企业也逐步从大规模生产向小批量模式转变,在一定程度上缩短了交货日期。因此,通过规模生产降低生产成本已经不能满足当前和未来的市场发展需要。

现在客户对产品交期和性价比提出了更高的要求,生产企业只有采用降本增效的创新模式才能立足于市场并获得长期的发展。越来越多的企业开始把降本、增效作为重点项目来发展,重视发展降本增效在企业发展中的作用。此外,越来越高的产品功能性要求使得企业产品结构更加复杂化和个性化。在客户提出的个性化的要求下,企业改进和创新生产物流模式就显得尤为重要。

第一节 物流的基本含义

一、物流的基本定义

物流定义不断变化的过程在一定层面上反映出了不同时期的物流理论,物流管理和物流技术的发展进程。

(一)美国与欧洲对物流的基本定义

"物流是市场营销活动中所伴随的物质资料从产地到消费地的种种企业活动,包括服务过程。"这是 1935 年由美国市场营销协会编写的一本《市场营销用语集》中对物流下的定义。1948年，该协会对物流的这个定义做了一定的修改，指出"物流是物质资料从生产者到消费者或消费地流动过程中所决定的企业活动费用"。后来，该协会对物流的定义又做了修改，指出："所谓物流就是物质资料从生产阶段移动到消费或利用者手里并对该移动过程进行管理。"

通过观察美国市场营销协会对物流定义的一次定义，两次修改，不难看出，他们是从销售的角度理解物流概念的。虽然1935年和1948年对物流的定义范围并没有发生什么变化，但是定义中强调的重点已经从对物质资料的移动转化为对物质资料移动的管理。

在美国社会中，最权威的物流定义是："所谓物流就是把完成品从生产线的终点有效地移动到消费者手里的广泛的活动，有时也包括从原材料的供给源到生产线的始点的移动。"这是由美国物流管理委员会在1963年定义的。在给出物流定义的同时，该委员会也对物流活动的种种要素进行了列举，如工厂和仓库选址，订货处理，市场预测和客户服务，货物运输，仓库保管，装卸，库存管理等。与美国市场营销协会的物流定义相比，美国物流管理协会在一定程度上将物流的定义范围扩大，除了包括制品从生产地到消费者手里的过程，也包括原材料的移动。

1985年，更名后的美国物流管理委员会——美国物流管理协会再次对物流的定义进行了修改，指出："所谓物流就是为了满足顾客需要而对原材料、半成品、成品及其相关信息从产地到消费地有效率或有效益的移动和保管进行计划、实施、统管的过程。这些活动包括但不局限于顾客服务，搬运及运输，仓库保管，工厂和仓库选址，库存管理，接受订货，流通信息，采购，装卸，零件供应并提供服务，废弃物回收处理，包装，退货业务，需求预测等。"

1998年，美国物流管理协会又一次对物流的定义进行了修改，指出："物流是供应链流程的一部分，是为了满足客户需求而对商品、服务及相关信息从原产地到消费地的高效率、高效益的正向和反向流动及储存进行的计划、实施与控制过程。"

1994年，欧洲物流协会将物流定义为："物流是在一个系统内对人员或商品的运输、安排及与此相关的支持活动的计划、执行与控制以达到特定的目的。"

（二）日本对物流的基本定义

日本财团法人机械振兴会在1965年受日本通产省的委托，对当时全日本的物流现状做了一次调查，该协会在调查结果中对物流的定义也进行了一定的界定，指出："所谓物的流通就是把制品从生产者手里物理性地转移到最终需要者手里所必要的诸种活动。具体讲，即包装、装卸、运输、通信等诸种活动。"

日本产业构造审议会也对物流的定义提出了自己的解释，指出："所谓物的流通是有形、无形的物质资料从供给者手里向需要者手里物理性地流动。具体是指包装、装卸、运输、保管以及通信等诸种活动。这种物的流通与商流相比是为创造物质资料的时间性、空间性价值做出贡献"。

同时，日本日通综合研究所在1981年2月编写的《物流手册》一书中指出："物流是物质资料从供给者向需要者的物理性移动，是创造时间性、场所性价值的经济活动。从物流的范围来看，包括包装、装卸、保管、库存管理、流通加工、运输、配送等诸种活动。如果不经过这些过程，物就不能移动。"

（三）中国对物流的定义

中国国家标准《物流术语》一书中指出，物流可以理解为"物品从供应地向接收地的实体流动过程。根据实际需要将运输、储存、装卸、搬运、包装、流通加工、配送、信息处理等基本功能实施有机结合"。

综上所述，本文认为，物流可以这样理解：企业在进行生产、销售、消费等各个相关活动中，都需要一定的载体，物流就是作为价值和使用价值载体的实体的流动过程及其管理活动的总称。在这个物流的定义中，有几个关于物流的基本特性应予重视。

第一，范围的广泛性。物流的范围不但包括生产领域，而且包括销售领域和消费领域；不仅包括正向的物流活动，也包含着逆向的物流活动，如废品的处理、退换货等。其中，物流的基本工作过程就是由运输、保管、包装、加工、库存、配送、信息等活动构成的，因此物流的范围是十分广泛的，包含企业生产过程的方方面面。

第二，物流的管理属性。物流对于企业的生产经营活动来说，不只包括物质实体的流动过程，还包括一定的管理活动（如组织、指挥、协调、控制等），这是企业保障其物流基本目标的必然要求。因此，企业的物流活动具有一定的管理属性。

第三，物流的价值属性。物流是企业实现销售目标的基础之一，也是实现马克思所谓的"惊险一跃"的重要保障，因此企业物流活动的价值是显而易见的。当企业的物流活动中蕴含着一定的价值属性的时候，企业应该保留这种物流活动，反之则应该摒弃。

第四，物流的使用价值属性。使用价值作为产品的基本属性，是消费者对某种产品的基本要求。如果企业生产的某种产品没有价值属性，那么就不会有消费者，此时企业的物流活动也就没有了目标，更不用谈实现价值了。

二、对物流系统的具体分析

人类社会活动中主要包含的是政治、经济、文化等活动，其中，经济活动主要可以分为生产、流通和消费三个部分，流通又可以分为商流和物流以及金融、保险等辅助活动。简单地说，商流是物质资料所有权的转移过程。在转移物质资料所有权的过程中，克服了人与人之间的间隔，创造了所有权价值，并且这种转移也是一种非物理性的移动。而物流性的移动一般包括运输、保管、包装、装卸、流通加工、配送和信息这七大环节。下面，我们对物流系统进行具体的分析。

物流	第一种划分	宏观物流	物流发展规划、法律法规及政策制定，物流布局、物流理论研究，物流基础设施和信息平台构筑
		微观物流	供应物流、生产物流、销售物流、回收物流、废弃物物流
	第二种划分	社会物流	第三方物流，运输、仓储等专业物流，企业物流以及铁路、公路、港口、物流园区、仓库、配送中心等
		企业物流	供应物流、生产物流、销售物流、回收物流、废弃物物流
	第三种划分	国际物流	外贸物流、国际联运远洋运输、国际航空、国际邮件、口岸物流、大陆桥物流
		国内物流	经济圈、经济带物流、城市及城市外围物流以及邻近地区具有互补条件的自然区物流，本地区物流
	第四种划分	一般物流	带有普遍性、通用性和共同性的物流活动，或者说没有特殊性要求的物流活动
		特殊物流	危险品、易燃、易爆、易腐蚀、剧毒、易变质物品物流，对速度、条件等有特殊要求的物流

随着社会经济的发展和科技的进步，物流的理论和概念以及范围不断地变化和发展。比如在流通活动中把信息流和资金流增加进来，物流的范围也由一开始的产品离开生产线以后的运输、保管、装卸搬运、包装扩展到原材料采购、生产过程以及废弃物再生利用等全方位的运输、保管、装卸搬运、包装、流通加工、配送及信息获得的七大环节。

第二节 物流的发展历程和趋势

一、物流发展的阶段

社会经济的发展和生产力的提高决定了物流的发展进程，同时，科技的进步也对物流的发展起到一定的影响作用。物流在国外的发展经历了如下四个阶段：

（一）第一阶段：20 世纪初到 50 年代

随着工业化的速度加快，批量式的生产和销售使人们意识到必须将采购和产品销售成本降低的重要性。此外，单元化技术的发展为实现大批量的配送提供条件的同时，也为人们认识物流提供了可能。

1901 年，J. F. 格罗威尔（Growell）在美国政府的一份"关于农产品配送"的报告中，第一次对影响农产品配送成本的各种因素进行了论述，也揭开了人们认识物流的序幕。

1927 年，R. 博尔索迪（Borsodi）在"流通时代"中首次将物流称呼为 Logistics，奠定了后来对物流进行定义的基础。从发展和实践的角度来看，美国军事后勤活动的组织在第二次世界大战期间为人们认识物流提供了重要的实证依据，对战后研究物流活动和让实业界重视物流有推动作用。

美国在 1946 年正式成立了全美输送物流协会，这是第一个美国考察和认证输送者的组织。可以将这一时期看作美国物流的萌芽和初始阶段。

虽然日本形成物流观念的时间比美国晚了很多，但是它的物流发展是非常快速的。1956 年，日本从美国引入了物流概念，并调研了国内的物流，从而将物流称为"物的流通"。"物流"一词在 1965 年才被理论界和实业界正式全面接受。

日本把物流看作一种综合行为，也就是认为物流是"各种活动的综合体"。"物的流通"一词把运输、配送、装卸、仓储、包装、流通加工和信息传递等各种活动都包含了进来。这一时期，日本政府加强建设物流基础设施，同时将研究和实践的重点放在了有关车站、码头的装卸运作方面。

这个时候，为了降低成本，欧洲开始将工厂范围内的物流过程中的信息传递作为重点，变革传统的物料搬运，规划厂内的物流，以便寻求到更为合理的物流途径。当时的制造业大多还是一种加工车间的模式，工厂内设立的仓库为工厂内部提供物资。为了实现客户的要求，工厂内部实行了紧密的流程管理，只是管理的技术比较落后，主要通过邮件进行信息交换，采用贴标签的方式跟踪产品，利用纸带穿孔式的计算机以及相应的软件作为信息处理的平台。在这个阶段，存储和运输是分离且独立经营的，可以说是初级阶段的欧洲物流。

（二）第二阶段：20 世纪 50 年代至 60—70 年代

60 年代以后，世界经济环境发生了变化，不断发展的科学技术，尤其是不断进步的管理科学，不断改变的生产方式和组织规模化生产，对物流的发展有着极大的促进作用。管理学界逐渐重视物流，物流在经济发展中的作用也被企业界所关注，从而把激发企业活力的重要手段变成了改进物流管理。这一阶段可以作为物流快速发展的一个时期。

在美国，由于形成了现代市场营销观念，让企业明白，实现企业利润的唯一手段是让顾客满意，因此企业经营管理的核心要素就变为为顾客服务，而物流在为顾客提供服务上起到了重要的作用。这一时期，物流尤其是配送快速地发展起来。

日本在60年代中期至70年代初，经济高速增长，商品大量生产和销售。随着生产技术在这一时期向着机械化、自动化的方向发展以及不断完善的销售体制，物流就成为企业发展的一个制约因素。在1965年，日本政府发布了《中期5年经济计划》，其中对实现物流的现代化进行了强调，并在全国范围内建设了高速道路网、港口设施、流通聚集地等基础设施。这一时期，日本物流得到了快速发展，原因在于社会各方面一致认为物流对经济发展起到十分重要的作用，落后的物流会严重制约日本经济的发展。

随着欧洲经济在70年代的快速发展，欧洲各个企业进一步扩大了商品的生产和销售，因此出现了多个工厂联合的企业集团和大公司，这些企业广泛采用成组技术，再加上同一周供货或服务成为客户的期望，从而需要更多的物流，而工厂内部的物流已经不能满足客户或者是企业集团对物流的需求，因此，形成了以工厂集成为基础的物流。仓库从静止封闭的存储式设施转变为物流配送中心。同时，需求信息也不再单纯地依靠订单，而是主要从配送中心的装运情况获取。这个时期，主要采用电话方式来交换信息，对产品的跟踪也主要通过产品本身的标记来实现，台式小型计算机是企业进行信息处理的硬件，大多数企业工厂都使用自己开发的软件。

（三）第三阶段：20世纪70年代至80年代

20世纪70年代至80年代，物流管理的内容从企业内部延伸到了企业的外部，对物流的战略研究成为物流管理的重点。企业对外部关系的注重开始超越现有的组织结构界限，在管理范围当中纳入了供货商（提供成品或运输服务等）、分销商以及用户等，运用物流管理的方法，与供货厂商及用户之间建立并发展了一种稳定的、良好的、双赢的、互助合作伙伴式的关系，三者之间联合影响，从而赢得了竞争的优势。

物流管理进一步发展则意味着企业应用更为先进的技术去管理这些关系，而此时不断涌现的电子数据交换、准时制生产、配送计划以及其他物流技术也得到了应用和发展，一定程度上也为物流管理提供了强有力的技术保障和支持。

在这个阶段，日本经济迅速发展，并达到了消费主导的时期。虽然大量增加了物流流量，但由于增加了物流的成本，企业没有得到与期望相同的利润。因此，经营战略中的重要特征变成了经营成本特别是物流成本的降低。因此，这一时期有时候也被称为物流合理化时代。

此时,专业的物流部门在企业内开始出现,其主要作用是通过系统的观点来开展降低企业物流成本的活动。同时,物流子公司也开始在各个企业内出现。物流合理化主要是改变以前将物流作为商品蓄水池或集散地的观念,而让物流在经营管理层次上发挥作用。这一观念集中反映在"物流利润源泉学说"中。也就是说,如果企业无法实现第一利润源销售额,那么企业增加利润的唯一来源就是物流。很显然,"物流利润源泉学说"将现代物流的本质揭示了出来,使得企业生产、经营的全过程都可以被物流在战略和管理上进行统筹,并且对物流现代化的发展也有着一定的推动作用。

此时,物流联网在日本也得到了蓬勃的发展。物流联网的宗旨就是推进订货、发货等业务的快捷化,从而达到削减物流人员且降低劳动力成本的目的。在这一时期,以大型零售店为中心的网上订发货系统的应用最为活跃,这在一定程度上也反映出了技术层面上的物流合理化的发展趋势。

随着经济和流通的不断发展,欧洲各国许多不同类型的企业厂商、批发业者、零售业者不断革新他们内部的物流体系,从而建立起相应的物流系统。他们的目的是通过供应链来实现差别化的物流服务,从而将各自的优势和特色发挥出来。

由于各个经济主体在流通渠道当中都有不同的物流系统,因此在经济主体的接点处必然会产生矛盾。为了让这个问题得到解决,欧洲在80年代开始寻求新的合作式或者联盟型的物流新体系,也就是综合物流供应链管理。这个供应链管理的最终目的是实现最终消费者和最初供应商之间的物流与信息流的综合,也就是让企业在商品流通中加强合作,让原本的各企业分散的物流管理方式得到改变,运用合作的方式,达到原本不可能达到的物流效率,参与的企业共同分享创造成果。

这一时期,准时制生产模式已经被欧洲的制造业所采用,已经发展到了客户物流需求的同一天供货或服务。这进一步加强了综合物流的供应链的管理,例如将港站库的交叉与衔接组织好、零售商对总库存量进行管理控制、分配产品物流的总量、实现供应的合理化等。

这一时期,直接从仓库获取物流需求的信息,信息交换运用传真的方式,采用条形码扫描的方式对企业的产品进行跟踪,客户服务器模式和购买商品化的软件包是企业进行信息处理的软硬件平台。须要注意的是,这一时期开始兴起一种新的物流方式——欧洲第三方物流。

(四)第四阶段:90年代以来至今

自90年代以来,迅速发展的新经济和现代信息技术,不断地丰富和发展着现代物流的内容。信息技术的进一步发展，让人们意识到了物流体系的重要，现代物流的发展被提上了重要的日程。同时，网络技术的发展强有力地支撑起物流的发展，使物流逐步向着信息化、网络化、智能化的方向发展。这不仅可以让物流企业和工商企业的联系更为密切，而且可以使物流企业为客户提供更加高质量的物流服务。此外，电子商务的发展更是推动了传统产业和新兴产业的发展，成为决定企业未来市场领域的重要工具。在这一过程中，现代物流成为杠杆的支点。

以美国为例，电子商务的快速发展，使现代物流的地位显出前所未有的重要。据有关统计显示，80%的电子商务的交易额都是商家同商家之间的交易。美国物流电子商务的营业额在1999年就已经达到了80亿美元以上。电子商务是一种新型的商业运营模式，它在开放的互联网络环境下，以浏览器服务器应用方式为基础，实现了消费者网上购物、各个商户之间的网络交易以及在线支付。电子商务变革了交易方式，从而进一步使物流从信息化向着网络化的方向发展。

此外，专家系统的推广使得美国实现了智能化的物流管理，提高了整体的物流效果。利用销售时点信息系统、条形码技术、EDI网络技术等收集、传递信息，同时利用专家系统使物流战略决策实现最优化，从而共同实现商品附加值，最大限度地保障物流的效率和效果。

在日本，物流合理化的观念在80年代中期以后也面临着进一步变革的境遇。尤其是日本在90年代的泡沫经济的崩溃，使得以前的那种大量生产、大量销售的生产经营体系出现了很多的问题。因此，日本政府制定了《综合物流施策大纲》，为日本物流发展指明了方向，对日本物流管理发展的意义非常重大。大纲中提出了日本物流发展的基本目标和具体保障措施，其中还特别强调了物流系统的信息化、标准化以及实施无纸贸易。

这一时期，欧洲大量的跨国公司在劳动力相对低廉的亚洲地区也建立了生产基地。欧洲物流企业直接从顾客消费地获取需求信息，在运输链上实现组装，实现极小的库存量、信息交换和用工系统，采用射频标识技术进行产品跟踪，广泛运用互联网和物流服务方提供的软件处理技术信息。目前，以互联网和电子商务为基础的电子物流在欧洲逐渐兴起，满足了客户越来越苛刻的物流需求。

二、物流未来的发展趋势

随着经济全球化的步伐的加快，特别是信息技术、通信技术的发展，出现了很多的跨国公司，这些跨国公司的出现导致了本土化生产、全球采购、全球消费趋势的不断加强，而现代物流也随之呈现出了新的特点。

（一）逐渐兴起的电子物流

以网络为基础的电子商务的发展促进了电子物流的兴起。据统计，1998年，全球通过互联网进行企业间的电子商务交易额达到了430亿美元；2002年，这个数字达到了8400亿美元；而到了2009年，仅仅在中国，这个交易额就达到了3.85万亿元。在中小企业当中，电子商务的规模更是得到了进一步的扩大，达到了1.99万亿元，同比增长幅度达到了20.3%。

通过互联网，企业加强了企业内部，企业与供应商，企业与消费者，企业与政府部门之间的联系和沟通，并且加强了相互协调和合作。消费者也可以直接通过网络获得所需要的产品或服务的信息，从而实现网络购物。这种通过网络的"直通方式"可以让企业在了解需求信息的时候更加迅速、准确、全面，最终实现以顾客订货为基础的生产模式和物流服务。

此外，电子物流在追踪发出的货物的时候也可以通过在线追踪的方式实现，规划投递路线，进行物流调度和货运检查方面都可以在线完成。可以这样说，世纪物流发展的大趋势将会是电子物流。

（二）进一步扩大的物流规模和物流活动

21世纪是一个物流全球化的时代，因此企业之间的竞争也将非常激烈。企业只有通过扩大规模，形成规模效益，才能不断满足全球化或者是区域化的物流服务。一般来讲，企业可以通过企业合并或者企业之间的合作与联盟促成企业规模的扩大，主要表现在以下两个方面：

第一，建设物流园区。物流园区是企业实现物流集结点的场所。它可以在空间上集中布局多种物流设施和不同类型的物流企业，因此具有一定的规模和综合服务的功能。

最早建立物流园区的国家是日本，至今已经建成了规模较大的物流园区120个，平均占地面积约为74公顷。据统计，荷兰建立了14个物流园区，平均占地约45公顷。德国不莱梅有一个占地100公顷以上的货运中心，纽伦堡的物流园区占地面积达到了75公顷。建设物流园区，对实现物理企业的专业化和规模化有促进作用，可以将它们的整体优势和互补优势发挥出来。

第二，物流企业的兼并或合作。不断发展的国际贸易，使得美国和欧洲的一些大型的物流企业争取到了更大的市场份额，从而为实现跨越国境的连横合纵式的并购和对国际物流市场进行大力的拓展提供了一定的保障。

美国大型的陆上运输企业AEI被德国国营邮政以11.4亿美元收购，美国的UPS则对一个总部设在迈阿密的航空货运公司进行了并购。根据不完全统计，美国物流运输企业在1999年并购数量达到23件，总额达到了6.25亿美元。最近两年，德国邮政公司并购了11家欧洲地区物流企业，现在已经发展成了欧洲的巨型物流企业，年销售额达到290亿美元。

新组成的物流联合企业、跨国公司有着互联网的优势，可以对全球的物流动态信息进行及时准确的掌握，将自己在世界各地的物流网点调动起来，构筑一个全球一体化的物流网络，将时间和费用节省下来，拥有最低限度的空载率，从而战胜竞争对手，将最优质的服务提供给货主。除此，物流企业之间的合作与建立战略联盟也是一种集约化的方式。

（三）优质、全球的物流服务

随着消费多样化、生产柔性化、流通高效化时代的到来，社会和客户会对物流服务提出更多的要求，因此物流服务今后发展的重要趋势就是优质化。

在规定的时间，规定的地点，以适当的数量，合适的价格把好的产品提供给顾客，这将成为物流企业中优质服务的共同标准。客户选择物流服务的标准不再仅仅是物流成本，而是人们将给予物流服务的质量以更多的关注。

物流服务今后发展的又一重要趋势是其全球化。荷兰国际营销委员会在《全球物流业——供应连锁服务业的前景》一文当中指出，目前许多大型制造部门的发展方向是"扩展企业"，这种发展方向会把全球供应链上的所有服务商统一起来，同时运用最新的计算机体系就可以对其进行控制。此外，该报告认为，制造业已经把"定做统一"服务理论实行了起来，并且将不断加速这种活动的全球化，提出了全球服务业的一次性销售的需求。这种一次性销售的销售需求需要供应链极其灵活机动，因而服务商必须采取"一切为客户服务"的解决办法。

（四）快速发展的第三方物流

在物流渠道中由中间商提供的服务就是第三方物流。中间商按照合同的规定，在一定的期限内，为企业提供其需要的全部或部分服务。一个为外部客户管理、控制和提供物流服务作业的公司是第三方物流提供者，它们在供应链中并没有一席之地，仅作为第三方而存在，通过一整套的物流活动为供应链服务。

第三方物流在美国被认为处于生命周期的发展期。第三方物流在欧洲，尤其是在英国，被认为具有一定的成熟度。目前，欧洲对第三方物流服务的使用比例为76%，美国则约为58%，而且需求一直在增长。

研究表明，欧洲有24%的非第三方物流服务用户，美国有33%，它们正在积极考虑使用第三方物流服务。而另外一部分使用第三方物流服务的用户认为，在三年内，它们可能更多地使用第三方物流服务。第三方物流市场在全世界具有潜力大、渐进性和高增长率的特征，第三方物流企业会因为这种状况拥有大量的服务客户。

在国际范围内，第三方物流服务公司大多数发展的起点是"类物流"业，如仓储业、运输业、空运、海运、货运代理和企业内的物流部门等，它们通过为不同的客户提供各具特色的服务来获得成功。

（五）物流发展的又一趋势是绿色物流

虽然物流在一定程度上促进了经济的发展，但是，物流的发展也给城市环境带来了不良的影响，如运输工具产生的噪声、阻塞交通以及对生产生活的废弃物的不当处理等。

因此，对于物流，21世纪提出了新的要求，也就是绿色物流。绿色物流包括两个方面。一方面是控制物流系统的污染，也就是尽量采用对环境污染小的物流活动的方案，例如，选择货车车型的时候尽量选择排污量小的；配送距离近，为了减小交通阻塞，可以多选择夜间运货，从而节省燃料并减小排放。在发达国家，政府通过制定污染发生源、交通量、交通流等三个方面的相关政策来倡导绿色物流。另一方面就是建立物流系统处理工业和生活的废料。

（六）采用新的科学技术不断改造物流装备和提高其管理水平

在国外，物流企业的技术装备的水平已经相当高了。目前，已经形成了现代化的物流装备技术格局，该格局以系统技术为核心，以信息技术、运输技术、配送技术、装卸搬运技术、自动化仓储技术、库存控制技术、包装技术等专业技术为支撑。

2005年11月7日，国际电信联盟在突尼斯举行的信息社会世界峰会上发布了《ITU互联网报告2005：物联网》的报告，该报告中指出，即将到来的是无所不在的"物联网"通信时代，物联网通过射频识别、红外感应器、全球定位系统、激光扫描器等信息传感设备，把所有物品同互联网连接起来，达到信息交换和通信的目的，是最终实现智能化的识别、定位、跟踪、监管等。

第三节 生产物流概述

人们通过一系列的劳动付出，创造物质价值财富的过程就是生产。生产的要素主要是以下几个方面：完成生产活动所需要的人工叫作生产对象；生产活动中的知识和资料就是生产信息；生产活动中所使用的工具是生产工具；生产过程中所用到的物料是生产资料。其实，企业就是按照客户的需要把原材料进行加工的一个组织，把生产资料转化为客户所需要的成品就是它的主要作用。

将原材料、燃料、外购件投入生产后，经过下料、发料、运送到相应的加工店和存储点，以在制品的形态从一个生产单位转到另一个生产单位，按照相应的工艺过程进行加工和存储，然后借助一定的运输设备，在某个点内部流通，又从某个点流出，这种物料实物形态的流转过程就是生产物流，也构成了企业内部物流活动的全部过程。所以，原材料、外购件的投入是生产物流边界的起源，成品仓库是其最终点，生产物流活动贯穿了企业生产的全部过程。随着时间的进程，物料不断改变自己的实物形态和所在位置，物料的状态不是加工、装配，就是存储、搬运和等待。由此可见，生产停顿的原因就是工业企业的物流不畅。物流的过程中要有支持物流的各项业务活动的物流信息服务，从而让运输、储存、加工、装配、装卸、搬运等业务活动通过信息联系起来，协调一致，将物流整体作业效率提高。

在企业中，生产物流系统分为三个阶段：决策和控制阶段是第一阶段；设计开发阶段是第二阶段；生产制造阶段是第三阶段。一个完善的生产系统，需要有以下三个方面，即物料、信息和能源三个系统。组成生产系统的就是这三个系统运行的流程。其中，物料系统主要功能是流动和存放物料，信息系统主要功能是进行计划调度和流程管理，以及处理与运转技术工艺文件等信息，能源系统主要功能是为物料系统和信息系统的动力能源的运行提供支持。企业内的物流就是指物料系统的物料流。如何对生产过程中的物料流和信息流进行科学的规划、管理与控制是研究生产物流的核心。

一、生产物流的特点

生产物流的任务是运输、存储、装卸物料等。而物流系统与生产制造的关系就是：物流系统是生产制造各环节组成有机整体的纽带，又是生产过程维持延续的基础。传统的生产物流设备，以手工、半机械化或机械化为主，工作效率较低，工人工作强度较大。同时，传统的生产物流也有着十分落后的物流信息管理。这在一定程度上也牵制了生产的高速发展。不断扩大的生产制造系统规模、日益提高的生产的柔性化和自动化水平，都要求物流有着相应的发展，可以与现代的生产制造系统相适应。

现代化的物流设备、计算机管理、系统化和集成化等方面体现了现代生产物流的发展。

（一）物流设备

采用快速、高效、自动化的物流设备是生产物流现代化的基础。现代化物流设备中最典型的有：

自动化立体仓库：将平面堆放改为立体、空间堆放。这既有利于节约库房的面积，也有利于周转物料和管理自动化的实现。

自动导引运输车（AGV）：使用这种运输车，使得企业的运输更加快速、准确。此外，柔性化的运输路径也便于计算机进行管理和调度。

自动上下料机器：装卸料采用机器人与加工设备同步协调。安全、快捷，方便了计算机的管控。

其他上下料及中转运输设备：集放链以及传送带等。

计算机控制了以上几乎所有的现代化物流设备，使其实现半自动化或者自动化。

（二）运用计算机进行管理

物流系统要适应现代化生产制造，一般都具有以下特点：结构复杂、物流节奏快、物流路线复杂、信息量大、实时性要求高等。凭借主观经验管理物流的方法已经不能做到了。采用计算机可以优化并动态管理物流系统。同时，将计算机与其他系统联机，发送和接收信息，有机地联系起物流系统与生产制造、销售等系统，在一定程度上可以将物流系统的效益提高。

（三）系统化和集成化

点多、线长、面宽、规模大是生产物流系统的结构特点。分散、割裂和相互独立是传统生产物流的特点，它缺乏集成化和系统化。如果说设备落后、搬运效率低下是传统生产物流影响生产整体效益提高的原因之一的话，牵制生产发展的另一个主要原因就是传统生产物流的分散化和个体化。现代生产物流把物流系统看成一个整体，在设计、分析、研究和改进生产物流系统的时候以系统化、集成化的概念为出发点，不过分追求高效和优化的系统内部的个别系统，而是努力达到整个系统的优化和高效，把物流系统和生产制造系统有机结合起来，形成一个完整的生产系统，从而提高整体的生产效益，这也是现代化物流系统化的另一个特点。

二、组成现代生产物流系统的基本要素

管理层、控制层和执行层三大部分组成了现代生产物流系统。

其中，物流系统的中枢是管理层，它是一个计算机物理管理软件系统。它的主要工作是：

第一，接收上级下发的生产计划指令，并将其下发。

第二，对运输作业进行调度，以运输任务的紧急程度为调度原则，决定运输任务的级别。根据当前执行运输任务的情况，发布最佳的运输指令和运输路线。

第三，对立体仓库库存进行管理。

第四，对系统的运行情况进行统一的分析。

第五，处理物流系统信息。

管理层是一个系统，具有较强的数据处理能力和智能性要求。控制层在物流系统当中也是一个重要的组成部分，它接受的指令来自管理层，对物流机械进行控制，使其完成所规定的任务。控制层主要是接受命令的，它本身的数据处理能力并不强。实时监控物流系统的状态是控制层的另一个任务，它可以为管理层提供检测的情况，为管理层进行调度决策提供参考。

自动化的物流机械组成了执行层。物流设备控制器根据控制层的指令让设备进行各种操作。执行层一般包括：

第一，动存储/提取系统，即 AS/Rs（AutomatedStorage&Retrievalsystems）。

第二，送车辆，如自动导引车（AGV，Automated Guided Vehicle）和空中单轨自动车（Sky-RAV）。

第三，各种缓冲站。缓冲站是临时储存物料，以便交接或移栽的装置。

以这三个层面的不同分工为依据，物流系统对各个层次提出了不同的要求。它要求管理层有比较高的智能，要求控制层有比较高的实时性，要求执行层有比较高的可靠性。

三、现代生产物流的管理手段

管理现代生产物流的具体内容有以下几个方面：

第一，管理信息。采集、处理、运输、统计和报告生产物流系统和各种信息。

第二，管理物料。管理各种生产所需要的物料，例如毛坯、工具、半成品、废品和成品等。库存管理也就是对出库和入库的管理，并且对出库和入库进行协调，从而让生产有足够的物料保证。

第三，作业管理。以生产加工的需要为依据，对各种运输设备进行计划和调度，对运输路线进行规划，可以及时、通畅的将所需要的物料运达指定的位置。这其中包含了作业计划和作业控制。

第四，状态监控。对生产物流系统进行过程中的物流状态进行监控。在生产物流系统中设置多种监测装置，监测系统的物流设备状态和物料状态等，将各种状态通过模拟屏或者计算机屏幕实时显示出来，从而可以掌握实际运行的情况。在出现故障的时候，可以及时发现并采取措施予以解决，保证系统的正常运行。

上述的各个管理功能之间是有着密切的联系的。

四、生产物流的特点

制造企业生产物流的特征是由企业生产的特点决定的，主要有以下几点：

（一）让价值得以实现

企业生产物流同社会物流在本质上的不同主要表现在企业物流的本质特点即它是实现加工附加价值的一种经济活动。

一般来说，企业的生产物流可以在企业的小范围内完成（当然，其中不包括在大范围内布局的巨型企业），因此并没有很大的空间距离。再加上企业内部的存储和社会存储有着不同的目的，这种存储是保证生产的，而不是一种独立的追求利润的功能，因此没有很高的时间价值。而伴随着加工活动出现的企业生产物流，实现企业的主要目的就是实现加工附加价值，所以，虽然没有很高的物流空间、时间价值，但有很高的加工附加价值。

（二）生产物流是生产工艺的一个组成部分

一般来说，物流过程和生产工艺过程是密不可分的，它们之间有多种关系，有的是在物流过程中加工和制造生产工艺所要求的东西，有的同时在加工过程中将物流完成，有的是通过物流链接不同的加工制造环节，它们之间一体化的特点非常强。

（三）搬运活动是其主要的功能要素

物料不停的搬运过程实际上也是许多企业的生产过程，物料在不停的搬运中得到加工和形态的改变。物料不断搬运的过程也是配送企业和批发企业的企业内部物流的过程，商品通过搬运完成了分货、拣选、配货工作和大改小、小集大的换装工作，使得商品达到了可配送或者可批发的状态。

（四）生产物流的"成本中心"作用非常强

在生产中，生产成本的一种重要组成部分是物流对资源的占用和消耗。物流在生产中活动频繁，很大程度上影响了成本，生产物流的观念在很大程度上也可以称为成本观念。

（五）生产物流是专业化很强的"定制"物流

生产物流必须与生产专业化的要求完全适应，它面对的不是社会上的普遍的物流需求，而是特定的物流需求。因此，生产物流具备的不是普遍的实用性，而是专门的适应性，可以因"定制"而获得较高的效率。

（六）关于物流过程的特点

企业生产物流是工艺过程性的，企业一旦确定了生产工艺、生产装备以及生产流程，也就成为一种稳定性的物流，物流也就成了工艺流程当中重要的一部分。企业的物流因为这种稳定性而拥有了很强的可控性和计划性。一旦进入这个过程，它的选择性就会变得很小。只能通过优化工艺流程来改进物流，在这个方面，和随机性很强的社会物流有着很大的不同。

（七）关于物流运行的特点

企业生产物流的伴生性很强，在生产过程中，它往往是一个组成部分或者伴生部分，这就决定了企业物流很难形成独立的系统，从而与生产过程分开。在总体性的伴生性的同时，企业生产当中与生产工艺过程的可分的局部物流活动也是确实存在的。这些局部的物流活动，本身就具有界限和运动规律，当前，研究企业物流大多数是针对这些局部的研究。仓库的储存活动、接货物流活动、车间或分厂之间的运输活动等是这些局部物流的主要活动。

（八）生产物流主要表现为小规模的精益物流

因为只需要面对特定的对象，生产企业的规模决定了生产物流的规模，这与社会上千百家企业所形成的物流规模的集约有着较大的差距。因为有限的规模以及规模在一定时间内保持不变，这就可以使策划更加准确和精密，可以在生产过程中使用资源管理系统等有效的手段实现物流的"无缝衔接"，从而让生产物流实现精益化。

五、生产物流主要的管理理论

有很多理论是关于生产物流管理和控制的，例如物料需求计划（MRP）、制造资源计划（MRPII）、准时化生产（JIT）、约束理论（TOC）等。在不同的时代、不同的经济环境下，这些理论产生的生产管理技术在不同的时期以及不同的生产环境中也会发挥重要的作用。在我国，这些生产管理技术也在不同程度上应用和发展。在本文中，按照论述层次和写作目的，主要介绍制造资源计划（MRPII）及其相关的物料需求计划（MRP）和准时化生产（JIT）。

（一）制造资源计划理论（MRPII）

1. MRP 含义

（1）初期 MRP

MRP 是一种物料需求计划，它以订货点法计划为基础，是一种新的库存计划和控制方法，是在计算机基础上建立的生产计划和库存控制系统。客户需求管理、产品生产计划、原材料计划以及库存纪录是其主要内容。其中，客户订单管理和销售预测属于客户需求管理，结合实际的客户订单数量和科学的客户需求预测，计算出客户的需求以及数量。须要注意的是，应当科学地预测客户的需求，而不只是一个主观的猜测或者愿望。产品生产计划就是企业最终生产的产品的时间和数量，这将是需要的劳动力的数量和设备以及需要的原材料的数量和资金的依据。客户需求和现有库存量比较的结果也主要表现为企业的产品生产计划。企业也要求有非常精确的产品生产计划，因为如果产品生产计划不准确，将会导致资源的浪费或者无法满足客户的需求。原材料计划是按照产品生产计划制定的原材料需求计划，表示为了生产所需要的产品的原材料的准备的具体情况。在制定原材料需求计划之前，要先检查现有的库存记录，并与实际的购买量进行比较，才能确定购买原材料的数量。因此，企业必须保证其库存数据的准确性。

其中，产品结构文件也就是物料清单 BOM，反映了产品的所有零部件的结构关系和数量组成，也就是产品的层次结构，可以根据它确定产品的所有零部件的需要的数量、时间和相互之间的关系。每一个具体的最终产品在每个具体的时间段内生产数量的计划可以由主生产计划确定。对于企业来说，这里的最终产品就是最终完成、要出厂的完成品，它要对产品的品种和型号做到具体确定。这里通常以周为具体的时间段，在有些情况下日、旬、月也可以表示，详细的生产什么、什么时段应该产出是由主生产计划规定的，它是一个独立的需求计划。根据客户合同和市场预测，主生产计划具体化了经营计划或者生产大纲中的产品系列，使它成为开展物料需求计划的主要依据，起到了从综合计划向具体计划过渡的承上启下作用。确定了主生产计划后，保证主生产计划所规定的最终产品所需要的全部物料以及在需要其他资源的时候得到供应是下一步任务。原材料、零部件和产成品的库存量、已订未到量和已分配但还没有提取的数量都包括在产品库存文件当中。计算结果所需的库存量的时候要根据物料需求计划，库存量应当是第一的考虑因素，要在不足的时候进行采购。可见，产品投产计划和采购计划由物料需求计划产生，并且将制造任务单和采购订货单生成出来，再以此为依据进行产品的生产和物资的采购。以下是其过程：

第一，将 MPS 制定出来。主生产计划是一个综合性计划，是 MRP 运行的主要驱动力量。同时，它也是核心生产企业上游供应商安排生产计划的基础。企业最终产品的出产时间和出产数量都是由 MPS 最终确定的。企业可以通过用户订单和需求预测得到产品的需求量。在确定主生产计划时，需要财务计划、消费需求、设备能力、劳动生产率、库存动态、供应商状态以及其他条件的输入。最终产品是主生产计划的对象，而最终产品是按照独立需求进行处理的产成品。它可以是一个完整的部件或者完整的产品，甚至是一个零件。

在 MRP 当中，产品出产进度由主生产计划体现，计划时间单位为周。产品出产进度计划为了适应 MRP 的要求也应以周为计划时间单位。MPS 中规定，总需求量和净需求量都可以是出产数量。如果是总需求量的话，要得到需要生产的数量需要扣除现有的库存量；如果是净需求量的话，计算下层部件的总需求量可以按照这个方法。一般来说，在产品出产计划中，需要生产的数量就是净需求量。因此，不能把顾客订货和预测得到的总需求量列入出产计划当中，应当先扣除现有的库存量得出净需求量。

MPS 的计划期间所用的时间一定要比最长的产品生产周期长，否则，不可以执行零部件投入出产计划。运行周期应当同产品出产计划的滚动期一致，也就是如果每周运行一次，那么产品出产计划每周也要更新一次。

第二，将 BOM 制定出来。物料清单是生产某最终产品所需要的零部件、辅助材料或材料的目录。它对产品的细节情况和产品在制造过程中经历的各个加工阶段进行了说明。它在说明产品结构中每一层次代表产品形成过程中的一个完整阶段的时候是按照产品制造的各个层次进行的。物料清单不同于物资消耗定额，它要同时反映产品生产所需要的各种物料的数量和产品的制造方式。

按照产品制造的各个阶段在产品结构文件中将产品分为若干个装配件。一个装配件由几种零件组装到一起，另一装配件又称母体装配件由该装配件组装。零件就是组成产品的所有装配件、零件以及原材料的统称，外部供应和内部制造的都是。所有子装配件、中间件、零部件和原材料在物料清单中都有体现，用它来链接 MPS，以得出发购的采购需求和产品订单。

第三，运算 MRP。MRP 系统的一个重要功能就是 MRP 运算。三个主要的环节组成了 MRP 系统的基本运算：一是在需求的层次上，按照产品结构关系分解；二是按照需求的实践，从最终产品的交货期起，一步一步地向前倒推；三是以求出各个零部件的总需求为基础，按照库存的状况计算出净需求，将订货日期和数量确定下来。这些环节是要同时进行的。

第四，将物料采购清单确定下来。确定了 BOM 以后，借助 MRP 的计算，可以将生产企业和现有的库存情况结合起来，先将单个零配件的净需求量计算出来，并对订货到达量和发出订货力量制定计划。最后，将所有零配件的这些要素汇总起来，将最终的物料采购清单制定出来。

（2）闭环 MRP

在初期，计算相关物料需求的准确时间和数量可以根据相关的数据，这对制造业物资管理来说，有着重要的意义。但是它并不完善，没有解决如何保证零部件生产计划成功实施的问题。此外，它对完成计划所实施的实际情况的反馈信息也相对缺乏，因此也缺乏对计划进行调整的功能。所以，初期对 MRP 应用于订购的情况涉及的是企业与市场的界面而没深入到企业生产管理的核心中去。

为了对 MRP 存在的不足进行弥补，MRP 在 20 世纪 80 年代初发展为闭环 MRP，它作为生产资源计划以及执行控制系统，结构是完整的。基于整体生产计划的系统流程是它的特点，能力需求计划包括在主生产计划和生产执行计划当中，这样的物料需求计划是可行性计划。各部分具有车间管理和采购等功能以后，都可以取得并更新相关的执行结果。以长期生产计划为依据制定短期主生产计划是闭环 MRP 的基本原理，而这个主生产计划必须经过产能负荷分析才真正能够实现，才是可行的。在这之后，才可以将物料需求计划和能力需求计划，车间作业计划和控制执行起来。这里包括两个含义，第一是能力需求和车间调度，第二个是反馈关系。

2. MRPII 的定义

管理科学和现代信息技术的结合产生了 MRPII 系统。它是由美国企业管理人员于 20 世纪 60 年代初期提出并发展成熟的适用于离散的、产品结构复杂的企业的管理规范。它通过为企业提供较为全面的解决方案，提高现代企业的管理水平。它从初次提出到 80 年代发展成熟大体经历了三个发展阶段：MRP 阶段、闭环 MRP 阶段和 MRPII 阶段。伴随着 80 年代初期的日、美两国企业之间竞争的激化，这种管理规范也逐渐得到发展，成为世界上主要的制造企业研究、应用和实现的首要目标。

在闭环 MRP 的基础上，MRPII 得到了不断的扩充和发展，并发展成一种以企业计划控制为主体的计算机管理系统。它基于产品订货和需求预测和制定出企业的主生产计划，再以物料清单 BOM 和提前指定的每种零部件的投入产出计划为依据，实现对企业生产的全过程的全面监控。各车间和各工序制造零部件需要按照计划进行，向计划部门反馈实际情况，并为后续车间和下一道工序提供加工完的零部件，而不用担心后续车间和下一道工序是否需要，因而其采用的主要方式是推动式控制方式。

建立需求预测计划和供应计划的连接是 MRPII 的基本目标，让资源在加工者、供应者特别是他们的顾客等能够在多个环节当中只需要很少的花费就得到较高的产出，从而真正实现"在正确的时间、正确的地点得到正确数量的物料等资源"的目的。MRPII 是一种方法，可以对制造企业所有资源作有效的计划。以市场为导向，以销售为龙头，来控制企业的生产活动，最终达到获利目的，才是一个企业成功的 MRPII 系统。它的基本思想是：企业不仅要通过科学的管理方法和工具，制定出企业的生产计划，而且要以企业的经营目标为基础，按需要、按时地进行产品的生产。经营规划，销售与运作计划，主生产计划，物料需求计划，能力需求计划，车间作业管理，物料管理，产品成本管理和财务管理等是其主要涉及的技术环节。第一，按照经营计划确定企业的产值和利润目标,同时根据市场需求和企业当前的生产条件,确定企业的生产计划大纲。第二,按照生产计划大纲要求,结合考虑企业当前的生产能力和条件,如毛坯和零部件库存、设备和人员状况等,来确定产品出厂计划,即主生产计划——MPS,它是以具体产品为对象,规定每种产品的具体出产时间与数量。第三,以产品的物料清单 BOM 和物料库存信息为依据,以产品出产计划为驱动,采用 MRP 的方式将产品进行分解,同时将企业生产自制件的生产作业计划和外构件的采购计划作为车间生产和物料采购的主要依据,并且通过能力需求计划(CRP)进行比较以检验其可行性。第四,每个工作者每天的工作任务要由车间生产作业计划来确定,从而在每一道工序中落实输出的零部件投入出产计划。车间生产作业计划要依据每个零件的加工路线和每道工序的工时定额编制,要在满足加工路线的条件下,保证安排到每台机床上的任务不发生冲突。第五,计算各种成本需要通过成本会计来计算,其中包括各车间的生产成本、仓库的库存费用、订货费用和往来账目情况等,并为财务分析提供依据。

3. MRPII 系统的优点

(1) 保证生产销售有快速反应的能力

能够快速反映企业内外变化是 MRPII 系统的特点之一。这和该系统拥有供应链管理模块是密不可分的。同时,同步计划整个生产流程的能力也可以让企业的生产和采购随时响应市场的需求,避免企业的盲目采购,使企业能够迅速反映市场情况,及时对产品结构进行调整,将生产周期缩短,在一定程度上提高企业的生产效率。

(2) 完善的存货控制能力

通过对存货的 ABC 分析和严格的周期性盘点,MRPII 系统可以使企业的库存情况保持准确无误。利用 MRPII 系统提供的自动数据采集功能,企业可以捕获所有的物料处理信息,并且可以根据市场提供的信息,将物料需求的时间和数量确定下来,并同国内外市场的物料供求情况和企业自身的生产经营信息相结合,将物料的采购提前期最终确定下来,并统一管理企业的物流、资金流和信息流。

(3) 科学的生产作业流程

企业减少成本和缩短生产周期的关键是灵活的生产方式。在 MRPII 系统中,生产制造管理系统可以将企业的生产过程优化,并可以协调统一设计、生产、市场和用户等多方面,企业可以通过它所具有的模拟功能对整个业务流程先行测评,然后可以按照预测的结果对生产计划进行灵活的配置,从而控制成本。

4. MRPII 系统的不足

MRPII 系统具有可以剖析物料清单,安排项目时间与物料需求的特点,因此可以应用于企业的生产计划当中。但是，关于生产提前期不变、物料清单准确无误等的假定，却经常会引发出严重的问题，其主要的不足可以概括为：

（1）相对而言，存在大量的库存和在制品。主要原因是：第一，较大的中长期需求预测误差，难以平衡的计划和实际需求，往往采用较大的安全库存和生产提前期来减少库存短缺造成的损失；第二，MRPII的提前期是固定的，而总是给提前期时间的确定留有余地。实际制造的时间往往是低于提前时间的，因此，在制品和产品的存储不可避免。

（2）较长的制造周期。MRPII为了调节生产和需求之间，不同工序之间的平衡，采用了增加最终产品的安全储蓄和在制品储量的方法。高的存储把物料在制造系统中流动的速度降低了，于是，也就导致了较长的MRPII的制造周期。

（3）MRPII计算对零部件和原材料的需求利用的是物料清单，如果是过于复杂的物料清单，就会造成数据的存储和处理的工作量较大，过程比较复杂，在所难免地会出现问题，这违背了MRPII精确核算提前期的要求。

（4）在实际中，往往很难精确主生产计划的数据，加上不确定的未来需求，这就降低了MRPII的主生产计划精度，必须在执行当中不断修改。若没有及时更改，就很难将拖期交货及生产和市场等方面的变化反映出来。

（5）按照计划执行了MRPII的生产，没有很高的员工参与要求，这就使得少数高层管理人员参与企业管理，对员工主观能动性的发挥和生产效率的提高有严重的制约性。

（二）JIT理论

1.JIT的含义

准时生产方式（JIT）发源于日本丰田汽车公司，可以用现在广为流传的一句话来概括它的基本思想，就是"只在需要的时候，按需要的量生产所需的产品"，这就是JIT（Just-In-Time）本来的含义。追求一种无库存或使库存达到最小化的生产系统是这种生产方式的核心，因此，企业开发了一系列的具体方法，其中包括"看板管理"，并得到了逐步的发展，形成了一套具有特色的生产经营体系。最初，人们注意到JIT时，曾称它为"丰田生产方式"，后来，随着人们越来越广泛地认识、研究和应用这种生产方式，特别是在引起了西方国家的注意以后，人们才开始称它为JIT生产方式。JIT的目的是实现原材料、在制品及成品能够在实现批量生产的同时保持最小的库存，它是一组活动的集合。JIT以任何工序只是在需要的时候生产必要的制品的逻辑为基础，进行生产计划和控制，通过生产同步化、均衡化以及"看板"工具，实现"适时、适量、在适当地点生产出需要的质量完善的产品"是它的主要表现。JIT将生产控制权下放到各工序，是严格以订货与预测组织生产为依据的，传递需求信息是通过"看板"实现的，主要利用的是"看板"的权威性，因此它是分散的。JIT按照当时的需要，从产品装配出发，每道工序和车间都向前一道工序和车间提出需求，发出指令，前面的工序和车间的生产必须完全按照这些指令进行，因此，拉动式是JIT的控制方式。

JIT的这种管理方式认为，对于企业来说，库存是一种浪费，是一种负债，因此，尽量实现"零库存"是它的要求。JIT系统是一个"拉动"系统，也就是说，先通过供应链的最终端需求"拉动"产品进入市场，然后让这些产品的需求对零部件的需求和生产流程进行一个决定。换言之，只有在需要系统活动的时候，"拉动"才能发生。具体来说就是，系统以反复生产为例，由下一道工序的需求决定上一道工序的加工品种、数量和时间，生产组装线的进度需求决定零部件供应商的交货品种、数量和交货时间，从而做到制品的移动以及供应商的交货在生产的每一个阶段都能符合时间和数量的要求，也就是供应所需要的零部件不要在需要的时间内达到，这样就不会有库存。所以，零库存管理方式也是及时管理方式的一种称谓。

2.JIT系统的优点

第一，由于同步化在生产过程中得以实现，衔接紧凑的上下道工序，原材料在制品、成品的库存和积压有所减少，节省了生产的空间。

第二，生产加工时间减少。由于操作者都是按照同步的节拍操作生产中各工序，生产进度的节奏不是最慢的，而是受到"拉动"的控制，让生产的速度能够在平均速度或平均速度以上保持着。

第三，产品质量得到提高，废品和返工得到减少。因为在JIT生产中，多实行的是"小批量生产、小批量运输"，特别是"单件生产、单件传递"，这会使得作业人员在系统中的每道加工工序中必须生产出百分之百合格的产品。否则，哪怕产出了一件不合格品，都会对正常的生产产生影响，因此，JIT生产形成了一种强制性的约束机制，就是"确保生产合格品"。

第四，劳动生产率和设备利用率得到了提高。JIT合理布局了生产设施，在生产运作管理过程中，将滞留时间、滞留空间和作业人员的差异减少到最低程度。JIT对一人一机的传统进行了改变，将作业组织方法改成了一人多机，将劳动生产率和设备利用率大幅提高。

第五，由于整个生产运作系统的管理是按照统一的原则进行的，作业人员的集体感增强了，能够主动解决生产问题，提高了生产积极性。

第六，有利于整体优化企业生产运作管理功能。JIT对生产布局的同步化和整个企业生产的同步化都进行了考虑，因此对传统方法中质量管理、设备维修管理和技术工艺管理与工序管理相互脱节的弊端进行了改进，形成了各个方面乃至整个企业层层配套的管理网络系统。

3. JIT系统的不足

目前，在国外，JIT已经广泛应用于重复性的生产制造之中。然而，人们在实际的应用过程中发现它并不是十全十美的，其缺陷主要有：

第一，无法详细计划能力，经常将生产安排在低于最高产能的状态下。

第二，它承受生产系统因故障而产生的不均衡的能力比系统要低很多。

第三，需要很长的时间才能成功地开发并应用，其中将产品和工艺流程重新设计、员工技能培训等包括在内。

第四，只能进行重复性制造生产，生产周期需要非常稳定，产品品种多是相似的，而且品种有限。

第五，要求特定的生产布局，要求就近布置供应商。在一定程度上，这些都影响了它发挥作用。

（三）比较MRPII和JIT

1. 相同点

在基本目标上，MRPII和JIT之间是相通的，两个系统都致力于完成企业的三大目标。第一，为了提高投资回报率，将存货投资降低。JIT认为过多不当的存货是企业最大的浪费。同样，MRPII将避免多余的存货积累作为基本精神。第二，通过降低生产成本来提高生产力。为了减少生产现场的多余人力，工具，及时地降低存货并且清除多余的存货，通过自动化精神和美国IE（工业工程）发挥生产力。而MRPII系统更看重的是事前的产能计划和材料供应的平稳性，得到最低的生产现场的以及人的闲置时间，同时防止发生瓶颈现象，将生产力提高。第三，将准时交货的水平提高。为了达到目的，可以通过贸易公司在产销的密切配合当中实现。而MRPII的控制则是通过对材料、产能的有效计划实现的，从而让交货时间得到保证。

2. 不同点

第一，物料流程不同。MRPII推算以后的生产需要是根据企业生产日程计划、产品结构与用量以及存货实现的。而JIT使用的则是指示牌的方式，并改成了"后面工序在必要时，凭指示牌到前工序领取必要的数量，而前工序只生产被领取的数量"。

第二，应用信息化的程度不同。计算机的应用同MRP的产生和发展是密切相关的，并且随着不断改进和发展的计算机技术、系统论、信息论、控制论等理论和管理方法而发展。至今，MRP发展成为ERP，它的存在形式始终是企业管理应用软件。

企业在引进MRPII管理方式的同时，必须引进一套相配合的MRPII或ERP软件系统。而JIT生产方式主要强调的是简化生产业务过程，使得计算机化的计划和控制系统在可以忍受的情况下不是必需的。随着业务不断增长和信息处理要求的提高，企业逐步采用了与西方不同的MRPII系统的计算机管理系统。企业发展的必然趋势是企业管理的信息化。MRPII方式和JIT生产方式都可不避免的出现信息化。由于不一定需要相应的计算机应用软件支撑JIT生产方式的应用，所以，企业的生产可以在JIT专家的指导下，通过企业现成的小组活动团队来实现，并且随着企业的不断发展，企业也可以根据自身的实际情况进行自我改善。而MRPII系统的存在形式是应用软件，通常是由提供该应用软件的软件供应商、其合作伙伴或与该供应商有合作关系的咨询公司以向企业用户提供技术支持的形式来提供系统的实施。虽然用户可以让软件供应商提供"知识转移"，让先进的管理理念被用户所接受，让用户进行自我改善，但是软件系统毕竟有所限制，因此，软件产品的限制及软件供应商对产品的更新换代能力在很大程度上影响了系统的进一步改善。

第三，不同的指挥系统。生产计划与控制部门是MRPII的整体指挥中心。计划人员根据市场的需求来安排JIT的生产计划。

第四，同步化的生产进度。丰田管理系统在其某一个工序出现问题时，立即停止与此有关的全部工序，以免过多的存货产生。MRPII的某一个工序出现问题之后，其他的工序还是在根据原计划生产，则会产生过多的存货。

第五，JIT管理系统公司的第一位是存货的管理，追求高效和保证"零存货"是其对一切生产的要求。实际上，JIT实行的是把存货放在每个工序中。

第六，哲理不同。MRPII追求的是合理利用企业资源，在哲理方面强调集成。JIT把彻底排除浪费作为强调的重点。

第七，比较系统成功的主要条件。以下条件是JIT成功运作所需要的：A.十分迅速的模具更换和调整；B.接近零的产品不良率；C.100%的及时交货率；D.相对熟练稳定和较高的知识程度。MRPII的条件则是：A.积极参与和支持的公司高层管理；B.生产工艺过程可以信赖；C.资料管理正确；D.员工训练充分。

第八，适用不同的企业生产。JIT适合的是简单且扁平的物料，稳定的提前期，稳定的生产速率的大量重复的生产环境。在生产环境当中，包括多品种、小批量，单件生产复杂，复杂多变的产品结构，难度较大的物料需求计划。MRPII借助计算机可以实现展开复杂的逻辑，并将变化的提前期考虑进去，不同的提前期要求必须定期回报车间作业执行控制，从而控制订单的状态，这些都与MRPII生产管理方式相适应。

第九，管理方法不同。MRPII生产管理方法是计划主导型的，也就是"推"

式方法。在这个生产活动当中,分出了若干的阶段和环节,进行供、产、销等各项活动需要按照预定的计划安排人、财、物等资源,并有步骤地进行。基本上依照计划由先行阶段或环节的活动结果来推动后续阶段或环节的活动。要使整个生产活动有合理的组织和科学的秩序,需要依靠实现拟定的尽可能周密的计划安排。JIT生产管理方法是现场控制主导型的,是一种"拉"式的方法,生产过程中后续工序的现场需求确定了前一工序的活动。MRPII强调的是计划推动,JIT强调的是需求牵引。MRPII重视的是计划,JIT重视的是现场控制。MRPII是推动式的生产运作计划,其特点是:根据生产运作目标,由企业的计划部门逐一计算和确定每个零部件的投入出产计划,并且按照计划向生产运作中心发出指令,而每一生产运作中心制造零部件都要按计划进行,并且不论后续工序当时是否需要,都要将加工完成的零部件送到后续的生产运作中心,同时,向计划部门反馈实际完成情况。生产运作中心可以代表一个人或者一群人,可以为一台机器或者一组机器,能为生产计划提供所需要的产能信息,推算生产提前期与生产运作中心关系密切。

在传统的MRPII当中,不同的工序会同时接到指令,各工序进行生产必须严格按照既定计划,即使在实际生产过程中前后相关工序出现变化或异常,这个工序依然按照原计划进行,结果就是工序间产量不平衡,最终产生工序之间的在制品库存。在JIT当中,由于只有最后一道工序获得生产指令,由"看板"在需要的时候向前一工序传递生产指令,这样就避免和减少了不急需的库存,由于只有最后工序接受了指令,因此会产出与计划一致的数量。

JIT从代表市场需求的产品订单出发,只向最后的生产运作中心发出指令,前面的生产运作中心进行生产运作完全按照这些指令的拉动式系统。这样的工艺顺序可以拉动前面的生产运作中心,一直拉到生产运作中心,甚至可以拉动材料的供应者方面。

第十,MRPII和JIT的生产指令下达方式是有区别的。在JIT当中,只有最后一道工序接收到生产指令,其余的工序则没有,只是由"看板"在需要的时候向前工序传递相应的指令,并不考虑相应的变化,因此很容易造成工序之间产量的不平衡,也就难免有库存。

3. 联系

"只在需要的时候,按需要的量生产所需的产品"是JIT的基本思想。而"看板"是实现这一思想的典型手段。在生产过程中可以通过"看板"准确地实现管理。"在何时,需要多少量的何物"的问题则是MRPII计划的主要解决问题。在他的计算过程中同样遵循"只在需要的时候,按需要的量生产所需的产品"的基本思想。

也就是说，两者都致力于在合适的时间制造或者购买合适的物料，不早也不晚（不同的是 MRPII 强调 available，JIT 强调 Just-in-Time）。虽然，JIT 更侧重现场控制，MRPII 更侧重计划，但是，这并不表示这两种生产管理技术将计划与控制割裂了。作为完整的生产管理体系，两者都将计划和控制包含其中，只是各有侧重和特点。

第四节 现代企业生产物流的管理模式

在国内，制造企业一般比较注重产品的研发，制造技术的提高，加工设备的改进与引进等硬件改造，缺少对流程和布局的改进，例如生产线的设计布局、物流路线的合理布局、订单的响应流程、库存的合理化控制等方面相对滞后，造成了居高不下的车间原材料和在制品库存，对企业盈利能力和管理水平的提升有着重要的影响。

目前，我国的生产企业同发达国家相比还有很大的差距，问题也比较多，例如传统的劳动密集型已经无法适应现代经济的发展水平，响应客户的速度较慢，偏高而且不稳定的车间在制品存量，设备和人员的安排不合理，突发性事件经常出现等。

当前，主要有以下三个模式的物流管理思想：

（一）JIT 拉动式

1. 运作原理和基本思想

准时生产方式出现之前，包括丰田公司在内的世界各国企业采取的基本上都是福特式的"大批量的生产方式"，生产的连续性非常差，也就是，等待零件占了一大部分时间，导致所有的人员和设备都在等待原材料，而另一部分时间就是将所需要的原材料发到生产现场以后，所有的人员和设备都开始紧急生产和高度集中地运转。在这样的反复交替当中，出现了严重的浪费，也造成了物流的不通畅，紧缺或者过多的库存，以及低下的生产效率等问题。而适时、适量的生产合适的产品就是 JIT 的核心思想，采取的生产方式是多品种、小批量的，这样可以将库存减少，达到降本增效的目的。

"适时、适量地生产符合客户要求的产品"是 JIT 生产模式的核心思想，从而建立一种低投入、高产出的高效的生产管理系统。同时，计划思想的有效管理就是 JIT 的核心思想，它对生产计划的控制是用倒推的模式进行的，也是属于精益生产的重要内容。

JIT 不主张大库存，它追求的生产模式是低库存且不间断的，并且为了 JIT 的实施，开发了"看板"工具。目前越来越多的企业选择和认可 JIT 拉动式的物流管理思想。

JIT的生产方式与传统的生产方式是完全相反的，传统的生产方式没有考虑后道工序的真实需求，按照前道工序向后道工序的顺序送货，而JIT生产方式是倒推需求的方式，以后道工序的需求为依据，向前道工序传递信息的方式是"看板"，这样，前道工序会以此信息为依据，为其生产需要的产品数量和种类。

各车间、工序产能的均衡性是JIT生产方式实施的基础，可以平衡的流动车间之间、工序之间等于其他部门，均衡化更强，同时将月计划、周计划、日计划制定出来，将车间之间的需求进一步协调，从而让生产资源的利用更加合理。例如：当需求降低的时候，可以对班次进行调整、再分配人员，同时也可以对多余的人员进行培训，对生产设备进行一定的维护、保养和更新，这些都是劳动力柔性的优势。

全面质量管理是JIT思想里很重要的一点，降低产品的不合格率是它的目的。客户需求是JIT思想的导向，为客户生产适时、适量的产品。通过客户需求的导向，运用"看板"的方式，有效地衔接起销售、生产和供应，这样可以真正高效地让企业运转起来，将库存尤其是在制品库存减少，提高企业的运营效率。

JIT生产方式之所以运用广泛，原因是它有两个优点：第一是它拥有明确的标准，较高的要求，没有库存；第二是降本增效是其本质目标。具体可以概括为三个方面：

（1）产量的目标就是适时适量。只为客户生产需要的产品，最大化地利用企业资源以满足市场需要量的变化。

（2）人均产值的目标。生产效率的高低其实就是人均产值的高低。在今天，人工成本越来越高，简单考虑人数已经无法满足企业发展的需要。所以，必须全面提高人员的技能素质和技能，增加工作人员的弹性，让生产线各工序的产能平衡，最终达到提高生产率的目的。能否平衡各生产线的产能是这里的关键。要对各生产线作业人员的数量灵活地调整，但是，这需要作业人员的多种技能，能够同时从事多个岗位的作业操作。

（3）质量目标——保证品质。JIT生产方式将传统的质量成本观念彻底改变，它为了实现设备生产线和人工的"自动化"，将全面质量管理活动运用到每道工序当中，同时实现企业生产产品的高质量和低成本。在这里，"自动化"包括两个方面：一方面，自动化的设备生产线，以加工产品的特点为依据，通过对现有的加工设备的改进或者更新，对生产线的现有布局进行调整。在加工运行过程中，调整后的加工设备和生产线可以自动检测不合格产品，一旦发现产品质量有问题，就会自动报警或者强行制止。所以，在目前比较先进的车间里，在设备上增加了监控或者检测的装置，用来辨别不合格产品。另一方面，自动化的人工，即建立现场人员的职责机制，对现场人员的职责加以明确。也就是说,当生产线上发现不合格产品或者出现异常的时候,现场人员有停止生产线运行的权利,这样就能从根本上快速地找出问题的根源,也就能从根源上解决问题,从而防止再发生相同的问题。这里须要强调的是:在传统的生产管理方式当中,首检、终检和抽检都是质量检验,不让生产线停工是其目的,尽量做到连续生产。而JIT采用的生产方式是自动化的,防止了出现不良产品的批量,而且能够及时快速地解决问题,将问题发生的根源找出来,防止反复出现缺陷。从长远的发展来看,可以实现高质量、低成本的一致性目标,也会不断提高企业的生产制造水平。实现JIT生产方式的方法有两点:一是同步化生产,即保持生产的高度连续性,各工序保持一致的生产进度。通常意义上,就是让单件流的方式在各工序之间实行,中间不存在在制品库存,几乎同时各个工序进行。二是极小化的生产批量,也就是单件流。连续生产是单件流的核心,单件流的具体实施是通过设备通用化和作业标准化实现的。

2. "拉动式"模式

在整个生产过程中,可以将生产计划模式分为两种:一种是"推进式"控制模式,另一种是"拉动式"组织控制模式。

以总装为开始,前道工序的生产和物流由后道工序需求拉动,这样基本上可以让"客户"在每个车间和工序定位。就某一个工序来说,根据生产指令,这个工序把需求信息传递给上个工序,根据此信息,上道工序进行安排和生产。这也就是说,下道工序完全指导了上道工序的生产。前后道工序的供求关系是"拉动式"物流系统的支撑点,对车间内各工序的物料的加工与流转有拉动作用。重复性生产和低级需求的简单生产比较适合这种物流系统。

"看板"拉动式JIT思想的核心就是,工厂按照客户要求的时间、数量和品种并以倒推的拉动计划来安排生产的组织模式。这也是拉动式物流的生产模式的要求。

3. 特 征

连续的单件流和不存在在制品库存是JIT拉动式物流系统的核心特质。它是把市场供需理念应用到生产过程的各工序中,从而增强各个工序的服务意识,更好地利用资源。

JIT系统是强制控制性的,它比较适用的生产模式是重复性生产模式和低级需求的计划模式。这种计划模式需要企业有一定的企业管理基础作支撑,才能实施JIT拉动式物流管理模式。所以,全面的员工技能和团队意识是非常重要的。零库存是它的终极目的。但是,就目前各企业的管理水平和生产模式来说,零库存是不可能实现的,因此只能大幅地降低库存。

（二）TOC模式

1. TOC模式

（1）思想原则和核心步骤

约束理论是管理方面的，它提出的基础是优化生产技术。它提出了一种在制造业中如何消除制约因素的方法，这不仅是它的核心价值，而且为企业提供了PDCA的理论基础。找出一种在生产系统中分析问题和解决问题的方法的规律是TOC的目的，并且在任何企业环境条件下，这种规律都是适用的。简单来说，就是能发现生产系统中的制约因素和环节，并以一种相对科学的方式去消除这些制约因素的方式方法。

① TOC制定生产作业计划的九条原则主要表现为：

第一，一个合理的作业计划是有提前期的，因此可以根据系统的约束来设定优先级；第二，系统的约束对非瓶颈资源的利用率有影响；第三，系统运行的效率是由瓶颈资源的利用率来决定的；第四，浪费瓶颈环节的资源就是浪费整个系统；第五，提高瓶颈环节效率，非瓶颈上效率的提高对整个系统没有实际的意义；第六，资源的利用与活力并不相同；第七，转运批量和加工批量不相等，而且，转运批量不可以等于1；第八，系统的均衡需要物流的均衡，而不是生产的均衡；第九，加工批量会随着时间的变化而变化。

② TOC的五大核心步骤主要表现为：

第一步，将系统中存在的约束找出并罗列出来；

第二步，找出解决这些约束条件的规律和方法；

第三步，让企业同上一步的各种解决约束问题的措施全力配合；

第四步，实施上述措施将约束问题解决；

第五步，PDCA让改进得以持续。

（2）TOC的物流管理模式

TOC解决问题的时候是从全局系统性考虑的，具体来说，主要表现为以下几点：第一，让企业尽可能地赚取利润，实现目标。第二，认为所有影响企业目标实现的因素都是约束，将重点的约束环节找出来，可能是物质约束，也可能是非物质约束。第三，有三个衡量TOC的指标：库存，有效产出及营运费用。可以减少库存和费用，但是不能没有，这样才能保证有效产出。第四，鼓-缓冲-绳法和缓冲管理法。生产"节拍"就是所谓的"鼓"。为了让有效产出最大化，就要把瓶颈资源的制约考虑在内。可以用一定的备货库存当作缓解瓶颈资源的制约。所以，必须在生产时把瓶颈工序的物料供应量考虑在内，将瓶颈工序的需求节拍把握住，让生产系统中物流的平衡得以保证。第五，约束的决策方法。应用约束理论主要有因果关系法、驱散迷雾法和苏格拉底法三种方法。企业应用约束理论而得到成功的案例有很多，例如20世纪末，日本的丰田公司应用约束理论缩短其产品的生产周期，从而取得了竞争的胜利。

2. 此模式在生产物流中的应用

（1）企业的供应链模型以及现状

约束理论被事实证明是先进的，非常适合当今企业的发展，它不仅可以应用到供应链管理和分销代理领域，而且在生产管理系统领域发挥着重要的作用。

当前，伴随着世界经济的发展和国内市场环境的变化，销售环境的主动权已经从卖方市场转向了买方市场，这会让竞争加剧，而市场上的企业为了长期生存，逐渐开始关注控制和节约物流成本。为此不少企业把自己的战略重点放在了日本人提出的"零库存"上，以便最大限度地对库存费用进行控制。然而，有些企业对零库存的本质的理解是片面的，完全实现了零库存。降本增效才是 JIT 的本质作用，消灭消费才是其终极目的。

在国内的市场环境下，完全实现零库存的可能性是很小的，原因在于：一是制造企业没有很先进的生产组织模式，并且物流模式也相对落后；二是我国市场环境经常会有波动出现，一旦较大的波动出现在供应商方面，下游企业的稳定性就会被影响，这样也就造成了大量库存的存在；三是不太成熟的供应链管理，而且在供应商与企业之间也没有达成真正的战略伙伴关系，这样也就造成了信息反馈的滞后性。在国内企业中，没有真正意义上的零库存，主要是因为：一方面，国内企业一般根据自己的需求向供应商提交货要求，把库存转移到供应商那里，这样在一定程度上就加重了供应商的资金负担，因此从整体上来说，国内企业的零库存还是没有实现。另一方面，企业为了自己的供货的正常需求得到保证，针对同种零部件会建立多家供应商的供应渠道，这样，价格战就成为供应商抢单的最直接的方式，而在价格战中，企业无疑是最终受益者，长期下来，供应商是无法承担的，所以，为了满足客户的需求变动，供应商只能靠库存来应付，这样，供应商的库存占用资金金额就会加大，从社会资源的分配来说是浪费的、不精益的。

3. DBR 的分析和评价

TOC 中有一种管理方法是 DBR（Drum-Buffer-Rope）。为了实现最大的有效产出，并对瓶颈约束的存在加以考虑，企业为了缓冲，必须要有合理的库存，以此应对市场需求的波动，从而避免企业不必要的浪费。对企业来说，不可能实现一味地追求零库存，这个选择是不经济的。企业应当面对市场这个经常波动的经济事实，在这个前提下，追求最短的生产周期，最少的在制品库存，才是企业最明智的选择。因此，如何提高销售额才是我国制造企业应当重点考虑的。这要求企业加强研发新产品，在将产品的技术含量提高的同时，提高产品的差异化和个性化提高，从而提高产品在市场上的竞争力。

企业应用约束理论可以在一定程度上提高企业在市场竞争中的竞争力，主要是因为：第一，快速反应，灵活能力较强。约束理论当中的DBR理念能够迅速地抓住主要的改进流程，集中精力进行重点突破，且能较好地从宏观条件下考虑增强企业的市场应变能力。第二，工作的系统化。约束理论可以把所有的环节贯穿起来，建立起一个透明的网络，从而有利于各部门开展工作。第三，高效化生产。企业可以以"鼓"点为衡量手段，发现并解决瓶颈，从而实现企业的高效管理。

（三）ERP思想的物流管理模式

MRP是ERP的基础，它利用现代信息管理技术的企业资源计划管理的软件，在企业与供应商的供应链集成方面有了进一步的发展。

1. ERP的核心思想

（1）实现精益管理全面供应链系统

当今网络化的时代，企业仅仅依靠自己是没有办法有效参与市场竞争的，须要把与自己相关的供应商、外协加工厂、销售网络及终端市场统一纳入到一个整体的供应体系中，只有这样才能在市场竞争中有效地参与，才能使企业利用一切可以利用的社会资源进行有效经营。

（2）结合精益生产、敏捷制造和同步工程这三个思想

ERP的管理思想在混合型生产方式中主要表现为以下两个方面：一是"精益生产"，二是"敏捷制造"。当企业遇到特定的市场或者特殊的客户需要时，企业不一定能用现有的供应体系满足这种特殊的需求，这时，企业为了应付这种需求，须要组织一个项目团队，将特殊的供应渠道找出来，利用"同步工程"，在短时间内打入市场或者将客户的特殊需求满足，让生产体系的柔性和灵活性得以保持，这就是"敏捷制造"的本质思想。

（3）体现过程控制与预先计划的思想

ERP系统中主要的计划模块有销售系统中的订单计划、生产主计划，库存管理系统中的物料计划，财务管理中的资金计划、人力资源计划等。

在经历了几十年的发展以后，现在已经形成了由专业软件开发商为企业提供ERP系统解决方案和实施服务的市场格局。事实上，大多数的企业管理人员只是从软件功能的角度去认识和理解ERP，他们只是通过软件服务商的介绍来了解ERP。

2. ERP"推进式"物流管理模式

ERP 是以 MRP 为基础的,它是同计算机网络的发展和制造业高速发展的环境相结合的一种企业资源计划管理模式。在这种模式下,生产系统最好是多品种、小批量的生产型企业。该模式的核心思想是物料的高效运转。它的订单预测计划、生产主计划、物料需求计划、采购计划、产能计划和成本计划等都是通过计算机技术拟定的,并且通过将这些计划信息在各工序之间进行流转而将前后道工序的生产任务安排有效衔接起来。

"推进式"模式适用的范围是:第一,对异常突发事件的处理,特别是管理标准化和管理制度方面的突发事件;第二,运用计算机信息系统进行管理;第三,将计划与实际的差距考虑到,采取一定的备货库存,以防生产的间断和资源的浪费。

第五节 采购与采购管理

一、采购与采购管理的定义

采购,在狭义上可以定义为企业购买货物和服务的行为,在广义上可以定义为企业获取货物和服务的过程。然而,采购过程不是一个活动的终点,而是成功实现一系列跨越组织边界的活动。所以,完整的采购定义是一种必要的活动,为了满足用户的需求而获取货物和服务。波特在他的价值链中指出了采购环节的重要性,因为确认新供应商资格、采购不同规格的原材料和监督供应上绩效都包括在采购过程中。因此,采购是供应链成员之间的关键连接。

图中概述了采购过程中的活动,涉及在工业市场上购买货物和服务。通常,这些活动会超越其职能边界,以及组织内部和组织边界。

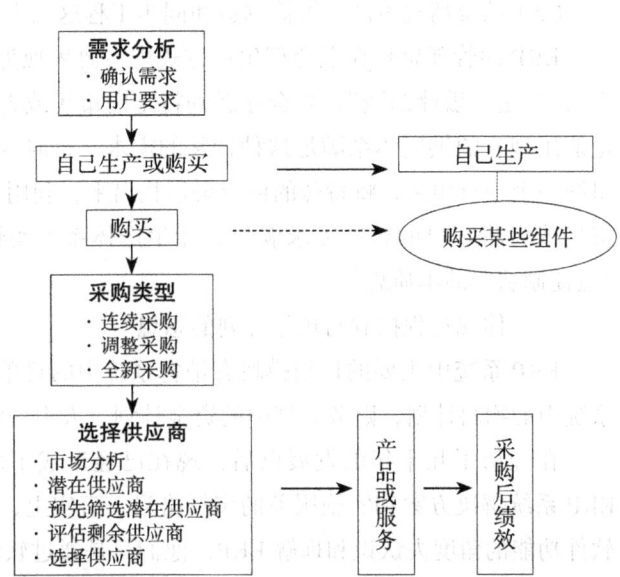

如果交易各方没有参与,这个过程就不可能有效地完成。要完成这些活动,必须让买卖双方有最大化的价值,进而也让供应链有最大化的价值。

在日常的经济生活中,有不同类型的采购。依据采购主体的不同有个人采购、家庭采购、团体采购、企业采购和政府采购;以采购的客体为依据:有农产品采购、工业品采购、工程采购和服务采购;以采购频率和数量为依据有集中采购和日常采购;以交易方式为依据有现款采购、租赁采购、交换采购等。本文主要对企业的采购行为进行论述。

企业为了实现生产或者是销售计划,在适当的品质被保证的条件下,从适当的供应商以适当的价格购入企业所必需的物品或服务时所采取的一切管理活动,我们可以称之为采购管理。对于企业整体商务活动效率的提高来说,企业采购这一环节有着非常重要的作用。

在实际中,采购经理一方面要对内部客户的需求做出快速反应,另一方面要同供应商维护互利的关系。近年来,整合供应链内外部以及整合上下游的过程中,逐渐意识到采购管理这一双重角色是一项极为复杂的任务。采购已经从一个内部管理职能转变为供应链中的一个重要的环节。从运作方面来说,为了实现企业的战略目标,需要内外部供应链成员共同努力。

采购管理的过程如下图所示:

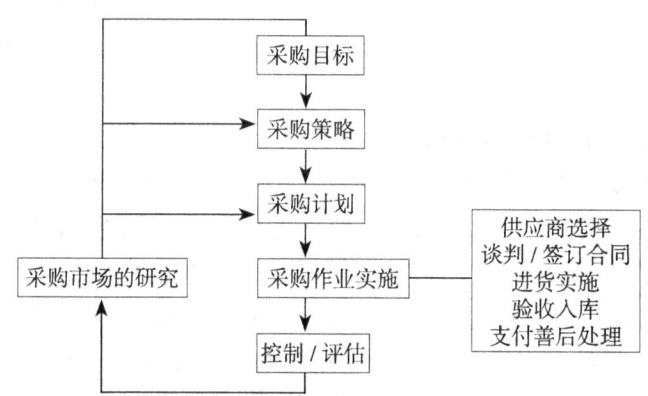

二、采购的目标

一般认为,对内部需求做出反应是采购的主要目标,最终获得商品或服务。而现在,一些世界级的采购部门已经超越了传统采购的概念。以下是现代企业采购的目标:

(一)为企业的运营需求提供支持

为了满足内部客户的需求,采购部门必须执行一系列的活动,这就是采购部门的传统角色。通常,为了满足所有的运作需求,采购需要进行购买原材料、配件、维修和服务等。另外,采购可以通过向配送中心的仓储、补货及成品配送等功能提供服务,来满足配送中心的需求。同时,在产品开发阶段,采购部门也能够为工程和技术团队提供帮助。

(二)让采购的流程有效率和效果

提高内部管理的运作效率是采购部门必须做到的,包括对职员水平的确定,为员工提供职业培训等,采用一些能够改进生产效率和提供更好抉择的采购系统。

(三)选择、发展供应源,并且保证供应源

对供应商的选择、开发和保证是采购部门的重要目标之一。采购必须选择一个供应库,其中要包含各供应商,以便在产品成本、质量、配送或新产品开发等方面形成绩效优势。要通过在共享时间表和预测上与供应商有更为密切的合作,与供应商一起把进程中的无价值时间减少。

(四)建立同其他工作团队的更为紧密的联系

加强各部门之间的联系的要求,在 20 世纪 90 年代就已经十分明确。采购部门应当更为密切地同作为采购内部客户的其他部门进行联系。如果制造部门收到的某个供应商供应的零部件有问题,那么,为了改进质量,采购部门就应更为密切地联系该供应商。采购部门必须恰当地联系并密切地接触诸如市场、制造、机械、工程和采购等部门,从而与其他工作团队建立更为紧密的联系。

(五)给总体的目标和目的以支持

支持公司的目标是采购最为重要的一个目标。这一点听起来很简单,实际上公司的目标并不一定与采购部门的目标一致。这个目标说明采购部门对正面或负面的企业总绩效有着直接的影响。同时,采购部门看待自身也要从整体组织的角度出发。

然而,支持整体组织目标的能力需要行政管理层在如何看待采购部门这一点上做出一些转变。采购部门不应当只是辅助的,而应当被看作一个战略资源,一个能够在市场上提供有力竞争优势的战略资源。

(六)发展能支持企业总体目标的完整采购战略

采购部门规划的战略和计划并不总是能够支持企业总体的战略,有时候甚至会直接违背其他部门的计划。这在一定程度上也说明了为什么采购部门有时不能将它的计划和公司的计划融为一体。首先,采购人员的培训和选择历史性地决定了企业对其绩效的要求,所以采购人员不能参与最高层次的合作计划。其次,一般情况下,

企业的行政管理层对采购部门所提供的利益不能完全认识到。因此，采购部门只是有限地影响到了企业的总体战略计划。只有解决了上述两个问题，才能实现企业战略计划中采购融合度的增长。将采购部门融入合作计划中，可以实现以下功能：对供应市场及其趋势的变化进行监控，并对这些趋势对公司目标的影响加以解释；将对公司战略的关键绩效有重要影响的原材料和服务确定下来，尤其是关于新产品开发方面；为了支持公司计划，制定出使供应具有选择性和偶然性的计划。

三、采购的进化与发展

（一）采购的进化

长期以来，采购被所有组织当作一个基础的机构，在过去的两个世纪里，在有关贸易的书籍中才提到采购。再加上，以前企业高层管理者都比较关注市场营销、研发、财务和生产操作，往往把采购作为机构的附属。如今，采购的重要地位和作用被越来越多的企业认识到。下面我们联系美国工业史对采购的进化及研究的过程作一简要回顾。

第一阶段：采购发展的初期阶段（1850—1900年）

一些观察家认为19世纪50年代是采购历史初期的开始，但相关证据表明，在此之前采购部门就受到重视。1832年，查尔斯·巴比奇出版了关于机械和制造经济的书，其中提到了采购的重要性。巴比奇认为"物料人"对几个不同的功能负责，并认为"负责选择、采购、接收和配送一切所需物品的物料人"是负责资源的关键职员。

19世纪50年代以后，对采购的明显兴趣出现并发展。这一时期美国铁路也迅速发展。在此期间，采购问题经常在铁路贸易杂志中出现。1887年，芝加哥出版了《铁路供应的管理——铁路采购和存储》，其中就包括了采购部门。该书中对采购问题的讨论依然影响着今天企业对采购问题的认知，例如对采购代理商中需要专业化的技术的讨论，在个人控制下的采购部门需要中心化的讨论等。

早期采购的发展由铁路的增长所决定。这一时期采购的重大贡献就在于对采购流程的早期认识和使跨国公司利润增加。19世纪晚期，逐步将采购部门分化成一个具有独立专业化功能的部门。

第二阶段：采购增长的阶段（1900—1939年）

20世纪初是采购进化的第二阶段，并且这个阶段一直持续到"一战"初期。将这一时期与早期分隔开的因素如下：持续有规律的具体讨论工业采购功能的文章在铁路贸易杂志以外出现。机械杂志比较关注合格的采购人员的需求和物料专业化的发展。这一时代见证了采购流程理念的发展。

第三阶段：战争时期（1940—1946 年）

采购在"二战"过程中进入了新的时期。"二战"期间，促使人们对采购的兴趣有了增长的主要原因就在于人们对获得所需或稀缺物料的重视。1933 年，在美国，提供与采购有关部门的课程的大学只有 9 所，到了 1945 年就达到了 49 所。1934 年，采购代理商联盟成员有 3400 名，到 1940 年增至 5500 名，到 1945 年秋天增至 9400 名。在这一时期，一项研究表明，在所有采购需求中，有 74% 不包括具体要求品牌的条款。这表示，在公司中，采购部门的角色决定了供应源已经被其他部门所认识到。

在战争结束前夕，一些观察家怀疑采购在公司中的重要性能否被维持，另外一些人则提出了传递这种市场文化能否改变公司的经营方针的问题。

第四阶段：平静时期（1947—20 世纪 60 年代中期）

对采购的重视并没有从"二战"中延续到战后。战争过后，采购经理人在市场驱动美国经济增长的时候并没有去发展采购，而是努力去吸引公司高层的关注。采购学家约翰 A. 希尔评论这一时期的采购状况说："对许多公司来说，采购只是交易中不可避免的成本而已，不应加诸太多关注。就美国工业的深度和广度来说，采购部门并没有受到应有的注意和强调。"

这一时期的文章开始对许多类型的公司中使用雇员来收集、分析和表达用于采购决定的案例进行描述和分析。首先，福特汽车公司建立了商品研究部门，成为私人企业中提供短期或长期商品信息的先例。福特为了帮助客户进行产品和价格分析，还建立了一个采购分析部门。

尽管内部采购在这一时期开始发展，但是不能否认其他部门的作用，例如市场和财务部门。在战后和整个年代，满足客户的需求和不断扩大市场需要是企业经营的重点，公司面对的是竞争的稳定和原材料的充足，这些情况将采购的重要性历史性地消除了。这是一个有着长期的经济增长、经济回落较小或正常以及原材料充分利用的时期。在这一时期，采购历史上没有出现能够引起对采购重要性加以关注的事件。

第五阶段：物料管理的出现时期（20 世纪 60 年代中期至 20 世纪 70 年代末）

物料管理这一概念于 20 世纪 60 年代中期在美国工业开始得到较高重视。早在 19 世纪后半期，美国铁路行业中已经比较普及具有物流管理概念的企业，它们结合了采购、库存管理、收货和存储等功能。

这一时期，公司的运作受到外部事件的直接影响，例如越南战争，导致了紧缩的原材料和上涨的价格，大多数公司经历了缺少石油和物料的供应问题，因此，对物料管理的重要性有了深刻的认识。

将物料事务综合在一起是物料管理的初期目标。物料管理包括物料计划和控制、库存计划和控制、物料和采购研究、采购过程、输入数量、收货、收入质量控制、存储、原材料流动及废弃物品处理等多种功能。

采购在物料管理时期的作用十分显著。通过争相竞价，采购经理强调了多元化，并且还把供应商当作可以创造价值的伙伴，买方与供应商之间只有一臂之遥。决定供应合同的主要因素是价格竞争。

第六阶段：全球化时期（20世纪70年代末至1999年）

全球化时期的采购的重要性、结构和采购行为所产生的影响不同于其他几个时期，主要表现在以下几个方面：

第一，如此紧张迅速的竞争从未在工业史上出现。世界市场被环太平洋和欧洲竞争者与美国公司争夺，这些公司为了争取市场份额而强调低成本、高质量，因而长期计划的范围变得更短，更不确定。

第二，跨国公司采取与美国公司不同的战略、系统结构和管理技巧，开始进一步抢夺市场份额。

第三，这一时期出现了史无前例的技术变动率。国际化产品的生命周期变得更短，出现了全球范围内的技术革新，产品技术开始按月而不是按年变化。

第四，以互联网为基础，利用国际数据网和万维网来适应世界性采购活动的能力出现。

第七阶段：统一供应链管理（2000年至今）

到2000年，新的采购方式的出现在一定程度上反映出了企业经营已经把注重质量和供应商的作用作为重点，从与供应商保持一定距离变成了紧密合作。供应商的发展与完善，供应商在设计阶段就参与意见，评价供应商的多功能团队，选择综合性的供应商，总成本供应商的挑选，长期的供应商联系，战略成本管理与互联网和共享数据库的链接等都包括在与供应商相关的采购战略当中。此外，采购行为已发生剧烈转变以支持新时期的追求。

这一时期我们可以得到三个结论：第一，采购的作用在现代经济中得以重塑，以便适应世界性的竞争、快速的技术更新以及客户的期望所带来的挑战；第二，加强了对采购流程的重视，特别是那些以全球性的竞争和快速变更为特征的行业的公司；第三，采购必须与客户的需要相融合，就像运营、物流、人力资源、财会、营销以及信息系统一样。

以上简单地透视了美国工业中采购的进化。无论是在世纪中期初步重视采购，还是在今日全球化环境下对这一部门重要性的强化，都是十分重要的。每一历史时期都以独特的方式为采购的发展做出贡献，包括对这一行业的增长做出贡献的代表人物和形成采购史的重要事件，特别是采购历史发展的早期。

（二）采购的发展趋势

全球化的加剧导致采购与供应策略呈现出以下发展趋势：

1. 以采购过程为重点

采购部门要以恰当的方式做事。未来，订立协议应是采购工作的重点，而不是安排进度和催单，能给采购企业带来真正增值机会的是与主要供应商达成较好的协议。尽管安排进度和催单也很重要，但是它们几乎不能带来增值，这一点已经被电子商务和自动催单所证明。

2. 团队采购的方式

采购的复杂性要求分析和决策由跨职能小组进行，来自采购、设计、工程和制造等部门的主要专业人员或经理组成了这个小组。采购部门同工程设计部门要协同工作，有利于提高产品设计质量、缩短周期和降低成本。特别是在新产品设计中，传统的步骤，如研发、设计、采购询价、制定规格、报价分析、供应商选择以及制造等过程中都有一个明显的提前期问题。此外，服装业推出新产品的速度往往非常快。为了适应这种情况，企业各方——包括制造、设计、质量控制、营销、采购以及供应商等的早期合作，就可以使压缩时间、提高质量和降低成本成为可能。

3. MRO 物品采购工作的外包维护、修理和辅助物料

MRO 的采购特点是次数多而且每次涉及的金额都不大，使得物品采购的材料成本往往低于交易管理成本。物品是无差异的市场，如果在这部分物料当中将采购工作外包，可以在降低成本的同时让采购人员有更多的时间采购物料。此外也可以外包如法律事务、人员培训和内部审计等服务。一些先进的制造企业也外包了市场信息收集、新产品研发等，这样可以进一步优化企业的资源，在一定程度上提高企业的竞争力，也使企业的效益得到增长。

4. 采购的国际化

随着原材料成本的巨大影响和经济的日益全球化，供应部门管理人员在采购过程中必然会积极追求成本领先地位。此外，运输和通信在过去的几十年里得到了迅速的发展。随着国际贸易壁垒的减少以及我国加入世界贸易组织（WTO），我国企业也大大增加了走出国门寻求降低成本的机会。从国外购买原材料可以获得更多的利益，是选取国际化采购最基本的原因。但是某些非价格因素也使国际化采购成为必要，例如：国内无法得到的一些原材料或产品（如超大规模的集成电路和稀有金

属），只能从国外大量进口；由于不同的技术水平和产品质量，只能从国外采购某些生产设备或仪器以及零配件。因此，一些大型企业直接把工厂设在国外，就地采购原材料和销售产品，这样既降低了生产成本，又占领了当地市场。

5.处理材料和保护环境

多余的、废弃的物料是企业运转过程中难免产生的，而且其中许多是有毒的，如果对这些废料进行随意排放和处理，会严重地污染环境。消除污染的代价是很高的，因此，大多数国家都制定了有关环境保护的法律法规。为了加强管理废弃物和减少废弃物产生，以便有利于保护环境，采购部门要发挥积极作用。在处理多余和废弃材料当中，采购人员必须及时地了解避免和消除污染源的新技术。在没有考虑材料的可回收利用性和产生危险废弃物的可能性之前，是不能采购和使用它们的。采购者选择的物料必须有利于环保，应对供应商的标准加以确定，避免从销售有害产品的供应商那里采购物料。同时，应该留意能够帮助公司实现环境保护目标的替代品、备选方案或者相关的新技术。

第二章 供应链管理研究

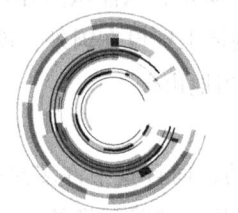

第一节　供应链管理的概念与基本内容

一、供应链管理的概念

社会化大生产产生了供应链，因此供应链管理的概念也随着社会化大生产的发展而发生了一定的变化。早期的观点认为，供应链是一个过程，是在制造企业内部，将采购的原材料和零部件进行生产转换和销售等过程并传递给用户的过程。这种概念注重企业本身，仅仅局限于企业的内部操作。供应链的概念范围随着企业经营进一步发展扩大了，变得更加注重如核心企业与供应商，供应商的供应商乃至有一切前向的关系与用户，用户的用户及一切后向的关系以及网链上各个企业的共同利益等问题。

供应链是以企业为核心的，通过控制信息流、物流、资金流，以采购原材料为开始，到中间品制成，最终把产品通过销售网络送到消费者手中，将供应商、制造商、分销商、零售商直到最终用户连成一个整体。

所有加盟的节点企业组成了供应链。一般来说，在需求信息的驱动下，会有一个核心企业节点通过供应链的职能分工与合作，以资金流、物流、信息流作为媒介，让整个供应链的不断增值得以实现。它是一条将供应商同用户连接起来的物料链、信息链、资金链，更是一条增值链，因加工、包装、运输等过程为供应链增加价值，为相关企业带来收益。

供应链运用系统的观点，设计、规划、控制与优化其中的物流、信息流和资金流，将供应链的上游、中游、下游整合起来，一定程度上减少内耗和浪费，让供应链整体效率的最优化得以实现，并且让供应链中的成员相应的绩效和利益得到保证，让顾客的需要得到快速满足。这种管理思想和方法是集成的，增强企业竞争力和提高顾客满意度是其根本目的。它认为供应链上的各个企业是不可分割的整体，采购、生产、分销和销售的职能由各企业分担，使供应链成为一个协调发展的有机体，在提高顾客满意度的同时实现销售的增长、成本的降低以及投资的更加有效运用，从而全面提高企业竞争力。供应链管理作为一种新的管理理念和模式，近年来逐渐受到国内的重视，同时也成为当今国际企业管理的主要方向和重要领域。

供应链管理通过把供应链中各个企业的各个部门的作业和协调运作集成起来，对企业与顾客间的交易互动方式加以改变，由企业主导型转变为顾客主导型，这样就在最短的时间内以最低的成本，将正确数量的产品在正确的时间配送到正确地点，让顾客享受到最大的价值和最好的服务。

为了有效规划和控制整个供应链上的信息流、物流、资金流、价值流和工作流，供应链管理运用了现代企业管理思想、方法、信息技术、网络技术和集成技术，最终将客户、分销商、供应商、制造商和服务商链接起来，形成一个完整的网链结构，形成一个竞争力强大的战略联盟。

以下几个方面体现了供应链管理的这种基本思想：

第一，"纵向一体化"被"横向一体化"所取代。供应链企业之间的关系不是纵向一体的兼并与合并，而是横向联合。在这样的运作模式下，企业实现合作要运用双旅机制，看待合作伙伴和价值链要用双嵌的态度。企业要发现自己的信息和能力在何处有利于价值链，必须了解整个价值增值过程，最终对消费者和合作伙伴产生有利影响。

第二，敏捷化的组织与业务过程。必须提高组织与业务过程的敏捷性来提高供应链的市场响应能力，为此必须对供应链和价值链进行连续监测，并分析价值和优化整体，将不增加价值的业务消除，把反映快速的敏捷的供应链管理系统建立起来。

第三，共享信息。企业之间的信息共享是供应链管理主要强调的，这可以作为企业之间加强联系的纽带。企业之间的运作活动获得协调一致，计划与需求保持同步，可以通过信息共享实现，同时也是实施快速响应、有效客户响应等战略的前提条件。

第四，跨组织部门的协作。因为供应链管理活动跨越不同组织部门，不同组织之间的协作决定了供应链的整体竞争力。如果继续采取部门主义的做法，将无法实现供应链的效率。供应链管理主要是要打破组织壁垒，实现无缝链接供应链。

第五，战略协作伙伴关系的利益共享与风险分担。供应链管理的核心理念是战略协作伙伴关系。为了提高抗风险能力和对市场变化需求的适应能力，通过建立协作伙伴关系来实现是供应链管理的目的。为了建立战略性伙伴关系，企业之间可以通过共享资源、有效沟通、客户服务以及保证产品质量来帮助企业实现其最高宗旨：提高用户的满意度。

二、供应链管理的主要内容

供应链管理主要涉及供应、生产计划、物流、需求四个领域。供应链的指导是同步化、集成化生产计划,各种技术是它的支撑。计划、合作、控制从供应商到用户的物料零部件和成品等以及信息是供应链管理的主要内容。提高用户服务水平和降低总的交易成本并且寻求两个目标之间的平衡是供应链管理的目标。

根据以上四个领域,可以将供应链管理进行细分,主要分为职能领域和辅助领域。产品工程、产品技术保证、采购、生产控制、库存控制、仓储管理、分销管理属于职能领域。客户服务、制造、设计工程、会计核算、人力资源、市场营销属于辅助领域。

由此可见,供应链管理不仅仅关心物料实体在供应链中的流动。除了企业内部与企业之间的运输问题和实物分销以外,评价、选择和定位战略性供应商和用户合作伙伴关系管理,供应链产品需求预测和计划,供应链的设计全球节点企业,资源、设备等,企业内部与企业之间供应物料和管理需求,以供应链管理的产品设计与制造管理,生产集成化计划跟踪和控制,以供应链的用户服务和物流运输、库存、包装等管理,企业间的资金流管理,以供应链交互信息为基础的管理等,都属于供应链管理。供应链管理关注的是总的物流成本,以及从原材料到最终产成品的飞跃以及用户服务水平之间的关系,因此要有机地结合供应链各个职能部门,从而让供应链整体的力量最大地发挥出来,达到供应链企业群体获益的目的。

第二节 生产物流管理与供应链管理的关系

供应链管理环境下的生产物流管理特点主要表现为共享信息、同步过程、互利合作、准时交货、敏捷响应。

对供应链管理来说,信息共享的增加是非常重要的。信息共享可以做到供应链上任何节点的企业都能将市场需求信息及时地掌握起来,能够交流和共享整个供应链的运行情况,每个环节的物流信息,从而可以同步地进行生产制造和生产物流,避免生产效率因为某一方面的滞后而降低。供应链管理的一个重要特点是合作性、准时性,但是如果没有无缝衔接的物流系统,货物运输逾期以及延迟交货期都会降低供应链的合作性和准时性。因此,供应链物流系统无缝衔接是使供应链协调运作的前提条件。

生产管理包括生产制造管理和生产物流管理两个方面。有生产就有物流,但是,人们在社会生产力发展初期将主要精力都放在了生产制造方面，并没有给予物流以足够的重视，生产规模越大，生产制造过程越自动化，与物流落后的矛盾就越突出，高效的生产制造系统越来越难以适应低效的物流系统。学习了美国先进经验以后，日本在60年代开始重视引进物流，并开发了先进的物流设备，对物流系统进行研究。目前，世界各地企业在竞争中取胜的重要措施普遍都是改造物流结构、降低物流成本。

在传统的生产管理方式中，原材料的采购、物料的管理、生产制造销售、分配等各项活动的管理在由原材料制成产成品到提供给消费者的过程中是割裂开的，各功能部门是相互独立的，大量的存货存在于各个环节之间，信息交流几乎没有，系统的运作效率很低。企业逐渐认识到，提高各功能系统的运作效率可以通过合并相关功能并一体化管理各功能系统，将各分散活动之间的存货大大减少来实现。但是物流的合理化并不能仅凭企业内部优化和整合来实现，因为物流不仅仅是企业内部各个部门的物流，更涉及竞争者以及上游、下游的合作企业。物流的合理化需要将视野放在整个供应链中，从企业内部走出来，推动供应链的优化、物流的一体化和共同化。

供应链涵盖了从供应商到最终用户的采购、制造、分销、零售等整个物流的职能领域过程，把所有节点企业看作一个整体。供应链完成一定的市场目标可以通过管理库存和合作关系去达到高水平的服务来实现。采用集成的思想和方法是加强供应链管理的关键，而不仅仅是节点企业、技术方法等资源的简单链接。

现代生产物流的管理应从全局的角度出发，把它放在整个供应链中考虑，而不是只考虑生产领域。生产不是一个企业全部的活动。同理，生产物流管理也不是企业物流管理的全部。供应链管理链接起了单个企业，并形成了巨大的网络，在这个网络中可以有效地配置资源，让每个企业可以用最低的成本、最快的速度、最好的质量赢得市场。因此，生产物流的管理应当把企业放在供应链管理的环境当中，而不是仅仅局限于生产或本企业进行评价。

最初，供应链管理主要强调的是在物流管理过程中减少企业内部库存的同时也应考虑减少企业之间的库存。随着供应链管理思想越来越受到重视，其视角早已拓宽，不再仅着眼于降低库存，其管理触觉伸展到了企业内外的各个环节、各个角落。

一、供应链与生产物流管理的关系

供应链管理是一种集成化管理的流程，从供应商到最终客户提供产品、服务和信息以创造客户价值的整个流程都包括在内，当代理解供应链管理只是少数的与集成化不同的物流管理。然而,即将出现对供应链管理更广泛的理解,从源头供应商提供产品、服务和信息以增加客户价值,到终端客户的所有流程的集成都包含在供应链管理当中,它不再是物流的另一种称呼。供应链管理涵盖了信息系统集成,计划与控制活动的协调等物流管理中没有包含的要素。可以从物流管理和供应链管理两个方面分析供应链与物流管理的关系。

(一)物流管理的角度

1. 供应链管理当中,物流管理是一个子集或子系统

从相关的定义来看,有一点是一致的,就是为满足客户需求而对货物、服务从起源地到消费地的流动和储存进行计划与控制的过程是由物流管理承担的。内向、外向的内部、外部流动包含其中,物料回收以及原材料、产成品的流动等物流活动的管理也包含其中。产品从产地到消费地传递过程中的所有活动都在供应链管理的对象的涵盖范围内,包括供应原材料和零部件,装配和制造,库存管理和仓储,订单录入与订货处理,分销管理,客户交付,客户关系管理,需求管理,产品设计,预测以及相关的信息系统等。它将所有的供应链上物品实体流动的计划、组织、协调与控制连接起来。也就是说,物流管理所涉及的管理范畴与供应链管理所涉及的是完全不同的。对供应链管理来说,物流管理是一个子集或子系统,供应链管理跨越企业的界限整合了许多物流管理以外的功能。

2. 供应链管理的核心内容是物流管理

供应链的载体、具体形态或表现形式(供应链的载体还包括信息流、资金流)是物流管理,它贯穿了整个供应链。它将供应链的各个企业衔接起来,是企业相互合作的纽带。没有物流,无法实现供应链中生产产品的使用价值,供应链存在的价值也就失去了。因此,很自然的,物流管理成为供应链管理当中的重要组成部分,通过供应链上的价值分布可以看出它在供应链管理中的地位和作用。

在整个供应链价值当中,物流价值(本处指采购和分销之和)在各种类型的产品和行业中都占了一半以上。所以,供应链管理的核心是物流管理。对于提高供应链的价值增值水平来说,有效的管理好物流过程具有举足轻重的作用。

(二)供应链管理的角度

1. 物流运作管理的扩展是供应链管理

企业从仅仅关注物流活动的优化转变到关注优化所有企业的职能是供应链管理的要求,其中包括需求管理,市场营销和销售,制造,财务和物流,将这些活动紧密地集成起来,可以在产品设计、制造、分东、客户服务、成本管理以及增值服务等方面实现重大突破。成本控制对市场的成功有非常重要的作用,物流绩效将逐渐评估整个企业的JIT和快速反应目标。这种内部的定位要求高层管理将企业战略计划和组织结构把物流的能力作为关注点。

2. 物流一体化管理的延伸是供应链管理

供应链管理包含公司外部存在的竞争优势机会，将外部集成和跨企业的业务职能作为关注点，对它们与其代理商、客户和第三方联盟之间的关系进行重塑，来提高生产率和扩大竞争空间。通过应用信息技术和通信技术，链接其整个供应链，企业将自己和它们的贸易伙伴视为一个扩展企业，最终形成一种全新方法，创造市场价值。

3. 物流管理的新战略是供应链管理

传统的物流运作任务是供应链管理在运作方面的关注点，例如：供应链库存流动的加速，同贸易伙伴一起将内部职能优化，并提供一种机制在整个供应链上持续降低成本，将生产率提高。然而，供应链的战略方面是供应链管理的关键。供应链管理将企业的外部定位和网络能力进行扩展，让公司形成一个变革性的渠道联盟，从而达到产品和服务的重大突破。

二、物流管理与供应链管理的区别

物流管理与供应链管理虽然存在一定的联系，但也有不同，以下几个方面是主要的表现：

（一）存在基础和管理模式

在任何单个企业或供应链当中，物的流动和物流管理都同时存在；供应链的前提必须是供应链管理，基础是信任和承诺。物流管理的出现形式主要有两种：企业内部物流管理或企业间物流管理。一种职能化管理模式是主要的表现；流程管理则是供应链管理的表现形式，它不是简单的集合管理多个企业，而是管理多个企业所构成的流程，是一种流程化的价值链管理模式。

（二）不同的导向目标

以最低的成本产出最优质的物流服务是物流管理的目标。如果环境中不存在供应链管理，物流管理需要在单个企业战略目标框架下实现其目标；对于供应链管理环境来说，物流管理指的是供应链管理指导物流管理，实现同步优化企业内部物流和接口物流。而供应链管理的导向是供应链，提升客户价值和客户满意度是目标，获得整体的供应链竞争优势。

（三）不同的管理层次

物流管理协调与管理运输、仓储、配送、流通加工及相关信息等功能，为了达到降低物流成本、优化物流服务的目的，进行了职能的计划于管理，这属于运作层次的管理。而供应链关注的是关键流程的战略管理，供应链上所有成员企业以及内部的传统业务功能被这些关键流程所跨越，在战略层次的高度设计上，供应链管理整合与重构了关键业务流程，并提出相应决策，其中战略伙伴关系、信息共享，合作与协调等决策也包括在内。

（四）不同的管理手段

既然在管理模式和层次方面物流管理与供应链管理都有区别，因此它们之间的管理手段也有不同。现代技术是物流管理的支撑，协调和管理各物流功能可以通过行政指令或指导，运用战术决策和计划来实现；信任和承诺是供应链管理的基础，纽带是资本运营，手段是合同与协议，将战略伙伴关系建立起来，通过流程化的管理，运用现代化的信息技术，实现共享信息和共担风险以及共存利益。

综上所述，在存在基础、管理模式、导向目标、管理层次以及管理手段等方面，物流管理和供应链管理都存在较大的差别，但是根据管理范畴与内容，物流管理是供应链管理的子集或者子系统，同时供应链管理的核心内容也是它。供应链管理与物流管理相比，是一个更宽泛的概念，它的业务流程管理包括物流，市场营销，产品研发与设计等，追求整个供应链系统的成本最低化、服务最优化及客户价值最大化是它的目的；而物流管理则是在货物、服务及相关信息有关效率、有效益的储存与流动的计划、实施与控制方面相对集中，属于供应链管理，通过物流这个子系统的最优化为供应链整体做出贡献是它的目的。

第三节 采购管理与供应链管理的关系

采购管理在供应链之间原材料和半成品生产合作交流方面为沟通生产需要和物资供应的联系建起了一座桥梁，它是供应链管理的重点内容之一。为了提高供应链企业的同步化的运作效率，并且实现供应链系统的无缝衔接，要加强采购管理。在供应链管理模式下，采购工作要做到五个"恰当"：数量恰当、时间恰当、地点恰当、价格恰当、来源恰当。

一、传统模式的采购

比较重视交易过程中供应商的价值是传统采购的特点，其重点是如何同供应商进行商业交易，其合作者是供应商中价格较低的。在采购过程中，虽然质量和交货期也是重要的考虑因素，但是传统采购方式中都是通过事后把关的办法控制质量和交货期的。价格谈判是交易过程的重点,因此,在供应商与采购部门之间经常进行来回的谈判,最后选择的是价格最低的供应商,并签订合同。以下我们将具体分析传统采购模式的特点。

(一)信息不对称的博弈过程是传统采购过程的典型

采购活动中的首要任务是选择供应商。在采购过程中,采购一方往往会保留私有信息以便能够从多个竞争性的供应商中选择一个最佳的供应商。供应商竞争的筹码会随着提供的信息而增加,这对采购方是不利的。因此,供应商在和其他供应商竞争中也会隐瞒自己的信息。这种采购和供应双方都没有有效的信息沟通的过程就是信息不对称的博弈过程。

(二)采购部门一个重要的事后把关是验收检查,控制质量的难度较大

采购一方要考虑质量和交货期这两个重要因素,但是,要在传统采购模式下有效控制质量和交货期,使用的办法只能是事后把关。因为在供应商的生产组织过程和有关质量控制活动中,采购一方很难参与进去,而且彼此之间工作是不透明的。因此,采购部门需要根据国际标准、国家标准等进行检查验收。质量控制缺乏合作会增加采购部门对采购物品的质量控制的难度。

(三)供需关系中竞争多于合作,且是临时的或者短期的合作关系

在传统的采购模式中,供需关系多是临时的或者短期的合作,而且其中竞争多于合作。由于合作和协调相对缺乏,采购过程中时常发生各种抱怨和扯皮的事情,将很多时间消耗在这个方面,从而做长期性预测和计划工作的时间就相对较少,运作中许多不确定性就是由于这种缺乏合作的气氛而增加的。

(四)对客户需求响应能力迟钝

由于缺乏供应与采购双方的信息沟通的及时反馈,采购一方在市场需求发生变化的情况下不能改变已有的订货合同,在需求减少时,采购一方库存增加,需求增加时又供不应求,需要增加谈判的过程来重新订货,因此,供需之间没有同步响应用户需求,应对需求变化的能力缺乏。

二、供应链管理环境下采购的特点

企业的采购方式在供应链管理的环境下与传统采购方式有所不同,主要体现在以下几个方面。

(一)从为库存而采购转变为为订单而采购

为了补充库存,也就是为库存而采购,是传统的采购模式的采购目的。采购部门对企业的生产过程并不关心,也不了解生产的进度和产品需求的变化,因此,采

购过程缺乏主动性，难以根据制造需求的变化制订采购计划。在供应链管理模式下，订单驱动了采购活动，用户需求的订单驱动了制造订单的产生，然后采购订单受到制造订单的驱动而驱动了供应商。这种模式让供应链系统可以准时地响应用户的需求，从而将库存的成本降低，将物流的速度和库存周转率提高。以下是订单驱动的采购方式的特点：

1.签订供应合同的手续因供应商和制造商之间建立了战略合作关系而大大简化，不再需要交易双方反复磋商询价、报价、议价，也因此大大降低了交易成本。通过同步化供应链计划的协调，同步进行制造计划、采购计划、供应计划，将用户响应时间缩短，使供应链同步化运作得以实现。协调各种计划的执行是采购与供应的重点。

2.为了减少采购部门的工作压力和不增加价值的活动，可以让采购物资直接进入制造部门，让供应精细化运作得以实现。

3.信息传递方式的变化。在传统采购方式中，供应商不了解制造过程，也不关心制造商的生产活动。而在供应链管理环境下，供应商能让制造部门信息得到共享，将供应商应变能力提高，让信息失真减少。同时，信息反馈在订货过程中不断进行，为了让订货与需求保持同步，对订货计划进行修正。

4.作业管理模式实现了面向生产的转变。订单驱动的方式将采购工作流程简化了，沟通供应商与制造部门之间的联系成为采购部门的主要作用，实现精细生产的基础保障是供应商与制造之间的关系。

（二）从采购管理转变为外部资源管理

为了对承包业务的进度与工程质量进行监控负责，在建筑行业中，采用工程业务承包时，工程项目部门会派出有关人员到承包工地进行深入的实时监管。这种方法对企业的采购业务活动也是适用的，这是事后把关有效转变为事中控制的途径，人们称之为外部资源管理。正如前文提到的，与供应商之间缺乏合作，缺乏柔性和对需求快速响应的能力是传统采购管理的不足之处。供应链思想的出现使企业的采购管理面临着严峻的挑战，需要让传统的单纯的为库存而采购的管理模式做出改变，使得采购的柔性和市场的相应能力提高，同供应商的信息联系要加强，建立相互之间新的供需合作模式。

一方面，在传统的采购模式中，不能实时响应供应商对采购部门的要求；另一方面，只通过事后把关控制产品的质量，不能对这些缺陷进行实时控制，供应链企业同步化运作无法实现。因此，在供应链管理下，采购管理必须采用有效的外部资源管理。实现精细化生产、零库存生产的要求也是实施外部资源管理。在生产控制中采用以订单流的准时化生产模式为基础，让供应链企业的业务流程朝着精细化生产努力是供应链管理中一个重要的思想,也就是在生产过程中实现零缺陷、零库存、零交货期延迟、零故障、零(无)纸文书、零废料、零人力资源浪费的"零"化管理。系统性、协调性、集成性、同步性外部资源管理就是供应链管理思想,企业集成是实现供应链管理的上述思想的一个重要步骤。它是供应链企业在供应链企业集成过程中从内部集成走向外部集成的重要一步。企业的采购活动应从以下几个方面予以改进,以实现有效的外部资源管理。

1. 同供应商之间的合作关系应当是一种长期的、互惠互利的。这种合作关系使供需双方的合作诚意和参与双方共同解决问题的积极性得到保证。

2. 在供应商之间通过提供信息反馈和教育培训来支持改善质量和保证质量。没有给予供应商足够的关于产品质量保证方面的技术支持和信息反馈是传统采购管理的不足。在今天顾客需求变化的情况下,顾客的要求决定了产品的质量,事后把关已经不能简单地解决问题了。基于这种情况,下游企业要提供质量管理工作的相关质量要求,同时,及时向供应商反馈产品质量问题,以方便其及时改进。要为个性化的产品提供有关质量的技术培训,使供应商能够提供符合要求的产品和服务。

3. 在供应商设计产品和控制产品质量的过程中有所参与。供应链管理的一个重要思想是同步化运营。为了使供应链各企业在响应需求方面取得一致性的行动,可以采取同步化的供应链计划,使供应链的敏捷性增加。在供应商设计产品和控制质量的过程中,制造商企业可以参与,共同对有关产品质量标准等进行制定,使得供应商的业务活动中可以更好地体现需求信息。

4. 对供应商计划进行协调。在多条供应链的业务活动中,可能都有一个供应商的参与,有限资源必然导致多方需求,争夺供应商资源的局面。下游企业根据这种情况应当在供应商协调计划中主动参与。以资源共享为前提,保证由于供应商资源分配不公而出现的企业与供应商抬杠的矛盾不会出现,让供应链的正常供应关系得到保障,对企业利益进行维护。

5. 建立一种新的供应合作关系,可以有不同层次的供应商网络,并逐步减少供应商的数量。一般而言,在供应商的数量方面,越少的供应商,越有利于双方的合作。但是,由于多样的企业的产品对零部件或原材料的需求,导致企业不同,供应商的数量也就不同。企业选择供应商的数量应当以自己的情况为依据,将供应商网络建立起来,并让供应商的数量逐步减少,大力发展同少数供应商建立战略伙伴关系。下面的例子是柯达公司尽可能少的供应商。柯达公司于1993年成立了一支由采购人员和工程人员组成的小组,负责管理世界各地的所有柯达生产厂对控制系统的使用和采购情况。控制系统对整个生产的工艺流程尤其是高度自动化的工厂进行控制。柯达公司在选择供应商的过程中尽可能少地选择供应商，而且小组更注重对控制系统的寿命周期而不是单位成本的考察。寿命周期成本中包含显性成本和隐性成本，培训、工程、零部件维修、可靠性等方面的成本属于隐性成本。据估算，柯达公司的隐性成本是单位成本的 2.5 倍。小组选择供应商的范围是全世界。小组首先评价的是现有的控制系统，供应商，产品、服务、潜在的成本降低能力、全球竞争能力、战略导向等问题的观点是其主要调查对象。然后，小组根据调查结果评价潜在供应商，并将其分为三类：世界一流供应商、首选的供应商和淘汰的供应商。公司以合作目标为依据，尽可能少地选择合作的供应商。柯达公司通过这种选择供应商的方法在控制系统上降低了大约 25% 的总成本。尤其是对于柯达旗下的小型生产厂来说，让它们获得了更短的控制系统安装周期、供应商允诺的持续更新、地方分销商愿意持有闲置零件、在设计早期就有供应商参与等好处。

外部管理取得成效不是仅仅依靠采购方（下游企业）的单方面努力实现的，供应商的配合和支持也是重要因素，因此，供应商提供协作主要有以下几个方面：

第一，采取多种战略帮助拓展用户；

第二，保证售后服务的高质量；

第三，快速反应下游企业的问题；

第四，对所发现的可能影响用户服务的内部问题及时报告；

第五，按照客户的需求对产品和服务质量进行改进。

（三）一般买卖关系转变为战略协作伙伴关系

供应与需求的关系从单一的买卖关系转变为双方建立战略协作伙伴关系是供应链管理模式下采购管理的第三个特点。供应商与需求企业之间在传统的采购模式中是一种简单的买卖关系，因此，一些涉及全局性、战略性的问题无法解决，而以战略伙伴关系为基础的采购方式创造了一些条件来解决问题，这些问题是：

第一，库存。在传统采购模式下，库存信息无法被供应链的各级企业共享，各级点企业进行库存决策都采用订货点技术，需求信息扭曲的现象不可避免，因而无法提高供应链的整体效率。而在供应链管理模式下，供应与需求双方可以通过双方的合作关系共享库存数据，从而采购的决策过程变得更加透明，需求信息的失真现象有所减少。

第二，风险。供需双方可以通过战略性合作关系将由不可预测的需求变化所带来的风险降低，例如，运输过程的风险、信用的风险、产品质量的风险。

第三，对于双方共同解决问题，合作关系可以提供便利的条件。通过合作关系，双方可以共同协商制订战略性的采购供应计划，不必将时间和精力消耗在日常琐事上面。

第四，采购成本降低。供需双方都通过合作关系获得了降低交易成本的好处。由于许多不必要的手续和谈判过程被避免了，不对称决策可能造成的成本损失也通过共享信息而得以避免。

第五，供应过程的组织障碍被战略性伙伴关系消除了，创造了实现准时化采购的条件。

三、准时采购

（一）准时采购的基本思想

准时采购也是JIT采购法，也可以称为采购即时制。它是一种以供应链管理思想为基础的采购管理模式，在恰当的时间、恰当的地点、以恰当的数量提供恰当的物品是它的基本思想。它是为了消除库存和不必要的浪费，从准时生产发展来的一种持续性的改进。准时的供应是实现准时化生产的前提条件，因此，准时化生产管理模式的必然要求是准时化采购。在质量控制、供需关系、供应商的数目、交货期的管理等方面，它和传统的采购方法有所不同，其中，供应商的选择方面，其核心内容是控制质量。供应商的支持与合作以及制造过程、货物运输系统等一系列内容都包括在准时采购当中。准时化采购不但可以把库存减少，还可以将库存周转加快、缩短提前期，提高采购质量等。

（二）准时采购对供应链管理的影响

即时制采购对实施供应链管理思想意义重大。在供应链环境下，现有的采购模式与传统的采购模式的差异在于采用订单驱动的方式。订单驱动使供应与需求双方都围绕订单运作，从而实现了准时化、同步化运作方式。要想实现同步化运作，采购方式就必须是并行的，当采购部门产生订单时，供应商就会开始着手物品的准备工作，同时采购部门也开始编制详细的采购计划，制造部门开始准备生产的过程。如果采购部门把详细的采购单给供应商时，供应商就可以很快地将物资交给用户。当用户改变需求时，制造订单可以驱动采购订单发生改变。这是一种快速的改变过程。要是采购不及时，那么供应链企业适应这种多变的市场需求是十分困难的，所以即时制采购提高了供应链的柔性和敏捷性。

简单地说，即时制采购策略充分体现了供应链管理的协调性、同步性和集成性，供应链管理需要即时制采购来保证供应链整体的同步化运行。

（三）准时采购具有的特点

即时制采购和传统采购差异较大，主要表现为：

1. 对供应商的选择数目差异

传统的采购模式大多数是多头采购，供应商的数目较多。从理论上讲，采用单供应源比多供应源好，不仅管理供应商比较方便，也有宜于采购成本的降低，而且有利于供需之间建立长期稳定的合作关系，从而可以提高质量。可是采用单一的供应源也具有风险，如供应商可能因意外原因中断交货，以及供应商缺乏竞争意识等。

在实际工作中，大多数企业并不愿意成为单一供应商，原因之一是由于供应商是独立性较强的商业竞争者，不会把自己的成本数据披露给用户。再一个原因就是供应商不愿意成为用户的产品库存点。实施即时制采购就必须减少库存，可是库存成本曾经是在用户一边，现如今转移到了供应商。因此，用户必须明白供应商的忧虑。

2. 对供应商的选择标准差异

在传统的采购模式中，选择供应商是通过价格竞争的，供应商与用户的关系是短期的合作关系，一旦发现供应商不合适，可以通过市场竞标的方式来进行供应商的重新选择。在即时制采购模式中，由于供应商和用户的合作关系是长期的，供应商的合作能力对于企业的长期经济利益有影响，所以对供应商的需求就会较高。在选择供应商时，应该对供应商进行综合的评价，在评价供应商时价格不是最主要的，质量是最重要的。这种质量不仅仅是指产品的质量，还包括工作质量、交货质量、技术质量等。高质量的供应商能够建立长期合作关系。

3. 对交货准时性的要求差异

即时采购的一个最主要的特点是要求交货准时，这是实施精细生产的前提。交货，是否准时是由供应商的生产与运输条件来决定的。作为供应商，要准时交货，可以不断提高企业的生产条件，增强生产的可靠性和稳定性，从而减少延迟交货或误点现象出现。交货准时性是准时化供应链管理的一部分，供应商应该采取同样准时化的生产管理模式，从而提高生产过程的准时性。而且想要提高交货准时性，运输问题也是十分重要的。在物流管理中，运输问题可以决定是否可以准时交货。尤其是全球的供应链系统，运输距离长，还有可能要先后经过不同的运输工具，需要中转运输等，必须进行有效的运输计划与管理，从而保证运输过程准确无误。

4. 对信息交流的需求的差异

即时制采购要求供应与需求双方信息高度共享，以此来保证供应与需求信息的准确性和实时性。由于双方建立了战略合作关系，企业能够及时交流生产计划、库存、质量等方面的信息，以便出现问题时可以及时处理。

5.制定采购批量的策略的差异

小批量采购是即时制采购的基本特征之一。准时化采购与传统的采购模式最重要的差异是即时制生产应该减少生产批量,直至实现"一个流生产",所以采购的物资也应使用小批量方法。小批量采购应该提高运输次数和成本,但这对供应商来说是十分困难的,尤其是供应商在国外等远距离的情况下,实施即时制采购就更加困难。解决的方法是可以通过混合运输、代理运输等方式,或尽量使供应商靠近用户等。

(四)准时采购的实施步骤

为了降低本企业的原材料库存、缩短原材料供应周期是即时采购的目的,其基本出发点就是将库存从下游改变为上游,也就是从本公司转移到供应商。供应商为了保证供应,满足顾客的需求,一方面要保持适量的成品库存,另一方面要改变工作方法,从而实施JIT生产,使生产即时将产品提供给顾客更加便捷,同时将原材料库存的压力进一步传递给上游供应商。所以,将本公司的原材料压缩到最低,甚至取消库存是想要在供应商与本公司之间开展即时供应的基本方法。同时要说服供应商增加供货频次,降低每次送货量,并尽量保证随要随到。

具体的实施步骤如下:

1.建立准时采购团队

世界一流企业的采购专业人员有寻找货源、商定价格、发展并不断改进与供应商的协作关系的责任。因此,专业化的高素质采购队伍对实施即时制采购十分重要。应当先成立两个团队。一个团队是专门处理供应商事务,其任务是评定供应商的信誉、能力,或与供应商谈判签订即时制订货合同,给供应商发免检签证等,负责供应商的培训与教育等。另一个团队专门从事根除采购过程中浪费的工作。团队人员对即时制采购的方法应有充分的了解,如果条件允许进行培训也是有必要的。但若是这些人员本身对即时制采购的认识和了解都不彻底,则与供应商的合作就不大可能。

2.分析现状,从而确定供应商

先从采购物品中选择价值与体积较大的原材料及零部件作为出发点,同时结合与供应商的关系,从而优先选择伙伴型的供应商进行即时供应可行性分析,最后再确定实施对象。分析采购物品及供应商情况时,原材料及零部件的采购量,年采购额,物品的重要性程度,供应商所处的地理位置,物品的包装及运输方式,物品的储存条件及存放周期,企业的现有供应商管理水平,供应商参与改进的主动性,物品的供应周期,供应商生产该产品的生产周期及重要原材料的采购周期,供应商的供货频次,该物品的库存量等都是要考虑的因素。然后再根据现状,进一步分析问题所在及产生问题的根源是什么。

3. 设立目标

对于供应商目前的供应状态提出改进目标，包括供货周期、供货批次、库存等，还应有时间要求。

4. 建立实施计划

实施计划要确定行动点，行动负责人，完成时间，检查进度方法即时间、季度考核指标等，还包括本公司内的主要行动。

（1）将固定订单改为非固定订单，同时将订单的定购量分成两部分，一部分是确定下来的，供应商要按时按量交货，另一部分则是可以随市场变化而增加，供应商准备原材料并且安排有关生产计划参考的预测采购量。这两部分的时间跨度取决于本公司的生产周期、供应商的生产交货期、最小批量等。

（2）对于运作程序进行相应的调整。

（3）在本公司相关人员之间要进行沟通，交流，统一认识，协调行动。

（4）对相应人员的职责进行任务分工等。

在供应商方面，要对其进行沟通、培训，使供应商接受即时供应的理念，确定本公司提出的改进目标，包括减少工作时间、提高供应频次、使用合适的原材料、合理的在制品及成品的库存等。供应商也要相应地认可有关的配合人员的职责、行动完成时间等。

5. 改进实施

要改进和保障供应原材料的质量。为改善供应，要考虑提高标准、循环使用的包装、周转材料与器具，以减少送货的装卸、出入库时间就是改进实施的前提。将原来的独立开具订单改为滚动下单，并将订单与预测结合起来是改进实施的主要环节。

可以定期（如每季）向供应商提供半年或全年采购订单，从而有利于供应商提前安排原材料的采购及生产。然后再同供应商商讨定时提供每月、每季的流动订单。流动订单可以分为固定和可变的两个部分，供应商按流动订单的要求定期定量送货。

为了能够更好地链接供应商在整体供应链当中的关系，供应商可以定期向本企业提供库存报告，从而使本公司在接受订单时可以及时准确、迅速、清晰地了解供应商的反应能力，能够更好地进行调整。

实施即时供应注意提高行政效率，可以利用电话、传真及电子函件等手段传递信息，从而充分保证传递信息能够做到及时、准确、可靠。开展即时供应最重要的是要有高度的纪律性，必须严格按规定的时间做事情，并且要有合作精神和团队意识。只有采购、计划、仓管、运输、收验员、供应商等配合密切，才可以保证即时供应顺利进行。

6. 衡量绩效

衡量即时供应实施绩效要进行定期检查，将绩效目标更加具体化，从而控制实施过程。采购部门或即时供应小组应定期检查各项进度的进展情况、各项工作指标、完成主要目标的情况，同时用书面、图表等表现出来，对没有按照计划完成的部分应重新提出进一步的跟进行动，对于工作方法进行调整，必要时调整工作也是可以的。

（五）准时采购的实践分析

为了初步了解准时化采购的目的、意义和影响准时化采购的相关因素，美国加利福尼亚州立大学的研究生利用调查问卷调查了美国 67 家汽车、电子、机械等企业的经营者准时化采购的效果，包括著名的 3COM 公司、惠普公司、苹果计算机公司等。这些公司包括了制造商、分销商、服务业等，公司的采购与物料管理经理是调查的对象。

从调查报告中得出了以下结论：

1. 影响准时化采购的第一个重要的因素就是与供应商的关系。而影响企业准时化采购的最困难的问题也是缺乏供应商的合作。在这种情形下，供应链管理中所倡导的那种战略伙伴关系为企业采购部门实施准时化采购提供了一般的条件。所以，在供应链环境下实施准时化采购要比传统管理模式下实施准时化采购实现的可能性更大，也更具有现实意义。

2. 影响准时化采购的第二个重要的因素是很难找到好的供应商。影响准时化采购的重要条件是供应商的选择是否合适。企业之间的关系在传统的采购模式下不稳定，且具有风险，这对合作目标的实现有一定的影响。企业在供应链管理模式下是协作性战略伙伴，这为准时化采购奠定了基础。

3. 影响准时化采购的第三个重要的因素是缺乏对供应商的激励。企业必须建立一套有效的供应商激励机制，让供应商和用户可以一起分享准时化采购的好处。企业的各个部门都应当创造有利的条件去实施准时化采购，为实施准时化采购共同努力，因为这不单是采购部门的事情，它关系到整个企业的发展。

1998 年，国家相关机构曾对我国企业采购管理现状作了一次调查。大部分企业反映供应商的供货准时情况较好，认为供应商供货不准时的企业只占少数。虽然我国企业交货准时的情况还是不错的，但是，总体来讲，在实施准时化采购方面，企业的基础性条件还是比较差的，特别是企业的合作方面需要进一步加强。

第三章 生产库存管理研究

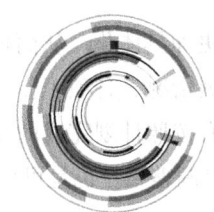

第一节 库存管理的相关概念

一、对库存的分类和定义

(一) 定 义

在企业生产经营过程中,库存是一个不可或缺的重要环节,也是企业物流的基本功能。暂时处于闲置状态的用于将来目的的资源就是"库存",它包括两层含义:一方面是仓库、生产线或车间里可以放置闲置的存货,非仓库的任何位置,如车站、机场或码头等类型的流通节点,甚至是运输途中都可以是放置闲置存货的位置;另一方面,存货闲置可以是因为主动的各种形态的储备,也可以因为被动的各种形态的仓储,同样的,也可以是完全的积压。

(二) 分 类

可以从不同的角度,按照不同的形式对库存进行多种分类。

1. 按照功能分类

按照功能可以将库存分为四种,分别是安全库存、调节库存、周转库存和在途库存。

为了应付需求、生产周期或者供应周期等可能发生的意外变化而设置的一定量的缓冲库存称为安全库存。

为了调节供应或需求的不均衡的生产速率和不均衡的供应速率,以不均衡的各生产阶段的产出而设置的库存是调节库存。例如在淡季因为迎接一个高峰销售季节企业进行的库存设置和调节等。

在相邻两次订货之间,也就是在订货周期内,企业需要有一定的库存,为了避免缺货,因为批量周期性形成的库存就是周转库存。

在运输途中的，以及在相邻的两个工作地点之间或相邻两个组织之间停放的库存就是在途库存，这是由于运输需要时间而产生的库存。

2.按状态分类

按照库存在生产过程和配送中所处的状态可以将库存分成原材料库存、在制品库存和产成品库存。

原材料库存是用来制造成品中组件的钢铁、木料、面粉、布料或其他物料，主要包括原材料、零件和部件。这部分库存是特殊的商品，一般只需要符合生产者自己的标准就可以了。

在制品库存是工厂中被加工或等待与作业之间的物料和组件，产品在生产的不同阶段的半成品也包括在其中。

备货生产工厂里库存中所持有的已完工物品，或者是订货生产工厂里准备按某一订单发货给客户的完工货物，一般都可以统称为产成品库存。

3.按照用户的需求特定分类

按照用户的需求特定分类，可以将库存分为独立需求库存和相关需求库存。

用户对某种库存物品的需求与企业种类的库存无关，叫作独立需求库存，用户表现出了对这种库存的需求的独立性。这种库存一般是随机的，并且是由市场决定的，企业自身是无法对其进行控制的。

与其他需求有内在相关性的需求，我们可以将其称为相关需求库存。通常情况下，相关需求库存的需求数量和需求时间是可以通过一定的数学关系推算出来的，并且同其他的变量之间存在一定的关系。

（三）制造企业的库存

对原材料进行加工或对零部件进行装配的工业部门统称为构成制造业。流通业赚取利润的渠道大多是商品的出入过程。制造业的主体是"生产"或"制造"，借助物理或化学变化或者经过组合装配增加"附加价值"。制造业企业的库存构成比流通业的商品库存复杂得多。制造企业的库存构成有广义范围和狭义范围两种。

1.广义范围的库存构成

广义范围的库存构成一般由产成品、原材料与半成品、在制品、设备维修用零组件或工具、售后服务用零组件及制造耗材等构成。

产成品一般指的是可供直接销售用的产品。原材料与半成品指的是供生产所需，直接构成产品结构之一的部分内容。在制品指的是那些原材料或者半成品经领用而投入生产现场，且它的制程尚未完成，还没有缴入料品仓库货成品仓库的物品。设备维修用零组件或工具指的是生产设备必有其零组件备存，待预防保养或故障时，可以用来更换和使用的那部分零组件，其中包括维修时所需的工具。售后服务零组件指的是企业为了维持某件产品更长久的使用功效，必须备存相当数量的零组件库存，满足售后服务更换和使用的需求。出现这种现象的主要原因在于大部分机械产品或电子仪器都有一定的使用周期。制造耗材指的是在生产制造过程中起到辅助作用，但是其本身又并未构成产品的一部分，如电子装配厂内的焊锡或除焊剂、注塑成型塑胶制品厂中的离模剂等。

2. 狭义范围的库存构成

制造企业狭义范围的库存主要包括产成品库存、在制品库存和原材料库存。在本文中，狭义范围的库存当中库存控制的主要研究对象是制造企业"产成品、在制品和原材料"。

二、库存优劣的分析

对于企业来说，库存有利有弊，是把双刃剑。下面来具体分析制造企业库存的优劣。

（一）库存的优势

在不同情况下，在不同的企业内，持有库存的理由各有侧重。一般来说，主要目的是以下几个方面：

1. 对不确定性的、随机的需求变动进行预防。库存对供需的波动有预防作用。如果不能及时增加生产量来应对销售需求的增大，库存可以持有一定量的库存量来适应这个变化，这样有利于调节不平衡的供需矛盾，让企业可以保证按时交货和快速交货，最大程度上降低或者是避免企业由于库存缺货延迟带来的损失，这对企业改善客户服务质量来说，作用是非常重要的。

2. 可以保障企业生产的连续性和稳定性。当供应商的供应不确定时，企业库存中的原材料可以保障企业的生产正常进行。

3. 企业可以实现经济批量订货。这也是库存的优点，大批量的采购可以使企业获得一定的价格折扣。同时，企业为了避免价格上涨，也可以采用降低采购次数的方法。因此，为了减少订货次数，企业就需要增大订货批量，从而降低企业的订货费用。合理的原材料库存数量的基础是经济批量订货，这样可以在一定程度上降低企业采购成本的总费用。

4. 可以满足季节性需求、促销活动、节假日等的需求变化。要满足季节性需求、促销活动、节假日等的需求变化，可以利用产成品的预期库存实现，从而避免打乱企业正常的生产秩序。

5. 客观性的要求。在途库存一般是根据产成品从生产者到中间商及最终到消费者手中所需要的时间及数量而确定的库存种类。因为生产者、中间商及最终消费者常常不在同一地理位置，为了消除生产者、中间商及最终消费者的位置上的差异，需要使用在途库存。

从生产的角度出发，库存还可以将作业交换的费用节省下来，并且可以提高人员与设备的利用率。

（二）库存带来的弊端

库存的作用是相对的，无论是原材料、在制品还是产成品，企业都在想方设法地将其库存量降低。库存给企业带来的不利影响主要表现为以下几个方面：

1. 企业大量资金被占用。通常情况下，库存在企业总资产中占的比重约为1%，不当的管理库存会造成大量资金的沉淀。

2. 将企业的商品成本和管理成本增加了。企业库存增加，在一定程度上也增加了库存材料的成本，直接影响了企业的商品成本，同时也增加了企业的库存设备和管理人员，加大了企业的管理成本。

3. 可以将企业众多管理问题掩盖起来。企业库存量过大，会将企业管理中的商品质量不稳定、计划不周、采购不力、生产不均衡、市场销售不力及工人不熟练等情况掩盖起来。

总之，库存会带来一定的费用，还会引起一些管理问题。

（三）库存成本分析

用最少的费用在适当的时候和适当地点获取适当数量的原材料、消耗品和最终产品是库存管理的任务。库存作为物质资产，包含了经济价值，购置和存储都会使费用产生。建立库存成本或采取经营措施的时候，就会产生库存成本。购入成本、订货费用、持有成本和缺货成本是库存系统成本的主要组成。

1. 购入成本

购买原材料或半成品所需要的费用就是购入成本。单位购入价格和单位生产成本都包括在其中。始终要用进入库存时的成本计算单位成本。对于外购物品来说，购价和运费都包括在单位成本中；对于自制品来说，直接人工费、直接材料费和企业管理费用等则属于单位成本。

2. 订货费用

从需求确认到最终到货的过程中，通过一些途径获得物品或原材料所需要的费用是订货费用。订货费用与订货量的大小无关，而与采购次数有关，包括提出请购单、分析货源、填写采购订货单、来料验收、跟踪订货等各项费用。其中包括以下因素：以采购、财务、原材料控制与储存人员的工资等为主的内部各部门人员的费用；以办公用品、电话、计算机系统的应用为主的管理费用。

3.持有成本

一段时间内，存储或持有商品导致了持有成本，它与平均库存量大致呈正比。该成本可以分为空间成本、资金成本、库存服务成本和库存风险成本四种。因占用存储建筑物立体空间所支付的费用是空间成本。库存占用资金的成本是资金成本。该成本主要是利息和机会成本，是库存成本中最捉摸不定和最具主观性的一项。许多企业使用资金成本的平均值计算资金成本，其余的则使用投资的平均回报率；也有人使用最低资金回报率。与库存相关的保险费是库存服务成本。与产品变质、短少偷窃、破损或报废相关的费用是库存风险成分。可以用产品价值的直接损失来估算这项成本，也可以用重新生产产品或从备用仓库供货的成本来估算。

人们常常会在衡量计算库存成本的时候陷入一个误区，即把库存的空间成本看作库存的持有成本，而将成本值更高的资金成本、风险成本等忽略了。

4.缺货成本

因存货不足或用尽、供应中断而导致的无法对生产经营上的需求进行满足而造成的损失就是缺货成本。缺货成本对于制造企业而言存在两种情况：一是因供应不足而造成的停工待料损失费，也就是短缺原材料或对生产进行调整的损失或加班加点补充短缺的产量的损失费；二是因产品脱销而损失的利润，也就是短缺成品，因误期交货而应付的罚金以及相应的无形的名誉损失。库存量关系着缺货成本的高低，缺货的次数和数量在库存量较大时会相对较少，同样，缺货成本就会较低，但必然有较高的储存持有成本。

这几种成本是互相冲突的或者说是背反的关系，因此企业需要权衡相关的成本来确定其订购量，从而补足产品的库存。

三、库存管理的目的与作用

（一）库存管理的内容与目标

库存管理控制和管理了制造业或服务业生产经营全过程中的各种产成品以及其他物品。它主要解决以下三个问题：

1.哪些物品属于存货？因为存货的代价很高，所以要实现存货水平的最小化，需要产成品以及其企业要在客服水平保持在可以接受的水平上，即控制现有物品的存货处于合理的水平，杜绝不必要的产品加入库存，从库存中清除不再使用的物品。

2.对于什么时候向供应商下单这个问题，解决方法主要有三种：（1）进行阶段性的回顾，在固定的时间间隔发布批量、规模不一的订单。企业可以通过改变订单批量来应对市场上的需求变化。（2）采取固定订单批量的方法。企业持续地监控存货水平，在存货下降到一定的水平时，要马上采取固定数量的订货。企业应付需求变化的方法可以采取改变发布订单的间隔时间。（3）直接把供给和需求相联系。为了满足一定时间内的已知需求，企业也可以进行较大量的订货。

3. 订多少货？相应的管理成本和送货成本会在每一次订货中产生。实现总成本最小化是订购数量的确定原则。库存管理有两个目标：一是将库存成本降低；二是将客服水平提高。这两个目标也是背反的关系，需要寻求两个目标之间的平衡才能将企业效益最大化。传统的库存控制方法往往更注重成本目标的实现，但是随着买方市场的形成和竞争的日益激烈，客服水平的提高受到越来越多企业的重视。

（二）库存管理的作用

库存管理的两个目标是降低库存成本和提高客服水平，这两个目标之间是背反的关系，库存管理就是寻求这两个目标的平衡。因此，在企业生产和经营需求得到保证的前提下，库存管理的作用是让库存量经常保持合理的水平，根据库存量的动态，适时适量进行订货，避免超量库存和缺货，从而在一定程度上降低企业的库存空间和库存费用，让企业库存资金占用得到一定的控制，加速企业资金周转速度，提高企业的管理水平和客户满意度，最终提高企业的市场竞争力。

（三）企业竞争力和库存管理

企业的持续发展、增长后劲、资产增值和提高效益的能力可以看作企业竞争力。因此，根据企业本身，竞争力因素可以包括以下几个方面：对新技术采用的速度和改造技术的进度；研究新产品、新技术和开发的状况；提高劳动生产率；产品在质量上的优势；降低综合成本和节约各种开支。

维持一定的库存可以将顾客服务水平提高，但是过大的库存量及不畅的流通会给企业的资金周转带来一定的不利影响。如果能使库存经常保持适当的数量，并且对库存妥善保管，可以保障企业的利润增长。同时，一定的库存量在一定程度上也保障了制造商的材料和原料，可以将购料和生产周期的时间缩短。在淡季生产的"展望性库存"能为企业生产的旺季减轻负担，企业可以不用特别添加设备和投资。此外企业也还可以通过交货期的缩短来应对市场竞争。另外，从减轻成本的角度出发，因为企业本身就有满足生产和市场需求的库存，所以企业也可以选择价格相对低廉的原材料和协作零件进行生产。

库存管理的目的是在满足顾客服务要求的前提下，通过对企业的库存水平进行控制，力求尽可能降低库存水平，提高物流系统的效率，对市场需求做出快速反应，以便强化企业的竞争力。

1. 我国的一般制造业一年的库存成本在 1% 左右，我国大多数企业在库存领域降低成本的空间非常广阔。我国企业可以通过采购方式和控制库存的方法将采购费用和保管费用降低，将库存占用流动资金减少，同时提高搬运装卸效率和减少保管装卸费用，还可以通过合理组织库内作业来实现。产品成本当中一个重要的组成部分是库存费用，通过对库存进行管理可以在一定程度上降低企业的产品成本，提高其产品竞争力。

2. 库存管理可以将顾客服务水平提高。在激烈的市场竞争中，企业不仅要提供优质的商品，还要提供优质的物流服务。再好的商品，如果不能及时的送到顾客的手中，其竞争能力同样会降低。在考虑企业成本的支出的同时，必须保证正常进行生产和用户订购时不发生缺料和缺货，这就需要企业可以在满足物流需求服务的情况下，进行有效的库存管理，保持适当的库存量。

3. 库存管理有回避风险的作用。科学技术的发展带来了更多的新产品，商品更新换代的速度越来越快。如果库存过多，出现了新商品令他其价值缩水，很可能会一文不值。而且，随着消费者需求的个性化和多样化，出现了越来越多的商品花色和品种，加大了库存的风险。库存会在消费者需求发生变化过多的时候成为企业陷入经营困境的直接原因。所以，在多品种、小批量的商品流通时代，利用现代库存管理技术对库存进行科学管理，对企业竞争力的提高有重大意义。

4. 库存管理可以将企业管理水平提高。企业经营中存在的问题可以通过居高不下的库存掩盖，库存管理将库存降低到了合理水平，企业经营过程中的问题随之暴露出来，从而将企业的管理水平提高。

此外，控制库存对产品质量的提高和劳动生产率的提高都有贡献。所以，如果进行适当的库存管理，可以将企业的竞争力大大提高。

第二节 生产计划及生产计划管理

一、生产计划概述

有关企业生产运营整个流程的详细计划是生产计划，其中包括全年计划、季度计划、月计划、周计划、天计划。企业通过详细规划所生产的产品种类、规格、数量、完成时间，将企业的生产方案实现，从而完成企业的生产目标。生产计划具体包括：

制订企业每阶段的生产计划、安排规划生产人力/物力、制订生产排程、把控生产进度、预测生产能力、预测市场、制订生产量目标/完成目标、制订生产工艺。另外，生产计划也是企业生产运作系统总体方面的计划，反映的是指导企业计划期生产活动的纲领性方案，而不是产品生产的细节问题和一些具体的设备、人力和其他生产资源的使用，也不是某几个生产岗位或者某一条生产线的生产活动。

一方面，生产计划满足了客户要求的三要素——交期、品质、成本；另一方面，又让企业获得了相应的利益，并对生产的三要素——材料、人员、机器设备——进行了分配以及使用计划。一般来说，对科学、规范的生产计划管理方案有三个要求：第一，准确的市场需求预测，对客户市场需求可以在最短的时间完成；第二，在客户市场需求得到满足的同时，合理控制生产成本，使其降到最低；第三，有效利用企业现有的人力、物力资源，合理安排生产，将生产资源的浪费降低，在成本不变的情况下让企业的生产效率和生产能力提高。

保证销售规划和生产规划对规定的需求与所使用的资源取得一致是生产计划的实质。经营规划和销售规划都在生产计划的考虑范围，并协调这两者和生产计划，根据粗能力数据对这个计划进行调整，最终达到负荷平衡。以生产规划和计划清单为依据，让每个最终项目的生产预测确定。计算毛需求量可以以生产预测、已收到的客户订单、配件预测以及该最终项目的需求数量为依据。某个时段的客户订单合同以及预测关系和就是这个时段的毛需求量。如何把预测值和实际订单值组合取舍得出的需求就是关系和。这时，生产计划的毛需求量就不是预测信息了，而是可以提供指导的生产信息。

要以实现确定的批量规则和毛需求量以及安全库存和预计可用库存为依据，将各时段的计划产出量和预计可用库存量自动计算出来，将可供销售量供销售部门通过机动销售选用计算出来。要用自动计算的粗能力对主生产计划方案的可行性进行评价，用粗能力计划计算和分析生产中所需的关键资源，关键资源通常指瓶颈工作中心。粗能力计划用于主要生产资源情况的核定，也就是关键工作中能否满足 MRP 的需要，以使得在需求与能力上生产计划取得平衡。一旦初步的生产计划对生产量进行了测算，对关键工作中心的生产能力进行了测试，并平衡了生产计划和能力之后，就确定了初步生产计划。下面的工作是评估生产，提出建议，同意或否定生产计划。如果需要基本平衡需求和能力，则赞同主生产计划。如果需求能力偏差较大，则否认主生产计划，并将修正方案提出，尽量得以平衡。改变预计负荷是调整的方法，主要的措施有申请加班、将生产工艺改变等。要通过生产计划运算和细能力平衡评估，让主生产计划得以实施。

(一)设计主生产计划表格

主生产计划表格有:综合报表、生产安排表、生产规划明细、年度生产计划、季度生产计划、月度生产计划、周生产计划、天生产计划、长期计划、短期计划、阶段性计划、产品产销状况预测分析表、产销计划拟定表、生产计划变化变更通知书、交货期变更通知单。

(二)对生产计划进行分类

1. 按照时间进行分类

(1)一年内的生产计划。此计划以企业订单、市场分析、企业生产能力为依据来制订,其中包括产品的种类和数量。

(2)月度或批次。此指生产月度和批次市场需求产品的目标,包括产品类型、需求量、单价、完成时间。

(3)班组。在生产班组中落实每月或每批产品生产计划,具体涵盖:产品生产周期、完成时间、具体生产负责人、生产数量、产品种类、产品规格、什么时间生产、什么时间完成。这是生产计划落实的具体环节。

2. 按照部门进行分类

(1)生产进度。生产进度是企业生产计划制订的标准,将生产计划的具体排程情况,不同生产车间的配合度、生产任务完成情况、人员配置情况等涵盖在其中。计划的标准是月。在插单情况出现的时候,会进行调整。

(2)设备计划。安排设备的依据是生产任务目标。生产任务能否如期完成由安排是否合理直接决定。

(3)人员计划。安排生产人员、统计员、管理人员的依据是生产任务目标。合理的人员计划使完成生产任务的保障,也是有序开展生产计划管理的主要影响因素。

(三)生产计划如何制订

企业要想快速地实现生产任务,需要科学的生产计划的指导,而且要制订相对科学的生产计划。第一,遵守最少的原则。在项目中,项目数量不宜太多,应当精炼。第二,项目具体。要明确生产计划中的生产任务、生产所需人力、设备数量等。第三,遵循关键项目原则。要综合分析企业生产能力、生产效率、产品类型/数量/完成时间等。第四,遵循全面代表原则。计划中要涵盖明确的企业所能够生产的产品的类型、数量。第五,遵循适当裕量原则。要准备好每项生产任务执行阶段的企业生产中可能出现的设备故障和人员欠缺等问题。第六,遵循适当稳定原则。生产进行中要确保生产的有序进行。

（四）编制生产计划

编制生产计划内容包括：要根据市场需求及企业自身生产能力，综合平衡和确定生产的具体数量和生产日期、生产周期，原材料/辅助材料来料日期、产品质量检验日期、生产完成日期，确保有序进行生产，避免出现因不能有效执行而使生产任务难以完成、生产关键材料缺少、生产力低等问题。

下面是编制生产计划的步骤：

1. 准备涉及生产技术文件。文件包括产品模具、产品工艺单、产品规格等。此项工作在限定时间内必须完成，避免造成浪费。

2. 准备原材料和辅助材料。要确保在规定时间内原材料和辅助材料如期到库，避免因原料不足造成生产脱节，生产周期被耽误。

3. 准备设备备用件。由于机器设备在生产过程中容易出现故障，因此需要准备好设备备用件，并安排负责对设备进行日常保养和检修的设备维护师，设备师为了保证设备的正常运转，要在车间来回巡视。

4. 配备合理的人员。在编制生产计划时，必须以生产的需要为依据提前配备好人员，明确人员责任，保证顺利完成生产任务。

5. 作业派工科学。根据生产计划的具体要求将生产任务分配到每一班组，派工方式有以下几种：第一，定量派工，即明确每一班组当天的生产任务；第二，定期派工，即根据生产任务，安排某一时间段的生产；第三，临时派工，即采用应急人员在生产任务加大或某一生产班组超负荷工作下安排生产，确保企业如期完成生产任务。

（五）生产计划的作用

在规定的时间帮助企业按照客户市场需求完成生产任务是制订生产计划的目的。生产计划可以帮助企业将生产任务明确，合理地制订生产排程，保证企业生产力的提高、生产成本的降低及最大化的生产利润的实现。

在没有生产计划时，因为没有具体的工序开始和结束时间，生产调度是盲目的，同时也导致资源准备和资源配送的盲目性。这无疑是想要实现精细化管理的企业难以接受的。生产制造的主要载体是设备，这些设备贵重且折旧费高昂，提高其利用率需要日夜工作，有些设备是其他设备无法替代的，要确保生产任务需要尽最大的能力工作。如果没有生产作业的详细计划，无法对资源的利用率和负荷进行预估，瓶颈设备也无法发挥出其最大的能力。成品的来源是物料，物料的采购时间是确保交货期的重要因素。为了保证交货期，可以调整重要工序的优先级，让其他工序让路；但是如果无法让物料按时就位，那么一切努力的机会都将没有。所以预测物料的到货情况和生产现场那种物料将在什么时候短缺是很重要的，而详细的生产作业计划可以预测和管理物料的库存。客户对交货期的要求会随着生产规模的扩大、设备的增多而越来越高。这些原因导致了不断上升的生产管理复杂度，导致企业虽然消耗了更多的资源，付出更多的成本，却仍然不能满足客户的需求。这些原因使得生产管理人员认识到生产计划的重要性，一方面企业的生产可以通过好的计划得以有条不紊地进行，另一方面，好的生产计划也可以在一定程度上提高企业的资源利用率，降低企业的生产经营成本。

（六）生产计划体系

确保生产计划有序制订并具有科学性和可操作性的基本保证是生产计划体系。它可以以生产计划和生产排程为依据，按照需求高低对生产进行分层，使生产更规范、科学，促使企业顺利进行生产，同时，还能反映出各部门把控生产计划的情况，及时准确地达到协调统一，保证生产。生产计划可以使企业通过制订计划，减少积压的原材料库存，无形中将企业流动资金的压力缓解了。与此同时，企业多部门之间不同步和不协调的问题也得以解决，为管理生产物流、管理时间、把控产品质量等多个方面提供科学参数，也提供了生产计划考核的依据。通过制订生产计划，企业管理者对企业生产情况、库存情况、客户需求量有第一时间的把控，方便对整个生产流程进行跟踪，确保有序进行生产。

主生产计划主要是具体安排生产任务和生产排程。其基础是市场需求和生产能力，二者的统一性要得到确保。它合理配置利用了企业向生产人力/物力，科学合理地安排生产，让生产任务在规定时间内完成。它决定了能否有序进行企业总生产计划。在编制主生产计划时，要规定生产需求材料，其中包括产品库存量，计划库存、现有客户订单需求量，及生产需求的预测模型。通过对这些生产总需求的评估，将主生产计划编制出来，进而利用合适的算法详细分析计划时间内的关键环节，利用粗能力计划对计划的可行性进行评估，确保主生产计划是科学实用的物料需求计划，是按照市场需求制订且周密安排的人力和物力计划。一般情况下，主生产计划包括制订生产任务和准备生产原材料等。实际上，物料需求也是对于特型产品所涉及的生产计划和控制系统。以下是物料需求计划情况的分类介绍。

1. 独立性需求

独立性需求是指一种特定物料需求，只通用这一项而和其他任何项目都无关。一般根据订货点法预测来确定这种需求，而且多数会受到市场的影响。一般情况下，最终产品和维修时才会使用这种需求。

2.相关性需求

相关性需求是与生产任务相匹配的生产人力和物力以及生产原材料的需求。企业可以以这些需求为基础，对详细的人力、物力以及原材料的需求量和时间进行规划。

3.能力的需求和生产作业的计划

能力需求是按照确定的工艺路线展开所有的订单审核时间和能力资源利用工序的开始日期、完工日期来进行，主要可以分为详细能力计划和粗能力计划。其中详细能力计划可以用来对企业生产计划的可执行情况进行预测。

对企业生产水平、生产效率、生产能力的综合评估是生产需求计划的基础，企业生产计划的执行力度要明确。第一，计划生产作业。把企业全年生产计划具体分配到各车间、班组是生产作业计划，明确计划每个车间生产时间、任务量、完成时间属于企业生产的过程。根据企业年度生产计划规定的产品种类、需求产品数量、生产完成日期，生产作业计划详细规定了各生产部门什么时间完成多少工作任务。并以生产任务为依据，细分生产人员、生产设备、生产时间，确保顺利进行生产，按期实现市场需求。第二，能力需求的平衡计划。企业制订的生产计划必须与生产能力和市场需求相匹配，这样，企业才能科学合理地生产。简单来说，生产计划必须切合企业的实际情况，并且是可行的，而不是盲目的。规范化的生产管理方案在需求计划和能力计划中同时必须具备两项要素。查找供需之间的平衡要通过不同的对比实现，确保最大化的生产资源利用价值。由于各种问题会在生产中出现，生产计划就要做到必须满足不同生产市场的需求。就如必须基于全年生产任务对产品库存量进行规定，尽量减少累积大库存。此时需要以往年库存量对当年的生产率进行调整。而对客户的需求订单来说，要想如期完成生产任务，就必须把控好订单生产环节，跟踪好生产进度，将生产订单总量和插单总量明确。综上所述，能力需求平衡计划就是有效结合生产中的库存负荷与企业的生产能力，让生产计划更加科学合理。第三，调整车间作业优先度。预测一个企业生产能力，能否如期完成生产目标的重要方案是车间作业计划，它在每个班组、每个人、每台设备中落实生产。如今，随着持续扩大的企业生产规模，不断加大的工艺难度，若想完美实现生产作业计划，须要调度好车间作业，包括资源集、约束条件、性能指标等。帮助生产计划合理分配生产资源是调度的目标，要安排最佳生产排程、生产时间、生产设备、生产人员等给每一个产品，确保有效满足内外部约束条件。

综上，要在生产计划中满足客户需求，在最短时间内完成生产计划，可以通过关键比率规则及时完成任务急、催货急的生产计划，从而保证企业的交货时间。此外，也要保证生产计划的规范性，以便于企业对生产过程中的意外进行快速处理。

（七）生产计划排程

为车间生成一个详细的短期生产计划是生产计划排程的目的。计划范围内的每一个订单在所需资源上的加工开始时间和结束时间由排程计划指明，也就是指出了给定资源的加工工序。可以通过直观的甘特图形式给出排程计划。排程计划的间隔可以是一天，也可以是几周，由具体的工业生产部门决定。以下几个因素决定合理的计划长度：一方面，它应该至少包括一个订单在生产单元中最大的流动时间相对应的时间间隔；另一方面，已知顾客订单或可靠需求预测的可用性限制了计划间隔。很显然，只有适度稳定的排程计划才能用于订单排程。也就是说，它们不应受不期望事件经常变化的影响。对某些生产类型的生产计划排程需要对瓶颈资源上的任务订单进行排序和计划；而其他的生产类型，生产计划排程检查资源组要自动化并按时段进行，看其成组加工的一组订单能否在下一个时间段完成。然后，可以对这组订单在下一个时间段内的加工次序进行手动排序。同时，也应当分散地做排程计划任务，这样可以对每个地点人们的专业知识和车间的当前状况加以利用。

上层主生产计划在一定程度上约束着生产计划排程，主生产计划设立了在分散的决策单位中执行生产计划排程的框架。从主生产计划中可以获得的指导主要有：利用超时或加班的数量；来自供应链上游设施在不同时间上的物料项的可用性；来自供应商的采购协议。此外，由于在供应链上，主生产计划的视点更宽，计划区间更长，我们可以从中得到需要建立的计划结束时的各物料项的季节性库存量，以及给供应链下游实施的订单交付截止日期。

二、生产计划的管理

公司企业对生产活动的计划、组织和控制工作就是生产计划管理。简单地说，生产计划管理的就是产品的基本生产过程，包括生产过程组织、核定生产能力、制订执行生产计划和生产作业计划，以及生产调度工作。或者说，生产计划管理发展到了新的高度，对象是公司企业的生产系统，包括管理所有与产品的制造密切相关的各方面工作，也就是以原材料设备、人力、资金等的输入为起点，经过生产转换，最终输出产品为止的一系列管理工作。

为了应付因外购件无法及时到位而影响了生产计划的情况，软件中有了"订单交期预测"的功能。在程序中，我们可以查询某一订单的采购执行情况。同时，软件还会对因采购问题对生产计划产生的影响进行分析，使计划人员可以准确地认识对后续生产计划的影响，在生产计划中方便调整，将不良影响消除。通过在订单交期预测模块中预测采购计划的执行情况，如果确实需要调整生产计划，计划或调度人员分析和有效调整生产计划可以通过生产计划模拟、调整程序实现。此外，也可以通过生产进度控制模块管理细部的车间生产计划，从而在工作计划中对各工作的生产计划安排和负载进行了解。在生产过程中，可以运用生产过程状况对产品的制造进度进行查询和分析。在管理生产过程时，软件可以按照工序检验工序间的质量，以及自动核算计件人的计件工资。

根据以往与企业接触的经验得出，并不是所有客户都苛刻地要求订单交期，交货期推迟的情况完全不允许发生。但是，客户要求企业一定要给出准确的信息，例如：客户需要知道为什么现在不能交货，是外购件没有到位还是生产进度的问题；客户需要知道订单处于什么步骤，还没有进行哪些工作。一般来说，只要企业明确地答复了这些问题，很多客户会让步的，给出一个相应的日期。但是，我们如果没有按计划交货，而准确的订单执行进度又没办法给出，客户一方面会因为没有了解具体情况而不满。另一方面会强烈地质疑企业的管理水平，企业也就很容易失去这个客户。

三、线性规划

用数学模型表示的活动计划是线性规划，它是一个求解最优化问题的重要方法，是运筹学中的一个重要分支。法国数学家 F. 欧日而在 1832 年提出线性规划，但是没有得到广泛的关注和运用。线性规划在工业生产中的想法在 1911 年被 C. 瓦莱普森提出，但是这种想法还是没有引起广泛的关注。美国著名数学家 G. 卫丹齐克在 1947 年提出了线性规划的一般数学模型和求解线性规划问题的通用方法——单纯形法，并为这门学科的发展奠定了理论基础。线性规划的方法是应用分析和量化的，主要手段是线性方程和不等式，对经济管理领域中计划、任务分配等方面的可行性方案和有限资源与预期达到的目标之间的关系进行表述，并得出消耗最少的人力、物力和财力去完成更多的生产任务，得到最高的利润的数学方法。线性规划能为实现有效管理企业提供有科学依据的最优方案。决策变量、约束条件和目标函数是线性规划的三要素。一般线性规划和目标线性规划是线性规划的两个主要类别，往往只有一个一般性规划的目标函数，而且可以有一个或很多个目标线性规划。

尽管研究生产计划方法问题已经有 60 年，但是在实际运用中并没有取得像在理论方面那样显著的成就，绝大部分的研究还只是在理论上，真正高效而且实用的车间调度系统的数量还是很少的，目前大多数企业还在使用传统的初级阶段的生产计划管理，很大程度上是靠人的经验和判断完成的。理论研究与实际应用之间的差距还是很大的。

以下是线性规划所建立的数学模型的特点：第一，在每个模型中都有很多个决策变量。一组决策变量的值表示一种方案，同时，一般决策变量是非负的；第二，决策变量的线性函数是目标函数，依据具体的问题可以是最大化的或最小化的，统称为最优化；第三，决策变量的线性函数也包括约束条件。当我们拥有的数学模型的目标函数是线性函数的时候，此数学模型在约束条件是线性等式或不等式的时候成为线性规划模型。

四、流程管理理论

流程管理理论主要包括：企业流程管理是通过精细化管理提高受控程度；通过优化流程将工作效率提高；通过规范或制度将隐性的知识显性化；通过流程化的管理将资源合理配置的程度提高；迅速实现管理复制。

流程管理理论的基本特征可以分成业务流程和管理流程。面向顾客直接产生价值增值的是业务流程；为了控制风险，使成本降低，让服务质量提高，对市场的反应速度提高，最终将客户的满意度和企业的市场竞争力提高，并使利润最大化和提升经济效益的流程是管理流程。业内的一切流程都应以企业目标为根本依据，尤其是管理流程：对外，直接面对客户，将业务流程的效率提高；对内，面对企业目标，将管理流程的效率提高，使企业各方资源得以平衡，对总体效率的平衡加以控制。一般情况下，改进流程都是通过项目流程实现的。

从根本上考虑和彻底地设计企业的流程是流程再造理论，这个工作设计指标可以显著地提高其成本、质量、服务和速度等关键指标。

流程再造的常见模式有以下几种：

（一）四阶段模式

尽管迈克尔·哈默并没有对流程再造的方法步骤问题进行系统的总结和归纳，但是有学者通过研究他的著作，以对迈克尔·哈默观念的深入理解为基础，替他总结了四阶段模式。

第一阶段，对再造队伍的确定：确定再造领导人和流程主持人，选出再造总管，必要时组成指导委员会和再造小组。第二阶段，寻找再造的机会：选取需要再造的业务流程，将再造流程的顺序确定下来，对客户需求和分级流程进行了解。第三阶段，对流程进行重新设计：召开相应的会议，采用各种方法和思路对流程进行重构。第四阶段，开始再造：向员工讲明再造的理由，宣传前景，开始再造。

（二）五阶段模式

第一阶段，对环境的营造。其中有六个子步骤：愿景的树立；获取相关管理阶层的支持;将计划制订出来,展开培训;辨认核心流程,组建相应团队,认定负责人;在就愿景、目标、再造的必要性和再造计划方面达成共识。

第二阶段,分析、诊断和重新设计流程。其中有九个子步骤:组成和培训相应团队;设定一个结果;对现有流程进行诊断;对环境条件进行诊断;找到再造的标杆;对流程重新设计;根据新流程对现有人员队伍进行考量;根据新流程对现有技术水平进行考量;检验新流程设计方案。

第三阶段,重新设计组织构架。其中有六个子流程:对组织的人力资源状况进行检查;对技术结构和能力状况进行检查;设计新形式的组织;对岗位重新定义并培训员工;组织转岗;让新的技术基础结构和技术应用得以建立和健全。

第四阶段,试点和转换。其中有六个子流程:确定试点流程;建立试点流程团队;将参加试点流程的客户和供应商确定下来;开启试点、并进行监控和支持;对试点情况进行检验,听取反馈意见;确定转换的顺序,按照顺序组织实施。

第五阶段,愿景的实现。其中有四个子流程:对流程再造的成效进行评价;流程再造产生的效益要让客户感受到;开发新流程的效能;持续进行改进。

通常情况下,五个阶段应当按照一定的顺序推进,但是,五个阶段也可以根据企业自身的情况彼此之间平行推进,或者交叉推进。所以说,五个阶段是相互交融、循环推进的不断再生的过程,而不是一个锁定的线性过程。

(三)六阶段模式

在调查33家咨询公司在企业推行流程再造的实践经验以后,威廉姆·凯格等人归纳出了再造流程的六个阶段的21项任务。

第一阶段,设想的构思。包括四项任务:明确管理者的承诺和管理愿景;发现机会;认知信息技术/系统的潜力;选取流程。

第二阶段,启动项目。包括五项任务:给股东通知;组成再造小组;明确项目实施计划和预算;对流程外部客户需求进行分析;设定创新流程的绩效目标。

第三阶段,诊断和分析。包括两项任务:对现有流程的描述;对现有流程的分析。

第四阶段,设计流程。包括四项任务:分析并定义新流程的初步方案;构建新流程的原型和设计方案;对人力资源结构进行设计;分析和设计信息系统。

第五阶段:重建流程。包括四项任务:对组织结构和运行机制进行重组;实施信息系统;对员工进行培训;切换新旧流程。

第六阶段,评估和监测。包括对新流程绩效的评估和转向连续改善活动两项任务。

(四)七阶段模式

在国内,巧明杰、袁安照较早研究了流程再造的步骤,他们认为流程再造应包括七个阶段 31 个子步骤。

第一阶段，基本方向的设定。包括五个子步骤：企业战略目标的明确，分解目标，成立流程再造的组织机构；改造流程出发点的设定；确定再造流程的基本方针；分析流程再造的可行性。

第二阶段，分析现状。包括五个子步骤：分析企业外部环境；调查客户满意度；分析现行流程状态；对基本设想和目标进行改造；对成功的判别标准进行改造。

第三阶段，再造方案的确定。包括六个子步骤：创立流程设计；流程设计方案；确定改造的基本路径；确定先后工作顺序和重点；对流程再造进行宣传；配备人员。

第四阶段，对问题计划的解决。分为三个子步骤：将近期应解决的问题挑选出来；执行计划解决此问题；成立一个负责实施的新小组。

第五阶段，详细的再造工作计划的制订。包括五个子步骤：确认工作计划目标和时间等；计划预算；分解责任和任务；监督与考核办法；具体的行动计划和策略。

第六阶段，再造流程方案的实施。包括五个子步骤：实施小组成立；培训参加的人员；带动全员配合；试验性启动、检验新流程；新流程的全面开展。

第七阶段，改善行为的继续。分为三个子步骤：对流程运作的状态进行观察；比较分析预定的改造目标；修正并改善不足之处。

其中，提高企业工作效率的关键是流程管理。企业管理者只有把握好流程中的各个节点，才可以迅速提高生产人员的工作效率。企业管理者要用流程思考问题，最好让那些具有丰富企业管理经验和系统管理思维的人来设计流程，他们会把企业固有的文化与流程科学、管理新方法融为一体，形成企业文化的独特优势，它对企业的长远发展也具有十分重要的意义。

五、企业管理制度的理论

企业管理制度是一套无形的框架和规则体系，它通过规范、专业、整合将交易成本降低。企业管理制度是个人和团体行为的结构性模式，持久性是这些行为模式的特征，并且深深地影响着企业政策的内容。企业管理制度有利于某些企业管理政策的形成与实施，不利于另一些政策的形成与实施。此外，企业的管理制度也可以为企业的某些利益需求提供便利，抑制了另一些利益需求。而制度在企业管理过程中也有缺陷，管理过程涉及了政府的许多部门，它们的行为规律差异十分明显，主要表现为日常的工作惯例和俗套。管理过程中无数次和经常性小的行动汇集成了大的行动，这些小的行动的主要角色由政府机构中处于不同层级的部门和个人来扮演。企业中的不同部门和个人为一项管理提供多样化服务，他们只是在企业目标、管理目标、组织目标这些概念特征领域部分地一致。

在理论上，现代组织理论的发展为制度分析提供了依据，管理分析的主要方法逐渐成为制度模型，对当前管理分析的最新动态和研究走向有代表性的作用。制度分析不同于理性分析，不认为某种原因必导致某种行动，而认为具有某种制度特征的组织必会做出某种行动的选择。以下是企业管理制度可以实施的重要因素：

（一）领导的支持

作为一个系统的改革，一把手的亲自参与必不可少，是"一把手"工程。只有领导人有决心和意愿主动变革，才能体现出改革的愿望和促进过程的推动作用，才能保证流程管理的成功。组织的调整是企业管理制度的支撑，而调整组织会涉及很多人的利益，推动流程重组的原动力将是领导人的决心和意志。如果企业领导人比较为难，没有人执行流程，再好的流程也没有效益。

（二）培训要持之以恒

培训包括培训管理思想和管理团队，将"一把手"的改革思想传递到真正的改革者当中，使全体员工统一思路，一致行动。

（三）参与的广泛性

所有被实施影响到的相关部门的负责人都应当参与项目。而确保全员参与的手段和方法是充分的沟通和培训。此外，要保障项目所需的资源可以得到及时的供给。同时，广泛的参与性也有利于在组织内部传播改革思想，有利于调动员工参与的积极性。

（四）竞争力较强的产品和经验丰富的服务商是首选

实际上，企业管理制度并没有一个统一的模型，然而在企业体制当中，企业管理制度是重要的组成部分。我们在论述企业的管理制度的时候，是把企业管理制度当作企业体制的重要组成部分来谈的。如果一定要分割企业管理制度和企业体制的话，后面的论述就会非常困难。同时，实际上，对这个问题的讨论也有一个与国际惯例接轨的问题。在国际上，企业管理制度包括在企业体制当中。但是，现在我国往往还是把企业管理制度排除在企业体制之外，这是不科学的，因此，需要按照国际管理进行重新界定。总之，企业管理制度实际上是企业体制的重要组成部分，它是不能与企业体制分开的。

须要注意的是，不能用企业管理制度和企业产权制度以及法人治理结构相互替代。企业的法人治理结构和产权制度固然重要，但它们是不能代替企业管理制度的。虽然产权制度和法人治理结构是企业管理制度的基础，但是企业管理制度往往又是法人治理结构和产权制度的作用的延伸，同时企业管理制度也是法人治理结构和产业制度的功能的一种贯彻机制,即作用机制,这就充分表明它们之间是不能互相替代的。一个好的企业管理制度,需要企业有较好的企业治理结构和产权制度;基于一个比较糟糕的产权制度和治理结构,是无法建立好的企业管理制度的。反过来说,如果没有好的管理制度,仅有好的产权制度和治理结构,也无法发挥好产权制度和治理结构的作用。所以,管理制度和治理结构以及产权制度是不能分开的,它们之间也不能相互替代。实际上,企业管理制度没有一个统一的模式,完全一样的企业管理制度不仅在国际上很难找到,在中国也是很难找到的,这主要是因为企业管理制度是处于不断变化的状态之中的。虽然在一定时期内企业管理制度具有相对稳定性,但是在总体上来看,它又是不断变化的。

第三节 现代企业生产计划管理的技巧

企业在具体实施战略的时候,采取什么样的策略是非常重要的。行动是战略实施的向导,供应战略需要选择怎样的策略来支持也是十分重要的,战略的必要条件是策略,执行策略越好,完成既定的战略目标的可能性就越大。

供应链战略的核心内容是生产计划和控制,实施供应链战略成败的一个关键因素就是企业选择怎样的策略和策略组合来支持战略。

一、柔性的策略

柔性指的是企业对订货规格、交货时间或订货数量的改变的接受能力,对于那些置身于不确定性很高,甚至迅速变化的市场的运作系统来说尤其重要。实际上,柔性是对承诺的一种完善。企业对合作伙伴的保证就是承诺,以此为基础,企业之间才能有基本的信任,因此,也可以让合作伙伴获得的需求信息相对稳定。然而,因为下达承诺在时间上是比承诺本身付诸实施超前的,所以,尽管承诺方一般都尽力让未来的实际情况与承诺接近,却难以避免误差。对承诺方来说,柔性的提出缓解了这一矛盾,使承诺方有修正原有承诺的可能。可以看出,供应合同签订的关键要素是承诺和柔性。

企业无法脱离上游企业的支持去完成一份订单,因此,要尽可能地借助外部资源来编制生产计划,考虑如何利用上游企业的生产能力是很有必要的。在现有的技术水平和组织条件下,任何企业都有一个最大的生产能力,但最大的生产能力与最优生产负荷并不相等。在形成了上下游企业稳定的供应关系后,从自身利益出发,上游企业更希望所有同他相关的下游企业在同一时期的总需求能匹配自身的生产能力。上游企业可以通过合同、协议等形式反映对这种生产负荷量的期望，即上游企业为每一个相关下游企业提供一定的生产能力，并在一定程度上允许浮动。这样，下游企业编制生产计划的时候，必须对上游企业的这一能力的约束有一定的顾虑。

能力平衡在通常的概念中只是一种对生产任务和生产能力之间的差距进行分析的手段，再根据能力平衡的结果修正计划。能力平衡在供应链管理下制订生产计划的过程中发挥一下作用：提供修正主生产计划和投入出产计划的依据；在主生产计划和投入出产计划中，利用上游企业能力的数据可以反映出其愿意在合作中承担的生产负荷，可以提供供应链管理高效运作的保证；在信息技术的支持下，实时更新本企业和上游企业的能力状态，可以使生产计划具有较高的可行性。

一般来说，生产能力是有一定的柔性的，通过一定的手段，企业可以对生产能力的柔性进行调整。尽管有些方法并不适用于某些类型的企业，但是现在企业中比较通用的方法主要是：把闲暇时间利用起来，将工作时间增加；对劳动规模进行改变；寻找合作的合作伙伴；全球协作和合作的加强。通过增加生产能力的柔性策略，制造企业能够更快速地响应客户订单的变化，并满足客户需求，占据市场。当然，生产能力的柔性也是有一定限度的，任何假设无限能力的计划系统都会在整个供应链运行中造成混乱，增加成本，将供应链的反应能力降低。

二、敏捷策略

敏捷被定义为使一个组织对由产量和品种变化造成的市场需求变化做出快速响应的能力。对每一个企业的供应链管理人员来说，持续不断的变化是非常普遍的现象。对于大多数企业来说，当今的变化速度、范围和不可预知性在当今的竞争环境中形成了巨大的压力和挑战。敏捷意味着采取快速响应的策略和与之相应的运作方式来应对大范围的、不可预知的商业环境的变化。采用敏捷策略对供应链的重要部分、生产计划和控制来说是必需的。敏捷是企业一种业务能力的代表，组织结构、信息系统、物流过程等都包含其中，更重要的是，它也是一种思维模式。

为了使敏捷的供应链管理得以实现，应在生产领域广泛应用延迟技术，也就是保证通用形式的库存，就是仅需最后装配或分销的标准成品。它在所有的敏捷策略中是非常重要的一个因素。延迟制造或称推迟配置是基于寻求采用通用平台、部件或模块进行产品设计的原则，但将最终产品装配或客户化过程推到市场的目标和用户需求都十分清晰后再进行。延迟策略在很大程度上影响了生产计划于控制的效率和准确性。

三、合作策略

供应链管理的基础是"竞争——合作——协调"机制,其保障是分布式企业集成合作和协调。企业决策不仅局限在个别的企业框架中,各个企业是相互独立的,又是相互依存的。

企业的决策在供应链环境下必然要互相合作。供应链的各个方面在高效的供应链计划的合作中都有所涉及:第一,合作设计。在供应链上,一些拥有复杂设备的行业中的企业开发新产品多采用合作设计的方式。第二,供应商合作。运作的每个环节都与核心企业和供应商的紧密合作有关系,要保证从供应商处得到的关键部件是万无一失的。第三,物流合作。供应链上的企业广泛地与第三方物流合作,实现了企业最大化的获取服务和最小化的服务成本。第四,顾客合作。企业与分销商、客户为了了解真实的市场信息而建立了紧密的合作关系,共同编制了更有可行性的需求计划。

在供应链上,企业的角色是不断变化的,企业的角色不再单一,往往一个企业有多种身份。因此,企业彼此之间要能够相互理解,在考虑共同利益的基础上更快、更好地合作,以达到多赢,提高整个供应链的竞争优势。

第四章
现代企业生产物流成本管理

第一节 企业物流成本管理的现状及分析

自现代物流管理理念引入我国，20年过去了，其间，我国物流管理取得很大程度的进步。但我国的物流与欧美的一些发达国家之间仍存在着技术与管理等方面的差距，目前最主要的问题是：物流成本居高不下，成本管理亟待加强。

一、企业物流成本管理的现存问题

近年来，随着我国物流行业的迅速发展，很多企业逐渐意识到物流成本的重要性，加强了对物流成本的控制与管理。但与欧美一些发达国家相比，我国企业的物流成本状况仍不容乐观。

（一）企业物流成本不稳定

物流要素分散在企业的各个部门，而缺乏统一的管理，那些所谓的物流部门也无法准确、全面地掌握和控制企业的物流成本。比如生产或进货产生的保管费用、紧急运输费用以及服务费用等，这些费用在很大程度上都增加了物流成本管理的难度。但物流成本计算范围虽涵括物流的全过程，但对于其计算的具体范围和具体方法却没有一个统一的界定。目前，企业财务报表一般所反映出来的物流成本只是对外的运输费用和仓储费用，而先进国家的实践经验表明，实际发生的物流成本费用往往是外部支付费用的五倍以上。虽然实践表明绝大多数情况与物流成本本身的特点有关，但问题仍然难以解决，企业依然难以全面、准确地掌握物流成本。

（二）物流速度慢，货损率、空载率高

库存比例过高是我国当前工商业领域物流速度慢的重要表现之一。国际公认的库存商品与国内生产总值的比例在发达国家一般不超过1%，发展中国家则在5%左右。而目前我国商业物流极度不畅，工业库存（不包括农业库存）大约在3万亿元

左右，而国内生产总值总共有 10 万亿，所占比例高达 30%。调查显示，国外企业的产品库存时间一般不超过 10 天，而目前我国的生产企业成品库存约为 15 天，原材料库存约为 30 天，商业销售库存则约为 35 天。企业在物流运营中的平均货损率高于 2%，所以货损率带来的成本仍然是物流成本的主要部分，每年因装卸和运输不当而造成的损失就高达 500 亿元，再加上包装方面出现的的损失达 150 亿元，保管不善造成的的损失 30 亿元。在运输车辆中，货物自运车辆占 70%，其中空载率高达 37%。我国物流成本将近占了 GDP（国内生产总值）的 20%，而美国才不到 10%；与发达国家相比，我国物流成本占生产成本的 40% 左右，而发达国家仅占 10% 左右。这些问题都已严重影响到我国企业和产品的竞争力。

二、对企业物流成本管理现状的分析

问题产生的原因究竟何在呢？我们认为主要有以下几个方面的因素：

（一）物流成本的财务核算制度存在着缺陷

由于物流成本大部分发生在企业内部，而且范围广泛、流通环节以及涉及单位也比较多，因此在具体分解已发生的物流费用时存在很大的困难。在现行财务会计制度中，物流成本不是一个单独的项目，而是通常将一些本应计入物流成本的费用计入企业的经营管理费用之中，比如仓储保管费、仓储办公费、仓储物资合理损耗等。同时也将物资采购时发生的物资运输费、保险费、装卸费、合理损耗、挑选整理费用等计入物资采购费用或经营费用之中。对上述费用的分类就是在实际计算物流成本时存在的一个制度方面的问题，而且如果要分解那些隐藏的费用，在实际操作时成本较高，难度也较大。综上所述，传统的成本计算方法在企业物流管理中主要存在以下缺陷：一是传统的计算方法造成了"物流成本冰山说"。在传统方法中，企业物流成本只是支付给外部的运输、仓库费用。事实上，这些费用只是企业全部物流费用的九牛一毛。传统的成本计算方法在确认、分类、分析和控制各项物流费用上都存在缺陷。二是在现代生产的特点下，传统的物流成本计算方法提供的物流成本往往不准确，也不利于人们对其进行科学的控制。现代生产中的生产经营活动复杂，产品品种多样，生产工艺多变，使本来费用较少的订货作业、物料搬运、物流信息系统的维护等物流费用大大增加，投入的资源也随之增加。传统的成本计算普遍与产量相关联，使许多物流活动费用处于失控状态，造成了大量的浪费，物流服务水平也有所下降。三是传统的成本计算方法不能提供充足的物流量度，不能满足物流一体化的要求。物流活动及其产生的费用常常跨部门发生，且传统的成本计算的归集方法不能明确认运作的责任，各种物流活动费用与其他活动费用混杂在一起，归集在工资、租金、折旧等的名下，其费用分配存在着严重的问题。

通常将传统成本会计的各项费用按物流功能剥离出物流费用，但在物流成本的分配中却存在诸多问题，个别活动很难具体划分。例如，由于每个人花费在物流活动上的精力很难确定，人工费的分配难以估计。传统的成本计算不能对物流改造工程活动进行成本核算。此外，我国企业物流成本模式尚未健全，且国家并未用制度规范来约束物流成本的范围及具体核算方法，企业难以系统地计算物流成本，也就无法全面、准确地掌握企业物流成本，这给物流成本管理大大增加了难度。而国外一些国家在这一方面早已走到我们前面，比如日本就是在不断降低成本的过程中总结出了一套行之有效的物流成本管理说，即通过成本管理物流，进而提高物流效益。成本核算涉及供应物流、社内物流、销售物流、退货物流、废弃物流等各个领域。1997年，日本在《物流成本计算统一标准》中规定了物流成本计算标准的三种方式。

（二）现有的物流资源如何整合利用与高效运转存在体制问题

我国的分部门管理与我国的计划经济体制有关，也与国民经济分工有关。像铁路、民航、公路、水运等这些物流基础平台是分割的，而物流必须依靠系统之间的有机联结，不能单独依托任何一种方式。因为那种分部门管理的体制，在不同方式之间转换时比较困难。如果一辆汽车只在一条路上跑，它的成本肯定是便宜的，但在复杂的现代生产中，它必须经过多种方式的转换。比如我们要运一个集装箱，通过铁路把集装箱运到某地火车站，然后再用汽车运到港口，然后再通过水运送到目的地，这个过程中如果不能及时地转换衔接，那么每转换一次，就要额外增加一次成本。现代物流的特点是通过市场优化资源配置，这就要求要让物流资源全部进入市场，而目前我国并不按市场规律组织管理物流资源，所以物流环节衔接性差，效率低。其实铁路、公路、机场、港口等都是物流市场的载体，这些资源应全部进入市场，在市场上能自由买卖，使市场对物流资源进行优化配置。而现在行政管理体制对这些基础资源进行了分割，横向的经济联系常常被纵向切断。比如现有铁路网与公路网的接点不同，各自规划，甚至完全分离，相互转换起来非常困难，要不断地重新装卸、运输和组织。对与企业来说，这种基础资源分割往往导致他们为了避免衔接中产生新的成本而选择单一途径。比如企业只用公路运输，这就会产生公路超载超限屡禁不止的现象。从我国能源政策来说，在长距离运输情况下，使用公路是很不合理的，然而由于这几个系统之间衔接困难，不能形成有效的"网络"系统，企业不得不选择公路运输这种单一方式。也就是说，超载现象的屡禁不止其实正是由于我国物流基础平台不系统化、彼此分割而导致的，若要根除，还需完善物流产业的发展。另外，在现代物流的发展中表现得越来越突出的还有体制上的障碍。随着我国加入世贸组织（WTO），国际化程度越来越高，国内企业要与国际物流进行有效接轨。比如用国际海运把货物运到我国港口，应该是"宜铁（路）进铁（路），宜公（路）进公（路）"，但我国目前港口货物的运输基本依靠公路、铁路、集装箱，是一个个独立的系统，手续非常烦琐且与国际海运集装箱基本分割。在这种分割状态下，我国大规模、低成本的物流运输优势逐渐被消耗殆尽。但很多人还未意识到，解决体制障碍比建设一条新铁路、新公路或者开辟一条新航线更为重要，而且迫切得多。

我国物流十大专家之一的王之泰教授认为，设计物流流程不能只从物流的合理化、经济化、科学化角度考虑，我国付出高昂物流成本的重要原因是，原先的系统化能力早已不能适应现代经济发展，而物流依托的基础资源也未被有效地整合和系统化。当务之急是应尽快从体制上打破分割状态，为企业创造一个系统化的物流平台。只有从体制上着手解决这个问题，现代物流的建设和发展才能打破高成本状态。以上主要是从宏观的角度考虑影响物流成本水平的原因，然而物流成本居高不下也不乏企业内部自身的原因。

（三）没有理顺企业内部的物流体制

虽然不少企业都对自身物流体制进行了改革，但实际上并没有完全解决问题，体制设计仍缺乏科学性与前瞻性。其物流体制仍与社会物流的发展分工不协调，没有从供应链的角度整合供应物流、生产物流和销售物流，在职能制或直线职能制这一框架下，依然呈条块分割、部门分割之势。一体化的物流组织结构依然是难以达到的目标，企业物流中心的构建还面临着很多困难，内部配送难以实现。

（四）传统的物流服务已经不能适应现代企业的生产运作模式

由于竞争的加剧，企业越来越倾向于大量化生产，对物流的要求也更倾向于多批次、小批量配送和适时配送。而大多数企业企图在过去物流系统的基础上降低物流成本，以适应多批次、小批量物流和及时配送的要求，而不是建立适宜现代化生产运作的物流系统。这就导致了物料不能立即进入生产线，成品无法即时流通，企业的物流成本增加，整体盈利能力降低的一系列后果。资料显示：在英国，各种物流开支平均占货价总额的14.8%；在美国，各种商品的物流费用所占总额比重在10%与32%之间徘徊；而在我国经济较为发达的珠江三角洲地区，商品物流成本一般占商品总成本的50%—60%甚至更多，水果、食品等商品则高达70%。第四次中国物流市场供需状况调查报告显示：大约38%的生产企业物流单据处理准确率在98%以上，29%的生产企业物流单据处理准确率在95%-98%之间，24%的生产企业物流单据处理准确率在90%-95%之间，而有9%的生产企业物流单据处理准确率在 90% 以下。调查还显示，大约 19% 的商业企业订单处理准确率在 98% 以上，50% 的商业企业订单处理准确率在 95%—98% 之间，25% 商业企业订单处理准确率在 90%—95% 之间，6% 的商业企业订单处理准确率在 90% 以下。生产企业物流运输配送及时率调查结果表明：48% 的生产企业物流运输配送及时率在 90% 以上，40% 的生产企业物流配送得及时率在 80%—90% 之间，12% 的生产企业物流配送及时率在 80% 以下。商业企业物流配送及时率调查显示：41% 的商业企业物流配送及时率在 90% 以上，44% 的商业企业物流配送及时率在 80%—90% 之间。15% 的商业企业物流配送及时率在 50%—80% 之间。

（五）科学技术水平和管理方式的制约

物流系统效率在一定程度上决定着企业物流成本的水平，而提高科学技术水平和先进管理方式是提高物流系统效率的有效手段。从这方面来看，我国企业的物流技术和管理方式相对来说还比较落后，客观上制约了物流成本的水平。影响物流成本的重要因素之一是物流速度，但目前我国的情况并不乐观。有关资料显示，目前我国生产企业的成品库存约为 15 天，原材料库存约为 30 天，商业销售库存约为 35 天，而国外一些企业的产品库存的时间则不超过 10 天。工商企业配送的及时率也有待提高。究其原因还是我们的技术和管理没有跟上。自 20 世纪七八十年代起，一些欧美发达国家将大量精力投入到普及和发展计算机技术特别是微电脑技术及运用软件上，为企业提供了行之有效的辅助管理手段，MRP、MRP Ⅱ、ERP、KANBAN、JIT 等先进管理技术的出现和普及被逐步引入到物流管理的工作中，大大提高了工作效率。及时生产的出现带动了及时物流的产生，并迅速得到发展和广泛应用。及时物流立足于时间层面，大大打破了传统的规模经济学，强调在恰好需要时"及时"到达。这一制度加快了物流速度，降低了库存水平，也使补货时间更为精确，降低了安全库存量，从而最终降低了物流成本，达到了提高服务水平的目的。

早在 20 世纪 60 年代，日本就开始广泛采用机械化装卸设备和自动化仓库，灵活地运用托盘和集装箱，实现货物单元的成组装卸。建立物流中心，开发车用物流软件，同时推行物流联网系统，这是物流效率的巨大飞跃。此外，信息技术、条形码、卫星定位系统、无线电射频等高新技术的广泛应用进一步提高了物流系统的效率。反观我国企业：虽基本上实行了计算机管理，但其应用程度还处于低级阶段，基本上只能用于管理日常事务；对物流中心选址、运输最优路线、最优库存控制等问题还处于半人工决策阶段；信息技术与业务技术还处于分离状态，信息处理比较落后；物流设施陈旧，且作业科技含量不高，多为低效的人工作业，而叉车、自动导向车、向导起重机、自动分拣机等在物流作业中尚未完全普及，物流管理主要凭经验运作。

当然，这些问题也跟企业规模与物流量有关。所有这些都制约着物流成本的降低。但在这方面，我们还是有别国的经验可以借鉴的。例如美国强调"整体化的物流管理系统"的物流模式，它冲破按部门分管的体制，以整体利益为重，从整体进行统一规划管理。在第二次世界大战中，美国的战争后勤部队就很好地贯彻了这一模式，并取得了战争的胜利。山姆·沃尔顿就是依靠物流先行原则造就了全球最大的零售企业——沃尔玛，而沃尔玛配送中心就是最典型的物流中央化的体现。在日本，物流被多种因素制约，而非一个独立的领域。物流（少库存多批发）与销售（多库存少批发）是相互对立的，必须通过统筹两者来使整体成本最小。日本对物流的特点理解为为高效化、精细化，事实证明，他们也确实是这样要求自己的。提高物流速度和效率的新技术是日本一直引以为荣的，电子数据交换标准（EDI）在日本已被广泛应用，道路信息管理通信系统（VICS）、不停车自动缴费系统（ETC）、现代安全汽车（ASV）、交通管理系统（UTMS）、无线移动识别技术、传感信息系统、EDI标准所配套的物流作业通用标签（STAR标签）等技术的普及使日本物流在世界处于遥遥领先的地位。

（六）物流的标准化、信息化低

标准化的物流不仅可以降低工作难度，减少物流损失，还可以降低物流的整体费用。对配送来说，标准化可以降低物流作业现场管理的难度和物流作业成本，从而提高服务质量。同时，标准化还是供应链合作的基础。比如条形码就是标准化技术中被广泛运用的一种，也是物流管理的基本手段。虽然条形码技术和POS商店在我国也相当普及，但条形码技术和POS扫描仅用于提高零售企业的结算速度，并没有充分运用在提高整个物流运作效率上。与国外相比，我国单单在条形码技术上就明显落后很多。

究其原因，大概可归结为以下两条：

一是未形成良好的应用环境。由于我国企业推广和实施供应链管理刚刚起步，虽为提高管理效率而采取过很多措施，但大多在企业内部或企业的单个部门部门内实行，没有从整个供应链的角度去考虑。多数企业并不真正理解供应链管理，也不对国外现状进行分析，传统的企业内部的物流部门已经不能适应当前的商业环境，所以往往是有心无力。虽然多数企业已逐渐开始运用计算机系统进行生产规划和库存管理，但由于数据采集方面的问题没有解决，库存管理的自动化往往也不能实现。网络技术在企业中的应用已相当普遍，但这种应用还是相当肤浅的，所以并不是真正意义上的EDI（电子数据交换）。至于供应链管理的支撑技术，在企业还远没有普及，大多数企业并未采用先进的供应链管理的运作方式，而少数采用了的企业也还是半信半疑。

二是物流条码标准尚未普及，为了实现整个供应链信息的共享，必须有一个统一的约定来共同标识一个物品，虽然国家对此已制定了一系列相关标准，但很多生产企业和物流企业都不了解，而是自己定义一套编码规则，供本企业内部使用。这样的编码规则无法使整个供应链物流系统共享，反而造成了信息资源的浪费。现代信息技术可称为物流的主心骨，企业可以通过共享资源，严格控制从订货到发货的各种物流职能，从头到尾都实行科学管理的办法来提高物流速度和效率。目前我国企业中拥有物流信息系统的比例非常低，即便是拥有物流信息系统的企业，也存在很多信息资源采集方面的问题。信息资源缺乏及时性、全面性与规范性，从而导致其无法被有效共享。另外，对物流各个环节相关信息的处理落后，信息流、业务流不能充分融合，例如订单处理、库存最优量等尚不能及时利用信息进行决策处理。这也是导致我国企业订货周期、库存周转期长而且始终无法缩短的重要因素，从而造成了物流速度慢、成本过高等一系列后果。

（七）物流理念落后

通常，生产领域都是企业所关注的发展重点，而不是物流。"大采购，小批发""重商流，轻物流"的观念在人们头脑中久久挥之不去。企业对物流的理解也大多局限于运输、仓储等低增值业务，而对物流系统设计、物流合理化、开发信息系统等高增值业务却缺乏应有的了解。大部分企业没有树立现代物流意识，更没有充分认识到可以把现代物流管理作为降低生产成本、增强企业自身竞争力的一个重要手段。更为严重的是，中国企业未意识到"现代物流是第三利润源"这一理念，只是将物流活动置于附属地位，而没有将其当成优化生产过程、强化市场经营的关键，所以大多数企业将仓储、运输、装卸、搬运、采购、包装、配送等物流活动分别分散在不同部门，缺乏一个对物流活动进行系统规划和统一运作与管理的高效的部门。在服务意识等方面也与发达国家存在较大差距。落后的观念必然导致落后的物流体系和落后的物流管理，这些"落后"也在方方面面约制着物流成本的降低。

（八）企业缺乏物流人才

目前物流人才不仅数量不够，而且结构单一，大多都是面向社会物流方面的。目前企业物流领域急需既懂企业管理、物流管理，又懂信息技术和电子商务的复合型物流人才。

第二节 物流成本管理的办法

既然造成物流成本居高不下的原因是复杂的而且是多方面的,那么加强和完善对物流成本的管理肯定不只是设计财务管理的范畴,而是一个涉及财务、管理、体制、技术等多方面因素的综合性的系统工程。要想在完善物流成本管理的工作上取得良好的效果,必须从财务制度、组织结构、技术管理、素质教育等多方面综合治理。

一、建立现代企业物流组织结构

要从根本上解决企业内部物流职能分散、物流活动难以协调的问题,必须从改造企业组织结构入手,建立现代企业物流组织结构。

目前,企业的物流组织结构主要有几种:第一,传统组织结构。它基本上就是传统职能的专业化分工,按职能设置部门,而物流活动被分散于各个相关的专业活动中,由上级主管部门负责协调。在职能分工中,由采购、制造、财务、市场营销等部门直接负责全部物流职能的监督管理。看似简单明了,实际上各部门可能从各自的利益出发,而不顾整体利益,这样就很难促成一个运作协调一致的物流系统,整个物流活动缺乏连接,容易"断流"。第二,功能集合型组织结构。它是各专业部门内的物流功能在传统基础上的整合,使物流活动在组织中凸现出来,以便于各部门进行计划、控制与协调。采用常规技术,对于外部环境来说较为稳定,也很重视内部经营效率,这种组织结构通常适用于员工专业素质不高的中小规模企业。第三,功能独立型组织结构。企业将核心的物资配送和物料管理功能单独分离出来,设置一个专业的,与财务、制造以及市场营销相平等的部门。这种模式更加明确了物流的经营职能,也更适应企业物流经营比重的扩大和物流业务量的扩张。但是这种结构仍沿用传统组织结构的设计思想,许多物流的具体作业还分散在生产和营销活动中,所以导致职能管理和物流的现场作业不能完全统一。在这种物流组织结构下,物流不得不与生产、营销等企业行为互相协调。第四,一体化的组织结构。其中的"一体化"主要表现在:物流的每一个领域被组合构建成一个独立的直线运作单元。由于明确地界定了每个运作环节的责任领域,运作单位会同等对待制造和采购的物资配送;每个单元都有充足的灵活性来适应其各自运作领域所要求的关键服务,制造支持被定位为运作服务,并确定了有共同的服务方向,可在物资的配送、采购、包装之间直接沟通;物流信息系统将成为对于企业本身和物流本身至关重要且独立于物流的部分，凸显出信息对于物资流动、生产制造、市场营销的必要性；督导和信息一样是组织的最高层次，督导所关注的是物流系统的运作质量和服务质量。由于传统组织内的物流功能被归结为单一的命令和控制结构，一体化物流组织的绩效获得了前所未有的提高。

显然，第四种组织结构是目前企业的最佳方案。但对于我国大多数企业来说，"一体化"的改造不可能立即实现。就目前我国企业的情况来看，"一体化"必然会受到技术和组织管理体制的双重制约。

但从技术上看，"一体化"的进程受企业管理信息系统，尤其是物流控制信息系统开发程度的制约；从组织管理体制上看，"一体化"通常会受到组织内部的抵制，因为物流重组就在一定程度上意味着权力的分散。因此，在企业建立现代物流组织结构时，应视自身的具体情况而定，可以先采取第二或第三种组织结构，等企业发展到合适的阶段再进行第四种组织结构。当然，那些条件已比较成熟的企业，则可以一步到位。

这里，我们可以将海尔、乐百氏集团的物流组织结构作案例分析。

海尔集团是我国最早建立物流系统的企业之一，其自建的物流系统在我国取得了较好效果。自1999年，海尔集团就开始进行以"市场链"为纽带的业务流程再造工作，把订单信息流当作一个中心，以此带动物流、商流、资金流的运作。海尔物流中的"一流三网"理论充分体现了现代物流的特征。"一流"是指以订单信息流为中心，"三网"分别是全球供应链资源网、全球配送资源网和计算机信息网。"三网"同步流动，为"一流"的增值提供大力支持。1999年末，海尔集团使物流推进本部，下属三个事业部，即采购事业部、配送事业部、储运事业部，并建立了36个区域配送中心，初步建立了覆盖全国的网络，起到了良好的示范作用。

海尔集团的物流模式与美国物流的中央化模式相类似，在实施的初期就取得了比较好的成果。物流本部成立前，海尔的库存时间为30天，经过一年的努力后，成功减至13天。而在2002年，海尔集团又定下了将库存15个亿降为3个亿的目标，从库存占用资金和采购资金方面反映出物流成本的降低，其速度之快令人惊叹。海尔物流本部将分散在各个产品事业部的采购业务合并，实施统一采购，以达到最低成本下实施准时制生产方式采购。在整合以前，各事业部都是单独采购的，而物流部成立以后，施行统一采购方式。这直接降低了集团对外采购成本，使部分零部件降价5%—8%，择优采购也间接带来了零部件产品质量的整体提高，库存减少。单单是零部件仓库存放面积就减少了32万平方米，相当于减少了43个足球场；每年省下仓库租赁费5200多万元。同时，企业的原材料供应商也从1998年的2200多家减少到1999年的不到900家，国际供应方的比例达到71.3%，其中世界500强企业中就有50多家。与此同时，集团流动资产的周转速度也逐步加快，1999年为118天，2000年为91天，而到了2001年就减少至79天，取得了明显的成果。

而同样著名的法国乐百氏在物流组织结构方面也有自己的特色。在组织结构的设计方面，以各产品事业部和其他职能部门为中心，以各大区为单位，物流主管在大区内设置，并由其协调所有与工厂、配送中心与销售分公司有关的物流活动，包括采购、生产、订单、销售与运输调度计划。大区物流经理是一个目标中心，是一种非正式组织，其主要职责不仅是反映问题与传达政策，更是要根据区域情况制订整合计划。

通过分析上述两个案例可以看出，物流组织结构的设置是根据不同企业的不同形式建立的，但无论怎样，其核心功能永远是集企业物流和管理于一身。物流组织结构的改善对物流效率的提高以及物流成本的降低起到制度保证的作用。

二、如何构建一个高效率的物流系统

根据物流成本的效益背反理论，降低物流成本的关键在于从物流的整体去考虑，而不是片面强调某一环节。也就是说，要把"物流"当成一个"物流系统"进行整体设计和管理，将各个环节联系起来，以最佳的结构使每个环节发挥最好的配合力，充分发挥系统这一整体的功能与效率，最终实现"整体物流"。物流系统包括商品的补充、仓储、保管、出货、配送、库存管理、物流作业、信息管理等一系列与物流有关的一切活动。显然，构建物流系统对于提高企业物流质量，加快物流速度，降低物流费用以及减少不必要的浪费和损耗来说是必不可少的手段。

构筑物流系统通常包括建立物流网点、建立作业系统和建立运输配送系统三个基本过程。物流网点即物流中心，但并不是所有企业都要有物流中心，而是要根据实际情况而定。例如：对于顾客的订货需求，如果从工厂或工厂附近的仓库中送货就能完成的话，就没有必要建立物流中心。若顾客对时间及数量有要求，要求不从各个工厂分别送货而要求一次送货，那么就十分有必要设置物流中心。其次，在设计作业系统时必须考虑如何使之更合理，更有效率。最后就是确立运输配送系统的。这个环节需要着重考虑选择什么样的运输手段、什么样的路线以及什么样的配送方式才能最大限度地提高效率。就目前情况而言，配送系统的效率是一个十分重要的问题，多频度、小单位配送的发展壮大也要求着企业配送更高效。但是对于企业来说，"多频度、小单位"的配送和"效率"兼备其实是一件非常困难的事。因为多频度、小单位的配送很难使企业的人员和车辆充分发挥作用，从而造成了资源浪费、费用

增加的现象。即使是大规模企业也不能避免此问题，因为各个销售分区的客户以及客户们的需求都是不一样的，除非各处的规模都足够大。目前的解决方法之一就是几个企业联合起来实行共同配送，共同利用一切物流设施，这是企业经过长期探索和发展总结出来的比较合理化的配送形式。建立配送系统也可以效仿这个方法。当然，要想使物流系统高效率的运作，还需要高效率信息系统的支持，因为只有在保证信息全面且能及时共享的基础上，企业物流才能真正高速运作。

为了保证系统效率的稳定性，物流系统建立后不能一成不变，必须时常更新与完善。要把"能否很好地发挥系统的功能"，"能否提高作业的效率和精确度"作为出发点，通过吸收和借鉴各种各样的评价基准对物流系统进行分析和改善，通过这些评价建立更好的物流系统。另外，市场动向的变化、顾客需求的变化以及交通基础设施建设等的变化都会在很大程度上影响物流系统，因此必须适时地进行物流系统的再构建。

下面我们以海尔集团和长虹公司的物流系统为例进行分析。

在互联网飞速发展的信息化时代，海尔集团每月要采购 26 万种物料，制造万多种产品，每天要接到 6 万多个销售订单，而且每天要通过全球 5.8 万多个营销网点将产品销往世界 160 多个国家和地区。对于每天必须面对如此巨大的交易量和物流配送量，且分支机构和生产车间遍布全球的海尔集团来说，"没有现代物流，就意味着无物可流"，高效率的现代物流系统是企业内部运作至关重要的生命线。为了构建高效的物流系统，海尔分别在青岛高科园和合肥工业园建立了亚洲最大规模的现代化物流中心，以过站式物流模式把仓库变成流动的配送中心，大大提高了对用户个性化需求的响应速度，增强了企业的国际竞争力。目前，海尔的 7 个工业园主要分为以下三部分：

第一，以青岛为主的工业园及周边的工厂为出口基地，利用廉价的劳动力，通过成本低廉的海运出口。

第二，以合肥为主的工业园包括在广东、贵州的工厂，形成了本地化的生产基地，在根本上节省了物流成本。

第三，以美国为代表的 10 个海外工业园，集基地、生产、采购、销售全部本土化，大幅度降低物流成本。

长虹公司是我国家用彩电电视机的龙头企业。1998 年，长虹集团将全国各地的分公司处理的保管和配送等业务，从各分公司职能中分离出来，设置综合配送中心，并制订了一个物流战略计划。过去，长虹公司采取将工厂装配好的产品直接运到各地的分店，由他们暂时保管，然后再根据客户的订货要求送到客户所在地的方法。

不管配送件数多少，各分店都必须配备运货人员和卡车。经计算，运输费用占总体物流费用的70%以上。高昂的运输费用必然会严重影响企业的竞争力，因此长虹公司采用了上述商物分离，以及设置配送中心的合理化物流计划。在分公司集中的大城市建立配送中心，这样的一个配送中心可以承担约20个分公司的商品配送业务。而且这样还可以压缩分公司的车辆和送货人员，就能用较少车辆运送较多货物。公司更进一步实行从工厂到消费者的一贯制产品运输，从而可以取得大批量运输的相当好的效果。

三、建立现代物流信息系统

现代信息技术是现代物流的重要支柱，缺少了信息系统的支持，物流成本管理的效果就会大打折扣。众所周知，降低库存可以提高物流速度，加快资金流转速度，从而降低物流成本。其实，一个完善的物流信息系统完全可以做到大量降低库存，甚至做到"零库存"，以信息流代替库存，使之实现高效率，同时还能够增加物流系统各环节对市场变化的反应灵敏度，减少库存，节约成本。物流信息系统实质上就是固化的管理理念和物流作业流程。

企业物流对信息系统的选用或开发必须坚持"实用性"的原则，还要有明确的功能定位和具体的流程说明。举例来说，现在一些企业在应用物流信息系统上就存在问题：一是照搬照抄国外的产品。一方面由于其系统设计过于复杂，流程管理和数据采集又过于苛刻，很难适应我国的实际情况。另一方面，国外人力成本高，所以物流系统主要强调作业强度，减少人力成本；而我国人力成本低，通常作业强度也不高。二是企业自主开发物流信息系统或请国内软件公司设计，往往缺少实践经验或理念过于超前，结果信息系统也过于理想化，而无法处理企业日常活动中的各种特殊、复杂情况。实际上，企业建立物流信息系统主要是建立适合企业实际的物流作业流程。

建立物流信息系统的关键是要解决好以下两个方面的问题。一是要解决好物流信息资源的采集问题。这不仅包括要搜集订货单、存货单、应付账款、交易条款、客户情况等内部数据资料和信息，还要收集有关外部供应链上的各参与方的资料。还包括订货、采购、服务、交易、储存、运输等各个物流环节，采用最新的信息技术，尽量加快物流速度，缩短运作时间，降低物流成本。二是要建立数据仓库平台。物流信息管理技术已逐渐从看板管理和物料需求计划转向配送需求计划、重新订货计划和自动补货计划等能对需求信息做出快速反应的决策系统。数据仓库应要能有效地提供集成化和历史化的数据，要集合正确的、集成的、稳定的和不同时间的数据来支撑各种决策分析，以提高企业物流对市场的反应能力。此外，企业物流还要加强机构的网络化建设，通过对客户和供应商信息进行共享来加强供应链的信息覆盖率，以保证企业实时掌握供应链信息。

总之，企业应建立自己的物流信息系统，充分利用诸如ERP、SCM等流程优化技术以及EDI、INTERNET等信息共享技术，使整个供应链的物流活动流畅，协调，最终达到提高效率，降低成本的目的。

这里，我们可以以沃尔玛的信息系统为例，对物流信息系统的重要性进行具体分析。

从1962年到2002年，沃尔玛一步步坐上了从创立到世界零售企业的头把交椅，沃尔玛强大的物流信息系统是其能够在如此短的时间内迅速壮大，超越对手的重要推动力。沃尔玛有80多万种商品，为满足全球4000多家连锁店的配送需要，每年的运输总量能超过78万箱，总行程多达6.5亿公里。若没有强大的信息系统，它根本不可能完成如此大规模的商品采购、运输、存储、物流等管理工作。早在20世纪80年代，沃尔玛就建立了一个自己的商用卫星系统。在强大的技术支持下，如今的沃尔玛已达到了"四个一"，即："天上一颗星"——卫星传输市场信息；"地上一张网"——用计算机网络进行管理的采购供销网络；"送货一条龙"——通过与供应商建立计算机化连接，供货商自己就可以对产品货架进行补货；"管理一棵树"——利用计算机网络把顾客、分店或山姆会员店和供货商有机联系在一起。

其实，一开始沃尔顿是不太赞成建立自己的卫星系统的，然而公司的其他高层以大量的数据证明了其可行性，以及将给沃尔玛带来的巨大利益。就这样，他终于被说服了。意见统一之后，沃尔玛立刻花费大约7亿美元建成了计算机和卫星系统。可以说，如果没有高层人员当初的卓识远见，沃尔玛不可能有今天的规模和地位。

1981年，沃尔玛为了实现存货自动控制，开始利用商品条码和电子扫描器。公司先以几家商店作为试点，在收银台安装读取商品条码设备。1983年，试验范围扩大到25家店。1984年，试验范围扩大到70家。1985年，又扩大了200多家并宣布将在所有的商店安装条码识别系统。到了80年代末，沃尔玛的所有商店和配送中心都安装了电子条码扫描系统。沃尔玛总部与各发货中心以及各分店的电脑相互连接，商店付款台上的激光扫描器会先把每件货物的条码录入电脑，再用电脑进行分类统计。当某一货品的库存减少到一定数量时，电脑会发出信号，提醒商店及时进货。总部收到通知后，直接送往离商店最近的一个发货中心，再由发货中心的电脑进行具体的发送时间和路线安排。这样，从商店发出订单到接到货物再到上架销售，只需要36个小时，这在拥有巨大规模的同时仍保证了高效率。

沃尔玛的卫星系统可以监控全集团的所有店铺、配送中心甚至经营的所有商品，每天发生的一切与经营有关的购销调存都可以明确地看到。沃尔玛有一个统一的产品代码叫 UPC 代码，可以对它进行扫描、阅读。选择一件商品后，只需要扫描一下该商品的 UPC 代码，就不仅可以知道目前商场这种商品的数量以及订货量，还可以知道有多少这种产品正在运输到商店的途中，以及将会在什么时候运到。这些都是通过主干网和通信卫星传递到数据中心的冰山一角。这样，管理人员不但能实时掌握对销售情况、物流情况，还通过当天回收多少张失窃的信用卡、信息卡来评估体系是否在正常工作，并监督当日的交易数目。沃尔玛的数据中心与供应商也建立了联系，实现了反应迅速的供应链管理。而厂商也可以通过运营系统进入沃尔玛的电脑分销系统和数据中心，直接从销售终端得到某供应商的商品流通的动态信息，如不同店铺不同商品的销售统计数据、沃尔玛各仓库的调配状态、销售预测、电子函件与付款通知等，以此来安排生产、供货和送货。通过这个信息系统，管理人员能掌握到第一手资料，并对企业的日常运营与发展战略做出分析和决策。

沃尔玛的信息还是与供应商共享的。卫星系统可将每天各销售点的资料迅速、完整地传递给 4000 多家供应商，以便供应商及时了解市场信息，适应市场需求变化，这样，不仅是本公司，它们的供应商也被包括进来。对于沃尔玛来说，它们的物流链已远远超出了本公司的范围。20 世纪 80 年代末，沃尔玛通过计算机进行电子数据交换系统与供应商建立起伙伴关系。比如说，皇后公司和沃尔玛公司合作，两公司的计算机互相连通，供应商能随时了解商品在沃尔玛各分店的销售和库存变动，据此调整公司的生产和发货情况，从而提高了效率，降低了成本。

以上案例值得我国企业借鉴之处大致可归结为以下几点：

第一，沃尔玛把信息系统的建设当成整个企业的重要战略组成。从董事到部门主管，人人都参与到沃尔玛信息系统的组建过程中，其投入的人力、物力和资金可想而知，其收益也是十分不菲的。反观我国，大部分企业还不够重视信息系统的建设，至少还没有提到战略管理的高度来重视。

第二，在建立卫星系统后，沃尔玛的物流程序发生了质的变化。使信息流和物流很好地结合起来，通过信息流来协调物流，使整个运作过程井然有序，效率得到提高。然而大部分国内企业信息系统的功能仅局限于内部传递信息，更谈不上基于信息系统设置控制程序。

第三，沃尔玛将信息与供应商共享，让供应商及时掌握库存情况来决定是否需要供货。这种将供应链的上家与下家也应纳入企业信息系统服务对象的理念，我国大部分企业都没有意识到。现今国内企业应该思考的主要问题是是否该将部分商业数据与供应商共享以及如何衡量与供应商共享数据的风险和收益。

四、企业物流管理的创新

要根据企业的实际情况对企业物流管理进行创新，运用先进的物流技术和现代物流理念对企业物流活动进行有效的监督和完善，以提高物流效率，降低物流成本。

新的物流管理方法，就是把作业管理引入其中，即将物流活动看作一系列作业的集合体，并为了避免不必要的耗费，尽量消除不必要的作业。作业管理贯穿于企业物流管理的各个环节，其关键就在于作业系统设计，比如适时的作业和作业的质量管理，不同的物流作业系统设计方案，所需作业不同，耗费也不同。物流成本是由物流作业引起的，根据物流作业的不同，物流成本一般在60%—80%之间，因为这在系统设计阶段就早已确定了，所以一旦系统投入运转，成本降低的可能性就不大了。物流成本虽然是由物流作业引起的，但根源却在于物流系统的设计。对于物流成本管理而言，影响物流系统设计的早期因素能大大提高企业竞争力。因此，要降低企业的物流成本，赢得竞争优势，物流系统设计不可马虎。要运用价值工程和作业成本等先进方法对作业进行分析，修订物流系统设计，在物流系统尽享满足企业服务需求的前提下，尽量选用成本较低的，消除一切不必要的作业，降低耗费。各种程序同步进行，相互配合，从而整体优化企业物流管理。

要对物流进行标准化改造。按照国际惯例和国家通行标准制订物流设施标准，规范物流设施和有关技术设备，对每个环节都制订一个统一标准，规范物流用语，并严格按照标准执行，例如商品包装规格化，物流信息条形码化，装卸、运输单元化，集装箱、卡车车厢尺寸标准化。

要整合供应链资源，通过信息共享，加快物流速度。比如订单信息共享，使多个供应商能够同步运作；通过供应商之间的联合，使物流道路畅通。距离比较近的几个中小零售企业还可以一起投资建立物流中心，实行共同配送，或多个企业联合共建，形成面向全社会的物流网络。

以上只是几种创新管理的思路，具体到各个企业，还应根据自身情况和具备条件，采取适宜的管理方法。条件差点的可以逐步完善，条件成熟的就可以一步到位。

在这里，我们可以以海尔集团的物流管理为例，具体分析物流管理体系的完善给企业带来的益处。海尔集团通过供应链资源网的整合以及物流技术和计算机信息管理的支持，实现了同步管理体系。如今，通过海尔的BBP平台，所有供应商均可以在网上接受订单，使下订单的周期从原来的7天缩短到1小时，并且准确率可达100%。不仅是下订单，供应商还能通过该平台查询库存、配额、价格等信息，及时补货。

海尔集团为实现物流管理"以时间消灭空间"的目的,从最基本的物流容器单元化、集装化、标准化、通用化改变为物料搬运机械化,并逐步深入到对车间工位的五定送料管理系统、日清管理系统,库存资金周转天数也由原来的30天减少到12天,大大加快了库存资金的周转速度,实现了JIT过站式物流管理。生产部门按照B2B、B2C订单的需求完成以后,再通过海尔全球配送网络系统送达用户手中。目前,海尔的配送网络已从国内扩展到国际,从沿海扩展到内地,从城市扩展到农村。目前,全国可调配车辆多达16000辆,物流中心城市6—8小时配送到位,区域配送24小时到位,全国主干线分拨配送平均4.5天,形成了全国最大的分拨物流体系。

计算机网络与新经济速度接轨。海尔CRM和BBP电子商务平台的应用已经架起了与全球用户资源网、全球供应链资源网之间沟通的桥梁,实现了与用户的"零距离"接触。在企业内部,计算机自动控制的各种先进物流设备不但直接提升了物流过程中的精细化程度,使质量几乎达到"零缺陷",还降低了人工成本,提高了劳动效率。计算机管理可谓是海尔集团内部的信息高速公路,以信息代替库存,将电子商务平台上获得的信息迅速转化为企业内部的信息,达到零营运资本。

五、建立物流公司的子公司

由于企业物流活动分散于企业各个职能部门以及营运环节之中,导致了物流管理困难,物流成本难以控制等诸多弊病。建立物流公司的子公司正是解决上述弊病的方法之一。所谓物流子公司,就是把企业的物流部门剥离出来,使其成为一个独立的公司,主要承担母公司以及其他企业的物流功能。设立物流子公司,可以引入专业化的物流技术,明确物流成本,合理地安排物流过程。由于物流功能单独化,其财务核算就变得容易许多,同时也便于母公司以交易的方式来控制物流成本,使物流成本更明确和易于控制。也有利于扩大物流活动领域,开展物流经营,提高企业效益,调动积极性,培养出一批物流人才。这样也便于控制和降低物流成本。

建立物流子公司还存在如何定位与母公司关系的问题,到底是主要以母公司的物流业务为主,主要降低母公司的物流成本,还是向第三方物流靠拢,成为企业新的利润点。也就是说,一方面,要引进最新的物流管理技术,降低固定成本,努力将子公司物流成本降低到行业平均水平以下,对降低母公司的物流成本做出贡献;另一方面还要致力于扩大公司的外服务,比如扩大其经营范围,针对特定行业需要开展专门化物流服务,积极承担外部业务,建立自身的盈利基础。对于这两点只选其一,或是两者兼顾,而两者兼顾是侧重于内部集团还是外部经营,都没有什么唯一正确的选择,关键在于哪种选择更适合企业自身的情况。

但也并不是每个企业都必须成立物流子公司，一般来说，只有那些物流活动已达到一定规模的企业，才有成立物流子公司的必要，否则就没有多大必要成立物流子公司，即使成立了也并不经济合算。另外，须要注意的是，即使是物流规模比较大的企业，也应慎重考虑建立物流子公司，因为建立物流子公司需要大量的资金投入，而且不是企业的核心业务。从目前发达国家看，建立物流子公司出现了一些新趋势：一是将物流子公司出售，由经营者和合作公司共同出资；二是跨行业结合设立物流子公司，可能是不同行业的企业合作建立物流子公司或与专业物流公司合作成立物流子公司。

这里，我们以海尔、美的的物流模式为例进行具体分析。

1999年，海尔集团成立了物流子公司，下辖采购事业部、配送事业部、储运事业部等三个事业部，建立了36个区域配送中心，初步完成了覆盖全国的网络建设。海尔集团实现了统一采购、统一配送和建立立体仓库，将7个工业园主要分为三个部分，几乎实现了"零库存"式管理。

在企业物流上几近完美的海尔，迫切希望开疆拓土。海尔的愿望是在物流服务中力求做到三个"三分之一"，即三分之一服务自己，三分之一服务国内企业，三分之一服务跨国公司。对此，集团高层有着很大的期待。曾任海尔集团总裁的杨绵绵女士说，海尔物流的未来将是"第三方物流提供商"，且海尔公司的物流今后不仅为海尔集团服务，还将接手集团外企业的物流业务。海尔集团副总裁、物流推进本部部长梁海山也说：海尔物流不再仅仅是企业物流，而是将要走向市场，发展成为第三方物流。

与海尔相同的是，在1999年，美的集团就把物流放到了重要的战略位置上。美的集团把物流定位成一个赚钱机器。2000年1月，美的集团把物流业务剥离出来，成立了安得物流公司。作为美的集团一个独立的事业部，安得物流成为美的其他产品事业部的第三方物流公司，同时也作为专业物流公司发展。美的集团安得物流公司副总经理卢立新说，美的其他事业部既可以使用安得物流，也可以选择其他物流公司。

安得物流从一开始就贯彻了自己的发展方向：制造企业销售物流集成服务商。供应链技术顾问专家，并成功在实践中运用了现代物流技术，通过美的的销售网络，不断融合新的血液。到2002年，安得已同TCL、神州、方正、实达、熊猫、乐华、海螺建立起了战略合作伙伴关系。

安得物流的"骨架"就是"全国一体化"的仓储体系。目前，安得物流已在全国建立了顺德、杭州、郑州、芜湖四大仓储中心，全部运用信息化管理手段，实行"一票到底"的管理模式。这一管理模式遍布全国100多个仓库,以基于互联网的信息系统进行高效的信息互动管理。建立了顺德、北京、西安、南京、上海等十个物流中心,因为美的给予了其物流整体费用,所以这个成本一旦签订后就不可更改,所以安得必须足够了解每个地区的仓库资源、运输资源以及配送资源,才能取得利润。由于跟随美的,安得在68个城市建立了业务网点,就是这些网点让众多需要将物流外包的企业选择了安得。

六、企业物流外包

中小企业没有必要建立物流子公司并不是说就不能将企业的物流活动独立出来。企业可以采取将物流外包给社会专业物流公司的方式来降低企业物流成本。随着社会分工越来越精细,一大批专业物流公司逐渐出现了,它们拥有专业的技术和管理方式,所以完全专注于物流管理。企业可以让专业物流公司承担企业的全部或部分物流管理职能,其范围可以针对传统运输或仓储服务,也可完全委托其企业所有物流业务。一方面,物流外包可以使企业甩开物流这个沉重的包袱,集中精力发展自己的核心业务;另一方面,委托专业的物流公司,可以充分利用其专业人员和专业技术优势,使企业物流管理更加规范、经济,从而节约物流成本。此外,物流外包还能提高企业的服务效率,降低投资需求。

对于自建物流系统与第三方物流到底谁优谁劣这个问题,现在还很难说。自建物流体系节约了企业成本、增强了市场竞争力,但也存在很多问题,其中最突出的就是要耗费企业大量的人力、物力和财力,这样,企业自身核心职能的发挥就要受到影响,而且单个企业建立的物流系统很难达到一定的规模。而第三方物流的优势所在正是取得规模效益。但第三方物流也不是万能的,一些涉及企业商业秘密的物流业务还需要企业自行承担。

随着社会分工的不断发展,第三方物流必将成为物流行业的主力。但是,目前我国物流企业尚处于初级发展阶段,并没有形成一个完整的服务体系,不能完全满足企业的需要。中国仓储协会的抽样调查报告显示:物流规模在500人以上的企业仅占20%左右,大部分企业规模在500人以下。样本中还包括中国储运总公司这样的特大型企业。中国物流企业的收益85%来自于基础服务,53%来自运输,32%来自仓储,而增值服务、物流信息服务与财务服务收益只占到15%。

对于货物的拆拼箱、条码标签、零部件配套、修理售后,是大多数企业的分内之事。社会物流企业规模小,服务落后,有些企业物流外包的费用甚至超过了企业自己搞物流,这些都可以导致企业对第三方物流的利用率偏低。发达国家的企业对第三方物流的利用率超过75%，而在我国还不足30%。

鉴于我国目前的物流状况，笔者认为我国中小企业应采取"两条腿"走路的方式：一方面，物流自理，提高效率；另一方面，根据实际情况将部分物流业务外包，依靠第三方物流。

在这里，我们以伊莱克斯模式为例进行具体分析。

1995年，伊莱克斯与长沙中意电冰箱厂合资组建了中意电冰箱有限公司，从一开始就明确了责任分工：伊莱克斯负责产品生产，而中意冰箱厂全权负责产品的销售与售后服务工作。随后，伊莱克斯又将物流交由专业物流公司。据报道，目前伊莱克斯在中国的物流主要由包括宝供物流企业在内的三家物流公司承担。

按照伊莱克斯物流经理的说法，自建物流体系至少得有50亿的销量，而伊莱克斯在中国只有20亿的销量，所以只能选择第三方物流。但伊莱克斯在国外销量大，曾尝试过自建物流体系，但逐渐觉得麻烦不划算，就慢慢分包回去了。企业解释，自建物流体系首先要招进大批管理人才，这样物流成本就会增多，而且物流部门做大了之后就会和企业发生冲突，而销售老总是否配合企业老总又是一个关键问题。种种不确定因素都增大了管理难度，若把这些让第三方物流公司承担，企业本身就会轻松许多，而且第三方物流公司之间也有一个有序的竞争规则，公平合理。企业若把物流交给一家公司做，容易使自己受到一定的制约，但若同时交给几家公司，让它们之间进行优胜劣汰的竞争，才会对企业更有利。因此，伊莱克斯将物流业务外包给多家物流公司，而伊莱克斯只负责全面统筹。

七、物流成本的制度创新

要想拓宽物流成本的范围，真实准确地反映物流成本，必须拓展物流成本的概念。企业物流成本不仅包括物流活动中产生的各种费用，还包括资金占用的成本，主要是库存占用资金的利息。尤其是电子、电器等企业，产品更新快、竞争激烈，所以还应考虑因库存时间过长而造成的商品贬值、报废或过期等后果。此外，物流成本还应包括资金周转速度，这样才能真正反映物流实际成本。

把成本会计当作基础，完善物流成本的分类。物流成本既可以按物流领域、支付形态、物流功能、归属标的、成本性质及营运管理等标准来划分，也可以在合理利用现行成本会计工作成果的基础上，升级出一种典型的分类方法，简单归类为直接成本、间接成本和日常费用三大项。直接成本是指完成物流工作需要的费用，它能从传统的成本会计中提取出来，比如运输、仓储、管理、订货处理或库存等某些方面产生的直接费用。间接成本作为物流运作分配资源的结果，一般在固定的基础上分摊，而且是不能忽略的。间接成本和日常费用的归属方式中包含着会计师的预算与估量。

要建立以作业为基础的成本分配制度，合理分配物流成本，首选的核算技术仍然是以成本核算为基础的传统会计方法。只是为了便于计算企业物流成本，就抛弃比较成熟的财务会计制度，显然是不必要的，更是不可能的。为了更好地计算企业物流成本，促进物流发展合理化，十分有必要引入一种更优的成本核算方式——作业成本计算法。

企业计算物流服务的成本时，可以将与物流有关的所有成本都纳入以作业为基础的成本分类中，将间接成本和日常费用等准确地分摊到各类作业中，并将其作为成本控制的标准。有效的成本确定，首先包含对一项分析框架中的特定费用做出确认，还要特别指出相对成本的时间维，最后，成本必须分配给与评价相应行动相关的特定因素。总之，除非成本是置于物流组织管理的控制下的，否则不分配给物流因素。

我们以美国计算物流成本的方法为例进行具体分析。

美国物流成本主要由三部分组成，即库存费用、运输费用、管理费用。从近20年来物流变化曲线可以看出，导致美国物流总成本比例下降的最主要的原因是：运输成本占GDP比例大致保持不变，而库存费用所占比重降低。这一比例已有所下降，由过去的5%下降到不足4%。据此可以总结出美国现代物流发展的显著成绩是降低了库存成本，加快了资金周转速度。也就是说，利润的源泉更集中这两方面。

从宏观角度来看，美国物流成本的三个部分各自有其计算的方法：

第一，库存费用，指在保存货物上花费的费用。除仓储、损耗、人力、保险及税收费用外，还包括库存占压资金的利息，其中"利息=当年美国商业利率×全国商业库存总金额"。计算现代物流费用与传统物流费用的最大不同之处，就是把库存占压资金的利息加入物流成本，因为只有这样才能把降低物流成本和加速资金周转速度从根本利益上统一起来。在美国企业平均流动资金周转次数达到10次的条件下，美国库存占压资金的利息约为库存成本的四分之一，为总物流成本的十分之一，数额巨大。这些库存成本的数字包括公用仓库和私人仓库。

第二，运输费用，即从伊诺运输基金会出版的年度运输丛书中得到的货运数据，包括公路运输、其他运输以及货主费用。公路运输主要包括城市内运送与区域间卡车的运输费用。其他运输方式则包括铁路运输、油气管道运输、国内国际空运等一系列费用。货主费用包括维持运输部门运作及装卸费用。近十年来，美国的运输费一直保持着占国民生产总值的6%的比例，这说明运输费用在与经济同步增长。

第三，管理费用，是由专家按照美国的历史情况确定出的一个固定比例，再乘以库存费用和运输费用的总和得出的。美国物流管理费用占物流总成本比例大致为4%左右。

八、提高物流意识，建立物流新观念

在某种意义上说，我国物流成本管理目前最迫切的目标是：提高物流意识，建立物流新观念。在欧美、日本等发达国家，物流观念早已深入人心。在日本，任何与生产制造有关的部门都与物流有着不可分割的关系，大街小巷随处可见写着"JUST-IN-TIME"标语的物流配送车匆忙驶过。但我国对物流的认识还停留在"物资流通"的观念上，对物流的范围还没有更深的认识，不仅是流通领域，还包括生产领域。大多数企业对物流的先进技术和管理方式还不够重视。

我国企业必须重新树立物流观念，充分认识企业物流与物流服务的重要性。首先，要提高物流在企业中的地位，真正将其作为企业"第三利润源"来对待。要改变旧的"规模效益是企业获得经济效益的主要途径"的思想，这一改变不仅要体现在生产上，还要体现在物流上，即即时物流。其次，要树立客户需求至上的服务理念，处理好企业物流与客户之间的关系。在这一方面，我们可从以下几点入手：第一，增强企业与客户之间的沟通，可通过利润分享、市场开拓和信息传递等手段，使二者成为协作伙伴关系。第二，合理布局企业物流的位置，尽最大能力为客户提供优质的服务。第三，构建一个连接企业与客户的信息网络，达到点与面的结合，并保证企业物流与客户之间的信息传递及时、畅通，加快对市场的反应速度。第四，加大对企业物流基础设施的合作投入，与客户合理分摊费用，降低各自的物流成本。第五，企业要加强对物流新知识与新技术的学习，了解物流未来的发展趋势，重视引进和培养物流人才。

九、政府政策的导向

通过对"宏观因素对企业物流成本的影响"的讨论，可知宏观因素对单个企业、整个行业甚至一个国家的物流成本都有相当大的影响。由于这已经超出了企业物流成本管理的范围，所以企业对这一影响根本无力避免。但是考虑到其对企业物流成本的影响之大，还是有必要进行一些探讨。

政府政策对降低企业物流成本有着至关重要的导向作用。政府若想在宏观角度下真正实现物流合理化，主要应做好三方面的工作：一是改革物流体制，提高物流中心的社会化和专业化程度；二是合理规划物流中心布局，协调物流活动中各环节的相互关系；三是增加对物流基础设施的投入，改善物流手段。为减少外部协调成本，需要进行政府机构职能创新。从物流发展的角度来看，政府的职责在于统筹规划、协调发展、制订标准和调研数据。但我国的分部门管理体制显然不利于物流管理。通过借鉴物流发达国家的经验，可以设立一个综合协调机构，例如设立一个包括水陆空各运输部门、邮政以及相关行业的协会，建立一个"办公对话机制"，改变国内物流发展政策，改善交通运输环境，以此降低运输成本。政府要开放通信设备，完善通信及网络设施，降低信息处理的成本。政府及企业应共同推动建立物流电子数据交换系统，增强数据交换、协调的功能。对于物流标准化工作，政府要大力支持，充分发挥政府部门的组织和引导作用，加快物流标准化改革新进程。建立一个适合我国的物流标准化体系，首先必须调查了解国内外标准化状况，通过参考各国不同标准，分析现代物流系统的典型工作流程，全面掌握资料，研究采购、运输、存储、装卸、包装、流通、配送、信息处理等各物流环节的标准，再将这些分析归类，形成中国现代物流标准体系结构，作为研究和制订现代物流标准的总体规划和纲要，指导着物流标准规范体系的形成及企业物流市场运作。总之，我国的物流标准体系应包括技术标准、管理标准和工作标准。标准体系框架可分为物流通用基础标准、分系统标准和单项标准三个层次。

例如欧美、日本政府的物流措施。在欧美、日本的物流发展过程中，政府起到了强有力的支持作用。美国物流的发展与政府不断完善的相关法规建设是分不开的。其中主要包括经济法规和安全法规两方面。为促进物流业的发展，自20世纪70年代，政府开始制定一系列的法规。例如1977—1978年的《航空规制缓和条款》，1984年的《航运条款》分别去除或修改了在以往经济法规里航空、铁路、公路及海洋运输不利于市场竞争的因素，在市场准入、运输价格、运输路线等方面给予了企业更大的自主权。对于货主来讲，由于选择机会增加，其从承运方面得到的物流效率及服务水平都有所提高。《美国运输部1997—2002财政年度战略规划》已成为美国现代物流的发展指南。1997年，日本政府制订的《综合物流施策大纲》对日本物流管理的发展具有历史意义。在企业和政府的共同努力下，物流管理有了质的飞跃，日本也得以迅速成为物流管理的先进国家。80年代，欧洲各国出现了半官方的组织与物流委员会联合推动物流的发展。此外，欧洲提出的"首席物流主管模式"，解决了供应链中物流管理的主导者和主导权问题，强化了政府对物流的管理。

第三节 物流成本的核算方法

一、传统成本核算方法

传统成本核算的基本方法有品种法、分批法和分步法。

品种法，即以产品品种为计算对象的一种成本计算方法，适用于大批量的单步骤生产企业。其主要特点是：第一，计算对象是产品品种；第二，一般定期（每月月末）计算产品成本；第三，如果企业月末有剩余产品，则将生产费用在完工产品和剩余产品之间进行分配。

分批法，是指按产品批别核算产品成本的方法。由于产品的批别大多是根据销货订单确定的，因此此法也称为订单法。此法适用于小批量单件类型的生产。其主要特点如下：第一，计算对象是产品的批别；第二，产品成本计算不定期，产品成本的计算与生产任务通知单的签发和结束紧密配合，成本计算期与产品生产周期基本一致，与核算报告期不一致；第三，由于成本计算期与生产周期基本一致，因此在核算月末产品成本时，一般不存在完工产品与在产品之间分配费用的问题。

分步法，是按照产品的生产步骤核算产品成本的一种方法，适用于大批量的多步骤生产。其主要特点为：第一，核算对象是各种产品的生产步骤；第二，月末时计算完工产品成本，并将归集在生产成本明细帐中的生产费用在完工产品和在产品之间进行费用分配；第三，除了按品种核算和结转产品成本外，还要核算和结转产品的各步骤成本。其成本核算对象是固定的，是各种产品及其所经过的加工步骤。在实践中，据成本管理对各生产步骤成本资料（是否要求核算半成品成本）和简化核算的不同要求，各生产步骤成本一般采用逐步结转和平行结转两种方法进行核算和结转。

分批法与分步法的区别：在分批成本核算法下，成本按订单归集，并记录在分批成本核算单上，每个订单上的产品单位成本 = 订单总成本 / 产品数量。而在分步成本核算法下，成本不按订单或批别归集，而是按部门归集，并且生产这些产品的平均成本就是单位成本。

我国列销现行企业间接成本的两种方法：第一，由于车间的水、电、生产控制、设施运转、工装模具以及作业之间的调整准备、搬运、质量检验等活动产生的制造费用难以追溯到具体产品上，因此采用按产品耗时或机时进行产品成本分配。第二，对于销售、产品设计、出厂试验等费用，一般是作为期间费用直接从当期损益列销。大多数企业分配制造费用时常采用两步，首先将归集起来的辅助生产部门（如动力车间、维修车间等）的费用分配到各生产部门，然后将归集的生产部门总费用分配给各产品。许多企业在第一步时做得很好，但当把生产部门的费用追踪到单个产品上去时却模棱两可，多数企业直接把人工工时作为分配基础，一次分配到位，也有某些企业注意到直接人工的重要性在日益下降的趋势，而额外采用两个分配基准：与材料相关的开支按照一定的百分比直接计入产品成本，如购买、接收、检查和存储材料时产生的开支；那些自动化程度高的企业则多采用机器工时来分配费用。由于工时、机时、原材料消耗量这类分配基础与产品数量密切相关，因此传统方法也可称为"以数量为基础"的成本分摊方法。

人工分配制造费用的方法在传统制造企业是合理的。由于大多数企业只生产很少或几种产品，所以产品成本最大的构成因素是直接人工成本和直接材料成本。在产品成本中，这两种成本占很大一部分，而制造费用所占的的比重却很小。因此，少量的制造费用按构成产品成本主体的直接人工分配，其误差是非常微小的，产品成本信息也是相当准确的。在数据的收集和处理上花费更多并不能增加成本的准确性和有用性，因此人们很难接受复杂的分配间接费用的方法。随着科学技术的迅速发展和国际竞争的加剧，企业及其生产经营环境也在发生着巨大的变化，传统成本分摊方法也因此遇到了两大问题，主要表现为：

第一，固定的制造费用增加，直接人工比重下降，从而使制造费用分配率高，易造成产品成本失真。科技进步所带来的资本密集反映到生产工具上就是设备价值提高但经济寿命缩短，而设备价值提高和经济寿命缩短反映到会计上就是单位会计期间内的固定资产折旧增大，即制造费用增大。科技进步还使企业需要越来越多的高素质生产人员，这些人要熟练掌握现代科学技术，甚至可以"以一当十"。其结果往往导致传统方法下的用以分配制造费用的直接人工工时大大减少。竞争对制造费用和直接人工工时也有相似影响，在制造费用增大和直接人工减少的双重作用下，传统成本分摊法的制造费用分配率加大，而且生产的自动化程度越高分配率越大。过大的分配率即使在产品工时误差不大时，产品成本也会出现巨大误差。但显然这是由于成本分摊方法本身所造成的假象，而不是真实的产品消耗。

第二，随着与工时无关的费用的逐渐增加，用不具因果关系的直接人工或机器工时等标准去分配这些费用，成本信息必定会产生虚假。科技发展促进了生产力的提高，生产力的提高使大多数市场成为买方市场，满足顾客个性化、多样化的需求已成为潮流。激烈的竞争使传统的少品种、大批量生产模式变为多品种、小批量的生产模式。这样就会使与单个产品生产工时无关的费用大大增加，比如设备调整准备费用、搬运费用、质检费用、设计费用、试验费用、采购费用等一系列间接费用。认真研究还会发现，很多间接费用与产出数量并无对应关系，如设备调整的准备费用、生产管理费用、工模具费用以及设备维护费用等。如果强行把这些与产品生产工时无关的费用按工时分配给产品，其分配结果必然是扭曲的。例如某种产品用工时很多，而用于质量检验的费用却很少，那么在传统成本分摊方法下，该产品一定是多分了质量控制费用。又比如，一种产品需要的工模具费用很高，但加工时间很短，在传统成本分摊方法下，该产品一定少分了工模具费用。另外，以工时为基准的成本计算体系是以基本劳动时间为基础的，即以基本劳动时间为分配的基本标准。基本劳动时间是按加工生产时间统计的，不包括原材料采购、模具加工、搬运以及转换产品时调整准备所花的时间等，甚至排除了质量检验、设备启动的时间。这样，所统计的产品耗用工时远远小于实际，从而加大了成本扭曲程度。以上几个问题都是掩盖了成本发生的实质，因此造成了不同产品之间的"成本转移"。传统成本分摊方法往往会造成不同批量、不同工艺、不同规格品种之间的成本转移，产品成本失真。产品成本信息失真将给公司经营决策、成本控制以及财务报告等都带来不利影响。

　　第一，扭曲的产品成本信息，导致扭曲的产品毛利信息，从而会使公司进行不恰当、不获利的经营决策。例如：企业某产品传统成本法提供的单位产品成本是每件 200 元，企业在市场上以每件 240 元销售，每件毛利率 20%，如果通过计算，该产品的真实成本是 230 元，那么，企业实际上是在微利或者亏损状态下经营；反之，若该产品真实成本是 170 元，当竞争对手降价到 195 元，企业根据传统成本法提供的成本信息（即单位产品成本 200 元）认为企业不能再降价销售，而应退出市场。其实，根据该产品真实消耗，企业产品的保本价应在 170 元，如果降价到 190 元，仍有 11% 的毛利。可见，扭曲的成本信息不利于企业采取正确的策略，往往会使企业做出错误的判断，招致经营失败。同样道理，在投招标产品进入或退出市场、扩大或缩小市场决策，以及相应的资本支出决策中，扭曲的产品成本信息可能导致判断失误，甚至战略决策错误，具体表现为：大量销售低盈利甚至亏损的产品，而放弃了盈利水平高的产品市场；错误地计算了与各个客户相关的成本，从而导致拥有一批不获利的顾客，即企业提供给客户产品的总成本高于客户所愿意支付的价值，更为严重的是企业并未认识到这个问题；错误地进行半成品外购、自制决策；做出错误的资本支出决策；等。

　　第二，产品成本信息扭曲还可能导致成本失控和财务报告的可靠性降低。传统产品成本法提供的综合成本信息不利于成本改进，而扭曲的成本信息往往给成本控制提供错误的方向，最终导致成本改进和成本控制的失效。更重要的是，由于成本信息歪曲不实，企业财务报告的可靠性和公允性也大打折扣。这是因为产品成本对企业利润大小的影响是至关重要的，产品利润是实现企业净利润的基础，如果这个基础都不可靠，那就更谈不上企业净利润。传统成本法对成本控制有效性的影响具体表现为：①昂贵的设计成本。为了降低直接成本或单位变动成本，传统成本系统一般在产品设计时忽略使用通用件，其结果往往供产生成本大大增加复杂性。②昂贵的工艺成本。先进制造企业提倡以大量方便流动的小设备代替少量的大型设备，以增加生产和管理的弹性。但传统成本系统与之相反，认为大型设备购价往往低于多台小设备，大型设备的直接人工也低于多台小设备的直接人工，因而采用大设备的成本较低。实际上，这往往会增加生产计划及调整的难度，加大了存货数量以及材料处理的难度，增加了生产线维持和监督管理的成本，产品的实际成本往往是升高而不是降低。③制定错误的成本战略，盲目地削减成本，反而导致产品成本急剧增加。

尽管传统成本计算方法对制造费用的处理并不科学，但是它能长期存在也是有原因的，除了惯性和企业多样性，还有一个重要的原因是它计算简便。但在经济一体化、科技高速发展的今天，这种方法就不一定适合了。传统成本计算法通常不能准确把握单位产品与制造费用之间的因果关系，使用这些有缺陷的成本信息很可能导致公司在成本控制、业绩评价、产品获利能力以及经营战略决策等方面的机能失调，公司自动化的效益可能因此被抵消，最终使公司利润下降。鉴于传统成本计算方法在现代成本计算中的种种缺陷，还应考虑用作业成本法来计算企业的物流成本。

二、作业成本法

（一）作业成本法的背景

作业成本法，又名作业成本计算或作业基础成本制度，20 世纪 80 年代末在西方国家广泛兴起并首先应用于先进制造企业的一种全新的成本核算方法。

作业成本法的产生，最早可以追溯到 1952 年，美国人埃里克·科勒在《会计师词典》一书中首次提出了"作业""作业账户""作业会计"等概念。

1971 年，乔治·斯托布斯教授在《作业成本计算和投入产出会计》中又对"作业""成本""作业会计""作业投入产出系统"等概念作了全面系统的讨论。

1986 年，美国哈佛商学院首次在 John Deere Component Works（A）and（B）案例系列中使用 ABC 一词。但最先对这一词给予明确解释的是哈佛大学教授罗宾·库伯和罗伯特·卡普兰。作业成本法的产生不是偶然的，而是必然的，是在科技进步、生产方式变革、计算机技术发展等因素的共同作用下产生并发展起来的。

20世纪70年代以来，高科技的发展对社会生产的发展起到了巨大的推动作用。日本及欧美各国纷纷开始采用自动化生产、计算机辅助设计以及计算机制造技术，这既为生产经营变革开了头，也为其提供了技术基础。在这种情况下，为了正确计算产品成本，提供更广泛和准确的成本信息，满足企业经营管理的需求，就须把成本计算的重点放到间接制造费用上去。显然，传统的成本核算方法已不能满足不断变化的企业经营管理的需要。

自20世纪80年代末提出ABC概念后，会计理论界对ABC研究的兴趣持续高涨。90年代前期，美国的《管理会计》《成本管理杂志》《哈佛商业评论》以及《注册管理会计师杂志》等会计刊物已发表了数以百计的关于ABC的论文。但之后的一段时间，很多公司又由于种种原因放弃使用ABC，理论界对ABC的研究也逐渐趋于冷静，更有人质疑ABC的正确性及适用性。随着ABC在越来越多的公司、行业应用，特别是相关应用软件的开发应用，ABC的发展又迎来一个新的高峰期。

目前，ABC的应用已由最初的美国、加拿大、英国向大洋洲、亚洲、美洲以及欧洲等国家扩展。在行业领域，ABC也由最初的制造业扩展到商品批发、零售业、金融保险机构、医疗卫生等公共用品部门，以及会计事务所、咨询类社会中介等机构。据有关研究，公司内部使用ABC信息最多的两个部门是会计和财务，其他按使用频率依次为生产、产品管理、工程设计和销售部门。

ABC应用最重要的决策领域包括确定公司发展机会、产品管理决策和作业过程改进等方面，应用最多的领域包括生产加工、产品定价、零部件设计和战略重点的确立等。

(二) 作业成本法的基本概念

作业成本法是一种科学的成本管理方法。在了解作业成本法之前，必须先了解它的一些基本概念。

1. 资 源

资源是作业的成本和费用的来源，是企业生产耗费的最原始状态。如果把企业整体当成一个与外界进行物质交换的投入产出系统，那么所有与该系统相关的进入该系统的人力、财力、物力等都属于资源的范畴。比如制造型企业所需的人工工时、机器工时、原材料、低值易耗品以及生产用水、用电等，都属于企业资源。一般情况下，根据企业财务部门所编制的预算就可以比较容易地了解各种资源项目。在制造企业中，典型的资源项目包括：原材料、辅助生产材料、动力燃料费用、折旧费用、办公费用和人工费用等。我们在进行作业成本核算时，所以把资源作为一个重要的范畴，主要因为在成本核算方面需要反映以下两个问题：

（1）要找到资源动因，要反映出该作业都消耗了哪些方面的资源，以及资源是如何被消耗的，以便把资源耗费按资源动因逐一分解并分配到不同作业中去。如果某项资源耗费可以直接显出是哪项作业耗费的，可以直接将其计入该作业，但如果某项资源呈混合性耗费状态，支持多种作业的发生，则须要选择合适的量化依据将资源消耗分配到各个相关作业中去，这个量化依据就是资源动因。

（2）要把"有用消耗"和"无用消耗"区分开来，以便把无用消耗的资源价值汇集到不增值作业价值，最终把有用消耗的资源价值分解到作业成本中去。

资源一般分为：货币资源、材料资源、动力资源、人力资源。

2. 作业、作业链和价值链

在作业成本核算中，作业是连通资源耗费和产品成本的桥梁，是汇集资源耗费的首要目标。美国会计师詹姆斯·布林逊在《作业会计》一书中表达："作业是企业为提供一定量的产品或劳务所消耗原材料、人力、技术、方法和环境等的集合体。"任何企业的生产经营过程都是一系列实实在在的资源投入和效果产出的过程，而作业在沟通资源与产出（最终产品）之间架起一座"桥梁"，贯穿企业生产经营活动的全过程。在作业成本法中，企业管理深入到作业层次以后，现代企业实质上就成为为了尽量满足客户需求而设计的一系列作业的集合体，而我们通常把这个有序的集合体称为作业链。在这条作业链中存在着"资源——作业——产品"这样一组关系，可以解释为：作业耗用资源，产品耗用作业。企业每完成一项作业，就一定会消耗一部分对应的资源，同时又一定会有一定量的产出转移到下一项作业中，逐步结转，最终形成企业产品。作为企业内部作业链的最后一环，这个最终产品凝结了作业链的价值并最终提供给客户。因此，作业链也可被称为价值链，作业推移也表现为价值在企业内部的逐步积累和转移，最后形成转移给客户的总价值，这个总价值即产品成本。因此，作业链的形成过程也就是价值链的形成过程。

3. 作业成本习性分析

作业成本习性主要反映成本总额与业务量之间的关系，它是传统管理会计进行最优管理决策和进行变动成本计算的一个重要依据。传统管理会计将成本划分为固定成本和变动成本两大类，将混合成本也分解划分到固定成本和变动成本之中。当直接成本在产品成本中比重较大时，传统成本习性分析是有效的。但在高技术生产条件下，当间接费用的比重较高时，传统成本习性分析掩盖了间接费用的可变性，不利于成本控制和把握投入与产出之间的本质联系。作业成本法则以改进间接费用的分配为主要目标，深挖间接费用产生的原因，对成本习性进行了更深入的分析。

作业成本法认为，大部分间接费用与产量无关，而是与作业量相关，按成本动因可将成本分为短期变动成本、长期变动成本和固定成本。短期变动成本，是指与产品产量呈正比变动的成本，它与传统的变动成本意义相类似，都是以产品产量为基础，因此对短期变动成本应采用数量相关的成本动因。长期变动成本，是指在较长时间内不随产量变动，而是随作业量变动的成本，此类成本应采用非数量相关的成本动因作为成本分配基础，即与作业量相关的成本动因。固定成本从长远来看是变动的，但在一个既定的时期内不随任何作业量变动。固定成本从短期来看是固定的，因为在短期内，企业的产量较为稳定，但从长期来看则是变动着的，因为生产规模的变化必然引起固定成本的增减。

4. 成本动因

对成本习性进行分析的一个重要原因就是为了辨别各种成本动因。1987年，库伯和卡普兰提出了"成本动因"的概念，他们认为ABC要连接间接成本与隐藏其后的推动力，而成本动因就是这个推动力。所谓成本动因，就是决定成本产生的活动或事项，它能决定成本的产生，支配成本的行为，它既可以是一个事件、一项活动，也可以是作业。所以，要想把间接成本分配给产品，就必须了解成本行为，正确识别成本动因。根据成本动因在资源流动中所处的不同位置，通常将其分为资源动因和作业动因两大类。

资源动因。作业量的多少决定着资源的耗用量，二者之间的这种关系就是资源动因。资源动因作为计算资源消耗量与作业量关系的标准，解释了资源被作业消耗的不同方式和原因，也反映了资源耗费的情况，是资源成本分配的依据。比如，人工费用主要和从事各项作业的人数有关，那么就可以以人数作为资源动因向各项作业分配人工费用。

作业动因，即作业发生的原因，指作业成本分配至最终产品或劳务的方式和原因。反映产品消耗作业情况，是作业成本分配的标准，也是沟通资源耗费与最终产品的中介。例如，产品的设备维修费可以与其相关的维修小时作为作业动因来分配与之相关的费用。

（三）作业成本法的基本原理

由于产出又消耗了作业，作业消耗了资源，因此作业成本的形成应是资源通过资源动因分配给作业的，而作业成本又是通过作业动因分配给产出的。成本动因是一个十分重要的量化基准，即作业动因是产出消耗作业的量化基准，资源动因是作业消耗资源的量化基准。

ABC涉及两个阶段的制造费用分配：第一阶段，把有关生产或服务的制造费用

（资源）归集到作业中心，形成作业成本；第二阶段，通过作业动因把归集在作业成本库中的成本分配到产品或服务中，最终算出产出成本。

ABC使传统分摊成本方法的"黑箱"——作业箱被打开，在计算产出成本时，已不仅仅是资源越过作业分配到产出，而是通过作业链分析，找出相应的作业和作业链，进而找出作业与资源、产出与作业的关系，合理地进行成本分摊。当我们把作业黑箱打开并把它作为连接资源与产出的中介时，就走进了一种成本计算方法的新方法——作业成本法。

（四）作业成本法与传统成本核算方法的比较

作业成本法与传统成本核算方法有着本质上的不同。

1. 社会背景不同

传统成本核算法于20世纪初期形成，到20世纪中后期已发展得较为成熟。其间，社会生产不够发达，社会产品相对不足，市场属于卖方市场，从而使社会产品也带有常规化和量化的特点。随着社会的发展，西方发达国家逐渐进入富裕社会，人们大大增加的可支配收入使消费选择更具多样化，主要表现为由过去的只追求满足生存需要转变为追求标新立异、突出个性，消费种类变得多样化。这种变化表现在企业方面就是生产更多样化的产品，因而企业生产变为多样化、个性化，作业成本法恰好能满足此种情况下成本计算的需要。

2. 对成本内涵的认识不同

传统成本核算方法认为，成本就是企业生产经营所耗费的资金的总和。尽管这一观点对成本应包括的客观内容及其经济实质进行了概括，但它仅能揭示成本在经济学上的意义和内涵。要想更深一层地揭示成本在会计学上的内涵，就要将其与企业经营管理的求和成本在其形成过程中所表现出的特点相结合来进行概括。作业成本法正是从这个角度出发来认识成本内涵的，并将成本定义为资源的耗用，而不是为获得资源而造成的支出；在作业观念下，作业被当作费用发生与成本形成的中介，成本是一个与作业相联系的、多层次的概念。

3. 对成本的计算对象认识不同

在传统成本核算中，人们往往只注重产品成本结果，所以说传统成本的计算对象是企业生产的各类产品，而且一般都为最终产品。而作业成本法不仅关注产品成本结果，更关注产品成本形成的原因以及过程，重点关注成本发生的前因后果，从而造成了它对成本计算对象的多层次要求。作业成本法不仅将最终产品作为成本计算对象，还将资源、作业等都作为成本计算的对象，它在传统成本核算方法的基础上，拓宽了成本核算范围。在传统成本核算法中是根据人工工时对制造费用进行分配的，从而计算出产品的单位成本及总成本，产品成本由直接材料、直接人工和制造费用三部分组成。而在作业成本法下，成本计算程序是产品消耗作业、作业消耗资源。至于生产费用，则应据其发生的原因，汇集到作业中，计入作业成本，最后根据产品所消耗的作业量，将作业成本计入相关产品成本。由此可见，两种成本计算方法在处理直接成本时都是直接计入产品成本，几乎无差别。但在间接费用的分配上，作业成本法将成本源头作为切入点，将单一的标准分配改为多标准的按成本动因分配，即先根据产生的原因把资源费用汇集到作业，再按产品消耗的作业量，将作业成本计入产品成本中，提高成本计算的准确性。

4. 对成本的经济内容认识不同

在传统成本法中，产品成本只是制造成本，在经济内容方面只包括与生产产品直接相关的费用，而企业管理和生产经营过程中产生的费用以及产品销售费用则被当作期间费用处理，成本项目按产品成本费用的用途进行设置。而在作业成本法中，产品成本就是完全成本。对企业而言，只要该企业的费用支出是合理的、有效的，就都可算是对最终产出有益的支出，都会计入产品成本。作业成本法下也有期间费用，但是这个期间费用只是用来汇集各种无效的、不合理的支出，即消耗资源但没有增加任何产品价值的一系列支出。因此，作业成本法中的期间费用可以通过各种方法消除，并且也应该被消除。

5. 对费用分配标准的认识不同

在传统成本法中，间接费用是按生产工时或机器台时为标准来分配的。在作业成本法下，间接费用按作业数量为标准来分配。作业成本法的分配基础不仅发生了量变，也发生了质的改变，它不再局限于传统成本核算的单一数量分配，而是集财务变量与非财务变量于一身，并着重强调非财务变量，比如产品的零部件数量、调整准备次数和运输距离等。由于作业成本法的分配基础与产品实际消耗费用的相关性较高，所以反映的产品成本信息也相对准确。

6. 适用的范围不同

传统成本核算法根据人工工时分配间接费用，适合间接费用的数额相对较小，且与直接人工成本相关，比如劳动密集型企业。在现代社会，高新技术蓬勃发展并被广泛应用于生产领域，生产过程变得高度自动化，人工成本大大降低。相对于过去而言，间接费用占总成本的比重大大增大，并且逐渐失去了与人工成本的联系，如果再盲目用传统方法分配间接费用，将导致成本信息的真实性和准确性降低。作业成本法将单一标准的间接费用分配为多标准的间接费用分配，从而降低了上述情况的发生概率。这些都是作业成本法能够满足现代企业的需要，适用于现代企业的原因。

(五) 对物流作业成本法核算适用性的分析

在现代生产企业的物流运作方式下，若沿用传统成本法核算物流成本，很难科学、准确地对物流成本进行控制和掌握，但现如今的物流运作方式与作业成本法正相吻合。

1. 用作业成本法进行核算使成本核算的控制和分析更具科学性，对间接成本的分配也更为合理。作业成本法正是针对一些制造费用（生产企业）与间接费用（生产和服务企业）比例较高的企业提出的。制造企业的物流活动过程中会涉及很大一部分间接费用，而且不能直接归入到直接成本之中。通常，物流成本是以企业间接费用的形式存在的，而作业成本法恰好适用于这种条件下。作业成本法通常采用多种标准来分配物流成本，即根据不同的成本动因来分配各项物流成本，准确反映出不同物流作业对象的特性，反映不同的物流工艺过程对成本产生的不同影响。

2. 作业成本法体现了现代企业物流成本管理的价值观念。它适用于品种结构复杂、工艺多变或经常发生调整的产品（服务）的生产作业。企业物流活动提供的是一种"无形的服务"，其物化就是企业生产的产品，并且每种产品对服务的要求都是不一样的。同时，作业成本法能帮助企业准确掌握其所提供的物流服务成本，有利于企业进行产品定价、客户盈利性分析以及流程改进等。在企业物流成本管理中，作业成本法不但可以剔除无效成本，甚至可以再造整个物流流程。

3. 作业成本法使企业的物流绩效评价与考核更加便利。通过建立的作业（也就是各个责任中心），可以真实准确地核算各种产品在生产经营过程中的物流资源消耗情况，它比传统成本核算法容易发现其中出现的问题和差错，并深入分析问题产生的原因，进而发现物流成本超支、节约的各项技术、组织与管理等方各面的原因，明确职责所在。职责明确了，各方面的工作也就更易于协调，从而达到改善物流管理、降低物流成本的最终目标，从而明确市场机制下各部门、各环节管理人员在物流成本中的责任，也便于对物流绩效进行评价与考核。绩效评价是一个十分有效的管理工具，建立绩效评价的主要原因就是不断地改进物流系统，它通过计算各项作业的效率，不断改进物流系统。一个好的绩效评价系统能够缩短订货至交货所用的时间，改进物流系统，降低物流成本，提高物流作业的效率和物流的服务质量。

第五章 现代企业生产物流质量控制

生产物流质量是一个系统性的概念。一方面,在物流作业活动过程中,各环节的资源、技术、设备等的质量都有具体的定性定量的质量标准描述,可以直接确定质量以及操作规程;另一方面,物流是为客户提供时间效应以及空间效应的物流服务,是根据客户的不同需求提供相对应服务的,完善的物流服务促使企业必须具有一套完整的物流质量考核和评价体系。

第一节 生产物流质量控制的特点和方法

一、生产物流质量控制的特点

(一)全面性关注

影响生产物流的因素有很多,而且往往具有综合性、复杂性和多变性等特点,因此只有深入透彻地分析各种相关因素,把握其内在规律,才能对其做出有效的"回应"。生产物流质量的控制对象不仅包括"物",还包括工作质量与工程质量等,只要是与产品的符合性质量、最终成本、交货期相关的因素,都在生产物流质量的控制范围之内。

(二)全程性监控

生产物流质量控制即对生产物流全过程的控制。每一个生产环节都会对物流质量产生影响,控制就是为了尽量将这些影响减到最低,保证生产过程顺利进行。生产过程中的各工序之间是紧密相连、环环相扣的,如果我们能严格控制每一道工序的质量,保证按照预定目标进行交付,那么,在每一环节的层层控制下,一个完整的生产物流质量控制系统就形成了。

(三)全员性参与

由于生产物流涉及企业各个部门以及各类人员,所以对生产物流质量的控制也就不能局限于与生产直接相关的部门和人员。如果仅靠提高生产技术和引进先进控制方法，而不调动全体人员的积极性，是绝对达不到预期目的的。控制活动应是伴随着大规模的教育和培训，通过对员工灌输质量意识和质量控制手段，使生产物流质量控制活动能够自觉、准确、高效地完成。

二、生产物流质量控制的方法

（一）戴明环的基本解释

PDCA 循环又被称为质量环，实际上也是按照这样的顺序进行质量管理，并且循环不止地进行下去的。它最早于 1930 年由休哈特构想而成，是管理学中的一个通用模型。1950 年，美国质量管理专家威廉·爱德华·戴明再度对其研究并加以广泛宣传，将其应用于改善产品质量。

1900 年 10 月 14 日，威廉·爱德华·戴明出生于美国艾奥瓦州的苏市；1921 年，他从怀俄明州立大学毕业，并取得了电气工程学士学位；1925 年，他从科罗拉多大学获得硕士学位；1928 年，获得耶鲁大学的博士学位（这两个学位都是关于数学和数学物理学的）；1950 年，日本科工联合会甚至设立了戴明奖，且每年都在日本颁发用以奖励那些为统计理论做出显著贡献的人。

戴明在品质管理上的主要贡献是发表了关于品质变异产生的原因和造成的影响的见解，并提出了用以减少品质变异十四步法。十四步法中六步都是有关工作培训的。戴明认为，如果没有给予工人足够的培训，那么对于同样的任务，他们每个人就会用不同的方法去完成，所以增加了变异的可能性。在全面质量管理理论方面来看，戴明的贡献是推广了休哈特的统计过程控制理论和循环管理思想，并用实际行动将它们付诸实现。PDCA 理论是威廉·爱德华·戴明在 20 世纪 50 年代提出的，主要目的是为解决问题的过程提供一个简便易行的方法。1950 年，戴明担任日本产业界的讲师和顾问，他帮助日本整顿并创立了产业制度，塑造了风靡世界的独特的日本企业管理模式。他的主要目的是，在持续改善的过程中运用 PDCA 循环重建日本产业，从而使它们在世界市场中具有很强的竞争力。

P（plan），计划，即确定方针和目标，以及制订具体的活动规划；D（do），执行，即先根据已知的信息设计具体的方法、方案和计划布局，再根据设计和布局实施具体运作，最终实现计划中的内容；C（check），检查，指总结执行计划的结果，分析对错，明确效果，找出问题；A（action），行动，即处理总结检查的结果，肯定正确的实践经验，并予以标准化，而且要吸取失败的教训。对于尚未解决的问题，就交给下一个 PDCA 循环去解决。

以上四个过程并不是运行一次就结束了，而是周而复始，不断循环的。一个循环解决了一些问题，再将未解决的问题带入下一个循环，不断地阶梯式上升。

PDCA 循环是全面质量管理所应遵循的科学程序。质量计划的制订和组织实现的过程即全面质量管理活动的全部过程，这个过程就是 PDCA 不断周而复始循环运转而成的。PDCA 循环不仅应用于质量管理体系中，还适用于一切循序渐进的管理工作。

（二）戴明环的现代观点及应用

1. 戴明环的现代观点

P（计划）——包括三小部分，即 goal（目标）、实施 plan（计划）和 budget（收支预算）。

D（设计）——设计方案和布局。

C（管理）——check（检查）、communicate（沟通）、clean（清理）、control（控制）。

A（执行）——act（处理总结检查的结果）、aim（按要求行事，如改善、提高）。

2. 戴明环的应用

（1）计划阶段。通过市场调查、用户访问等形式，摸清用户对产品质量的要求，确定合适的质量政策、质量目标和质量计划，包括现状调查、确定要因和制订计划。

（2）设计、执行阶段。实施第一阶段所规定的内容，并根据质量要求进行产品设计、试制、试验以及执行计划前的人员培训。

（3）检查阶段。主要在计划执行过程之中或执行之后进行，检查执行情况和结果，看是否满足预期的计划效果。

（4）处理阶段。根据检查结果来采取相应的措施巩固成绩，把成功的经验尽可能纳入标准中，并把遗留问题转入下一个 PDCA 循环中去。简而言之，巩固成绩并做出下一步的打算。

（三）戴明环的循环过程

戴明环的循环过程可以划分成：分析现状，发现问题；分析各种影响质量问题的因素，找出造成质量问题的主要原因；针对主要原因，提出解决的措施；检查执行结果是否达到预期目标；总结成功经验，制订相应的标准；把遗留问题或新出现的问题让下一个 PDCA 循环去解决。

具体来说，PDCA 循环可以分为：

1. P 阶段

即根据顾客要求和组织方针，为提供结果建立一个必要的目标和过程。

（1）选择课题，分析现状，发现问题。

强调对现状的分析和发现问题的意识、能力，解决问题的第一步就是发现问题，也是分析问题的必要条件。开发新产品所选择的课题范围必须以满足市场需求为基础前提，以企业获利为根本目标。同时要根据企业的技术、资源等综合能力来确定具体的开发方向。课题作为研究活动的"入口"，在选择时一定要谨慎。如果没有通过实际的市场调研来确定课题的可行性，很可能会带来决策上的重大失误，甚至有可能在投入大量人力、物力资源后设计开发失败。一个企业如果不能及时掌握市场发展动态信息，就可能出现下述情况：企业大费周折开发的新产品在另一个企业早已是普通产品，从而造成人力、物力、财力资源的严重浪费与损耗。所以，选择一个合理的项目课题可降低开发失败率，降低投资新产品的风险。选择课题时还可以借助调查表、排列图、水平对比等一系列有用的方法，使市场信息能够结构化、较直观地呈现出来，从而有助于企业做出正确决策。

（2）确定目标，分析产生问题的根源

分析产生问题的原因对于解决问题来说是至关重要的，运用类似头脑风暴法这样的集思广益的科学方法，就可以较轻松地找出问题产生的原因。明确了研究活动的主题后，就要设定一个活动目标，也就是对活动所要达到的目标制订一个标准。这个目标要是定性和定量的，指标要尽可能用数量来表示，而那些不能用数量来表示的指标也要明确。目标是一个用于衡量实验效果的指标，所以目标的设定应是有理有据的，要通过对现状进行调查和比较来获得。比如企业想研发一种新药，就必须了解政府部门所制定的药材审批政策和标准。制订目标时可以使用关联图、因果图来系统化地揭示各种可能性之间的联系，同时使用甘特图来制订计划时间表，从而监督研究进度并进行控制与调整。

（3）在各种方案中选择最佳方案，区分主次因素是最有效解决问题的关键之处

创新并非单指发明创造新产品，还包括产品革新、产品改进和产品仿制等活动。其过程就是设立假说，然后验证假说，目的是从一些影响产品特性的因素中找出优秀的原料搭配以及合适的工艺参数搭配和工艺路线。由于在真正的实践中，要想把想到的所有实验方案都实践一遍是不大可能的，所以在各种方案中选择最佳方案是一个较有效率的方法。而且筛选出来的最佳方案，也使统计质量工具能够发挥较好的作用，比如正交试验法、矩阵图法等都是效率比较高、效果比较好的工具方法。

（4）制订对策与计划

有了好的方案，其中的细节也是不能忽视的。如何将计划的内容完成好，这就涉及将方案步骤化，具体化，逐一制订对策，明确规划方案中的"5W1H"，即why——为什么制订这个计划、what——想要达到什么目标、where——在何处执行、who——由谁负责、when——什么时候完成以及how——如何完成。使用这样的决策

程序，方案的实施步骤将会得到具体的分解。

2. D 阶段

D 阶段即根据已经掌握的内外部信息，按既定计划、目标明确具体的行动方法、方案，并进行布局，再根据具体的设计方案进行具体操作，努力实现预期目标。

（1）对具体的行动方法、方案进行布局，并采取有效的行动。把产品的质量、能耗等预先估计出来，通过利用组织内外部信息做出适当的设计和决策，是当代组织最重要的核心能力。设计水平和决策水平都决定着组织执行力。

（2）制定完对策后就开始了实验、验证阶段，也就是所谓"做"的阶段。在这一阶段，除了按计划和方案实施外，还必须对过程进行测量，确保工作能够按计划的进度完成。同时进行数据采集工作，收集过程中的原始记录和项目等数据。

3. C 阶段

这一阶段的主要工作就是确认实施方案是否达到了预期目标，即检查效果，评估结果。IBM 的前任 CEO 郭士纳曾说："下属只做你检查的工作，不做你希望的工作。"这句话一语道破了检查效果和评估结果的重要性。方案是否有效，目标是否完成，检查后才能得出结论。将采取的对策确认后，再对采集到的证据分析总结，将完成情况同目标值进行比较，看是否达到了预期的目标。如果没有达到预期目标，就应检查是否严格按计划实施了，如果是，就意味着对策是错误的，就要重新选择最佳方案。

4. A 阶段

（1）标准化，固定成绩。标准化是应对企业治理现状下滑，并积累、总结经验的最好办法，也是不断提升企业治理水平的基础。可以这样说，标准化是企业治理系统的根本动力，没有标准化的企业是不会进步的，甚至下滑。对于在实践中已被证明的有成效的措施，要进行标准化设置，制订为工作标准，以便于以后的执行和推广。

（2）总结问题，处理遗留问题。一个 PDCA 循环不可能全部解决所有问题，所以遗留的问题会自动转进下一个 PDCA 循环中，如此周而复始，螺旋式上升。对于那些由于方案效果不显著或者在实施过程中发生的问题要进行总结，为展开新一轮的 PDCA 循环打下基础。

（四）戴明环的循环特点

由于处理阶段是解决已出现问题并总结经验和吸取教训的阶段，所以处理阶段是 PDCA 循环的关键之处。该阶段的重点在于修订标准，包括技术标准和管理标准。没有制度化的标准，就不可能推动 PDCA 循环转动。

PDCA 循环可以使我们的思想方法和工作步骤更具条理性、系统性、图像性和

科学性。它具有如下特点:

1. 大环套小环,小环保大环,推动大循环

作为质量管理的基本方法,PDCA 循环不仅适用于整个工程项目,而且适用于企业内的科室、工段、班组、个人以至整个企业。根据企业总体的方针目标,各级部门建立自己的 PDCA 循环,环环相连,形成"大环套小环,小环里面又套更小的环"的模式。大环是小环的母体和依据,而小环又是大环的分解和保证。各部门的"小环"都围绕着企业总目标这个"大环"朝同一方向转动,通过层层循环把企业上下各级部门的各项工作有机地联系起来,相互促进,协同发展。

2. 不断前进,不断提高

PDCA 循环就像是爬楼梯一样,每结束一个循环运转,生产的质量就会上一层。接着再制订下一个循环,运转,提高,这样不断前进,不断提高。

3. 门路式上升

PDCA 循环不是在同一水平上循环的,而是每循环一次,就解决一部分问题,取得一部分成果,工作就完成一步,水平就进步一阶。而每一次 PDCA 循环后,都要进行成果总结,提出新目标,再进行新的 PDCA 循环,从而使品质治理的雪球越滚越大。也就是说,PDCA 每循环一次,品质水平和治理水平就更进一步。

(五)戴明环在我国企业中的应用

我国成长型企业通过结合自身的管理实践情况,把 PDCA 简化为 4Y 管理模式,对这一经典理论填充了新的内容。4Y 强调结果导向,其内容主要表述如下:

1. 计划到位(Y1):好的结果离不开充分的事前准备和有效的协同配合。

2. 责任到位(Y2):计划的完成需要行动的支撑,责任分配到位才会有真正的行动,我国成长型企业普遍存在指令不清、责任不明的情况,所以责任到位十分重要。

3. 检查到位(Y3):人们不会主动做你期望的,只会做你监督和检查的。

4. 激励到位(Y4):有激励才有动力,所以激励一定要到位。

三、生产物流质量控制的原则

(一)预防和检验相结合,以预防为主

对生产物流的质量控制可分为事前控制、现场控制和检查检验。事前控制是指,在各种影响工序质量的因素与隐患发生之前就加以避免;现场控制可以及时察觉生产过程中的异常情况,及时采取措施加以纠正;对生产出的产品和零部件进行严格的检查,可以防止不合格品流入下一道工序,杜绝不合格品交付顾客现象的出现。生产物流的全过程不仅包括物料的流动,而且包括物流资金和信息的流动,如果只

在工序完成之后进行检验,那么一旦出现误差,就意味着人力、财力、物力、时间、信息投入被浪费。所以,我们强调对生产物流的全过程进行质量控制,以预防为主,要把事前控制、现场控制和检查检验相结合。

(二) 工艺管理

按质、按量、按期地完成生产计划是生产物流过程中的主要任务,而完成这一任务的主要依据是工艺标准、质量控制和生产作业计划,这三者必须相互协调,不可偏颇。一味追求高质量,往往造成生产数量的下降和生产时间的延迟,而单纯追求数量和生产提前期,也会使产品质量得不到保证。生产工艺是生产物流过程的规范,工艺管理是现场质量控制的主导,控制物流、保证均衡生产和文明生产,是进行现场质量控制的基本条件。

(三) 点、线、面的协调

管理要重点管理关键、特殊工序的重要质量特性和部位,设立工序质量控制点。对于重要生产线要以控制点为核心,对整个生产线的现场进行控制,对于所有生产工序均按规定运用各种控制方法进行全面控制。由于各种生产方式的特点不同,对于质量控制的关键点也就有所差异。对于大批量流水式的生产方式而言,由于生产过程相对封闭,随时中断,关键控制点只能在对产品质量影响较大的关键工序中选择。由于多品种中小批量生产采用成组技术,工作地方也是相对固定的,在成组单元内成批地进行重复的加工工序,因此关键控制点应在成组单元内的关键设备中选择。单件小批量生产方式的生产品种相对单一,生产物流过程质量控制的关键点应选择关键零部件的加工工序。

第二节 生产物流质量控制的因素

生产过程是以最经济的方法,按照质量、数量、时间、工艺的要求,生产出符合设计规范的产品,并严格控制其质量。生产物流质量控制是实现生产意图、保证产品质量的重要环节,也是企业目标得以实现的重要保证。

生产物流过程质量控制的核心是工序质量控制,它的主要任务是:把质量特性值控制在规定范围内,控制生产过程,从而确保生产的产品是合格的。但如果波动范围定得太大,产品质量就得不到保证,波动范围定得太小,质量控制的难度和成本就会增加。

生产物流过程的质量是产品设计、工艺选择、工装设备、物资供应、计划调度、人员培训、计量检验、安全文明、人际关系、劳动纪律等一系列工作在生产现场的综合反映，是诸多因素的综合结果。总体来说，我们可以将这些影响因素归纳为5M1E，即操作人员、体制、机器设备、工艺方法、测试手段以及环境条件。生产物流过程的质量控制的表现就是对这些因素进行控制。

第一，人员因素。包括人的知识结构、能力结构、技术水平、质量意识、管理意识、个人修养、责任心、归属感等各项能够反映出人的综合素质的因素。

第二，体制因素。包括企业战略、发展规划、组织结构、领导方式以及工作制度等方面。

第三，设备因素。包括物流各项装备的技术水平、设备能力、设备适用性、维修保养状况及设备配套性等。

第四，工艺方法因素。包括物流流程、设备组合及配置以及工艺操作等。

第五，计量与测试因素。包括计量、测试、检查手段及方法等。

第六，环境因素。包括物流设施规模、水平、环境湿度、温度、粉尘、照明、噪声、卫生条件等。

以上六个因素在物流过程中都对产品质量、过程质量、作业质量以及工程质量产生影响。物流质量管理的基础工作是全面监控物流过程，完善作业质量，提高工程质量，而这些也是以"预防为主"的物流质量管理的必要流程。

第三节 生产物流质量成本控制的原则

一、物流成本分类

物流成本，指物流活动中所消耗的物化劳动和活劳动的货币表现。从不同角度对物流成本进行研究，得出的概念也就不同。其中，宏观物流成本又叫社会物流成本，是对一个国家在某一时期发生的物流总成本的核算，由不同性质企业的微观物流成本构成。中观物流成本是相对于某个行业的"平均物流成本"来说的，根据标准的管理方法设立分行业的物流成本参考标准，因此又被称为行业物流成本。微观物流成本，又称企业物流成本，包括产品在包装、运输、储存、搬运、流通、加工、物流信息和管理等过程中所消耗的人力、财力和物力资源的总和以及与存货相关的资金占用成本、物品损耗成本、保险成本和税收成本。

（一）按物流成本的可控性来划分

可控物流成本是指在某一时期内责任中心能够控制所发生的物流成本，反之则称为不可控物流成本。

一项物流成本，对某个责任中心来说是可控的，但对另外的责任中心来说却可能是不可控的。例如，物流管理部门所产生的管理费，物流管理部门可以控制，但物流信息部门不能控制。还有某些物流成本对上级单位来说是可控的，但对下级单位来说却是不可控的。例如从事运输业务的司机不能控制自己的酬劳收入，但他的上级可以控制。因此，可控物流成本往往是针对某一特定的责任中心而言的。

从管理角度来讲，这种分类方法对于降低企业物流成本有着重要意义。如果可控物流成本对于特定的一个责任中心而言是可控的，那么该责任中心就必然是控制此部分物流成本的主要力量。从整个企业角度来看，所有成本都是可控的。因此，要调动企业物流管理人员，充分发挥其主观能动性，就要努力控制和降低物流成本。

（二）按物流成本的习性来划分

企业物流业务量水平的提高或降低与企业的各项物流活动相关联，物流成本总额也随之表现出一定的变化规律。据此，可将物流成本分为变动物流成本、固定物流成本以及混合物流成本三大类。

第一，变动物流成本。在物流成本中，随着物流业务量的变化而变化的成本，被称为变动物流成本，如材料消耗、油料消耗以及与业务量直接挂钩的工作人员工资支出等。变动物流成本又可根据其发生原因进一步划分为技术性变动物流成本和酌量性变动物流成本。

第二，固定物流成本。即不随物流作业量变化而变化的成本。其物流总成本保持不变，但单位物流成本与物流作业量呈相反趋势。按成本支出是否受决策者短期决策行为的影响来分，固定物流成本又可分为约束性固定物流成本和酌量性固定物流成本。

第三，混合物流成本。即随着物流作业量的变化而变化，又与其成非正比例变动的那部分成本。在实际中，很多物流成本项目兼变动物流成本和固定物流成本两种不同的特性于一身，这就不能简单地归类为固定物流成本或变动物流成本。

（三）按物流成本在会计核算中的反映来划分

按照是否在会计核算中反映，物流成本可分为显性物流成本和隐性物流成本。显性物流成本是指物流各环节的作业产生的实际费用，比如人工费、材料费、折旧费、保险费等。所有的显性物流成本数据资料均来源于财务会计资料。隐性物流成本包括企业库存占资金的机会成本以及物流质量水平不满足要求造成的损失等。这些成本由于缺少科学的计量规则并且难以准确量化，在会计核算中没有具体体现，却是客观存在的。

二、物流成本管理

物流成本管理是企业成本管理的重要组成部分，是以物流成本信息的产生和使用为基础，对物流成本的最优原则进行预测、决策、计划、控制、核算和分析等一系列科学管理活动。从物流管理和成本管理的内容方面来看，它是通过成本来管理物流业务活动，利用企业已经掌握的资源，科学合理地组织物流活动，最终实现物流运作效率的稳定。

物流成本管理包括物流成本的预测、物流成本的决策、物流成本的计划、物流成本的控制、物流成本的核算和物流成本的分析等。

（一）物流成本预测

物流成本预测属于成本预测的范围，它是物流成本决策、计划和控制的基础，是指用科学的方法分析未来企业物流成本水平以及变化趋势，同时参考企业物流成本数据做出估算。通过物流成本预测，可以使管理者掌握和了解未来的物流成本水平及变化趋势，也便于使经营管理者选择最优方案，做出适当的决策，最终实现企业的经营目标。

（二）物流成本决策

物流成本决策是指运用科学合理的方法，根据物流成本预测的内容以及相关资料，选择出最佳的物流成本方案，是企业经营决策体系的重要组成部分。

（三）物流成本计划

物流成本计划是用科学的方法确定成本决策方案，再结合计划的生产任务与降低成本的要求等有关资料，制订计划期内物流各环节的成本水平以及具体实施计划。

（四）物流成本控制

物流成本控制是指按标准对影响物流成本的各项因素进行监督控制，在出现偏差时及时采取措施来纠正错误，以确保物流过程中各环节的物流成本控制都能在事先规定好的范围之中。按控制范围来分，物流成本控制可分为狭义的成本控制和广义的成本控制。狭义的成本控制是指采用一定的方法，根据计划确定的成本目标，监督和控制物流活动中发生的各项成本支出，并及时对出现的错误进行分析和纠正，以保证把成本发生额控制在既定的成本计划范围内。广义的成本控制是一种从企业利益的长远发展层面对成本进行的全面的、综合的控制，它不仅包括对成本的事中控制和事后控制，还包括对成本进行预测、计划等事前控制。

(五) 物流成本核算

物流成本核算是指根据企业确定的成本计算对象，采用相应的成本计算方法，按照规定的成本项目，通过一系列物流费用的汇集与分配，从而计算出各物流环节成本计算对象的实际总成本和单位成本。通过对物流成本的核算，可以直观地反映出企业生产经营过程中的各种消耗，有利于对经营结果进行分析，也有利于对各种费用进行控制。

(六) 物流成本分析

物流成本分析，即通过对物流成本核算资料和其他相关资料进行研究，全面分析物流成本水平及构成，正确认识和掌握物流成本的变化规律，对影响物流成本变动的各种因素进行研究，进一步降低物流作业成本，提高企业经济效益。

三、物流成本控制原则

为了满足客户需求，完善物流服务，降低物流成本，企业在进行各项物流活动时一般都会采用比较科学、合理的物流管理技术和方法，控制物流成本。在此过程中，须要遵循以下原则：

(一) 效益最大化原则

效益最大化即尽量实现企业价值最大化，也可以理解为对企业实现持续发展的贡献最大。如果无法获取利润，企业就不能发展，但是如果仅是暂时的利润，也不能保证企业能够持续、稳定发展。尽可能地扩大企业效益是企业在进行成本控制过程中处理当前利益及长远利益的关键所在。

(二) 物流总成本最低原则

若想降低物流总成本，就不能仅仅关注某项或某种形式的物流成本，而忽视由于效益悖反造成的该成本的降低以及其他形式物流成本的增加，要以最低的物流总成本为依据来判断控制措施的合理性。

(三) 成本与服务同步控制原则

物流成本与服务质量之间是相互制约、相互影响的，物流服务质量越高，花费的物流成本也就越大，物流服务质量较低的那部分是物流成本控制的重点对象。试图同时提供高质量物流服务与控制物流成本，是不符合客观规律的。这种不符合客观规律的控制不仅无法降低物流成本，反而会使企业总成本增加。

(四) 全面控制与重点控制相结合原则

物流成本的控制要遵循全面控制的原则，不能用同一个标准来控制所有的物流成本。如果对单项物流成本进行控制所产生的费用小于控制所节约的物流成本，它就是合理的、可行的。我们还要根据重要性原则建立相关指标，对产生物流成本的事项进行分层。要抓住企业控制的重点，根据企业实际情况将那些不是特别重要的物流成本项目外包给第三方，或者用相对简单的控制方案来降低企业的整体物流成本水平。

（五）经济控制与技术控制相结合原则

物流成本管理要符合客观的经济规律，运用各种经济指标和手段，涉及会计、财务、金融、统计等各个方面。由于物流成本管理又有很高的技术性要求，所以必须同时提高物流技术水平和物流管理水平。要通过应用物流作业中的机械化和信息化技术，提高物流活动中的运输和库存管理水平，来降低物流总成本。

四、现代企业生产物流质量成本控制体系的建立

在提高物流质量成本控制水平的基础上，详细分析物流质量成本的构成要素，并结合物流质量的特点，就可以得到物流质量成本指标体系。

（一）预防成本

预防成本即为了预防企业物流活动中可能发生的故障所支付的费用，主要包括：

1.物流质量培训费用：为了达到物流质量要求或为了改进物流服务质量，对员工的物流质量意识和物流质量管理水平进行培训所支付的费用。

2.物流质量管理费用：指在物流质量管理工作中所支付的费用，例如，诊断咨询费、信息收集费、奖励费以及为了制订政策、计划、目标而编制质量手册和一些相关文件等所产生的费用。

3.物流质量改进费用：是为了保证或改进物流质量所支付的费用，如改变物流服务策略等产生的费用。

4.物流质量评审费用：在改进物流质量过程中产生的评审费。

（二）鉴定成本

鉴定成本是指为了确定检验产品及物流设备是否符合物流质量的相关要求所发生的费用，包括：

1.设备检验费：是指对物流作业设备进行检验产生的费用，包括物流活动中对包装、运输、搬运、装卸、流通、加工等各种设备进行检验，判定其是否能正常工作，并确保物流作业安全、稳定、有效运作。

2.物料检验费：是指在物流过程中对物料的质量和数量进行检验所支付的费用，比如运输过程中的货物检验、入出库物料的质量检验等。

3.鉴定人员工资及附加费：即支付给企业专门负责产品及设备检验人员的工资

及附加费。

(三) 内部损失成本

内部损失成本是指在物流作业过程中因产品自身的缺陷而造成的损失以及处理故障所支出费用的总和,包括:

1. 过期损失费:是指由无法修复或不值得修复的产品带来的损失或无法弥补的服务造成的费用。

2. 返修费:是指对不合格的产品和服务进行重新加工,以使其达到相关质量标准而花费的材料费、人工费等。

3. 停工损失费:是指由于质量不合格而造成的停工所带来的损失费用。

4. 质量降级损失费:指由于产品质量达不到规定的等级而造成的损失费用。

5. 质量事故处理费:在分析和研究质量问题时所发生的直接费用,如重新筛选或重复检验等所造成的费用。

(四) 外部损失成本

外部损失成本是指在向客户提供物流服务之后,客户在使用过程中由于物流服务的缺陷或故障所引起的一切费用的总和,主要包括:

1. 索赔费:是指由于物流质量未达到客户的要求,客户提出赔偿所造成的费用。

2. 退货费:是指由于物流质量未达到客户的要求,客户退货、换货所产生的费用。

3. 降价费:是指由于物流服务质量未能达到有关标准而降价销售所造成的损失费用。

4. 保修费:是指在合同规定的保修期内为客户提供修理服务或物流服务所产生的费用。

第六章 生产物流管理信息系统

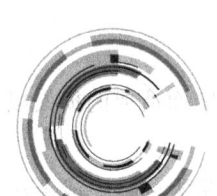

第一节 生产物流管理信息系统的结构与开发策略

一、生产物流管理信息系统的结构

(一) 系统设计的目标

在企业整体发展的战略目标和体系框架下,基于集成、系统、协调、服务的现代供应链理念,把订单信息当作核心,采用精细化、集成化的供应链物流模式,打造新的企业竞争力。

(二) 系统的架构设计

我们可按照使用信息的组织职能对系统的架构设计进行描述。系统所涉及的各部分职能都对信息有着不同的需求,需要专门设计一个与其功能相应的子系统。为了描述子系统的功能,就要建立一个完善的功能模块处理系统作为系统实施阶段的依据。比如对于生产制造企业来说,物流管理信息系统可以分为采购子系统、配送子系统和储运子系统。

1. 采购子系统

采购子系统包括供应商管理、商品订货、付款条件、验收货物等。供应链的第一个环节就是采购,所以采购的质量直接决定后续环节的实现程度。采购子系统涉及采购人员、计划人员、审计人员、监察人员、财务人员、质检人员、库管人员、信息操作人员、系统管理人员以及领导人员等相关工作者,子系统可根据不同职能部门以及不同人员的信息需求和业务逻辑来设计。

2. 配送子系统

配送子系统包括配送仓库的储存、分拣、拣货、配运、配装等流程。物流系统的作业流程中最为复杂的物流节点即配送中心,所以物流中心的主要功能为整合配送资源、划分仓库库区以及管理库存等方面。

3.储运子系统

储运子系统包括仓储管理和运输。仓储管理是对货物存储的经营管理，运输提供产品转移和产品存储两大功能。仓储和运输有效地衔接生产和消费，整合储存和运输职能，提高顾客的满意度，降低储运成本，实现服务与经济性的目标平衡。

二、生产物流管理信息系统的开发策略

对物流管理信息系统进行开发是一项艰巨的系统工程，它涉及计算机处理技术、管理功能、系统理论、组织结构、管理认识、认识规律以及工程化方法等各方面。其开发方法主要有生命周期法、原型法、面向对象法和计算机辅助软件工程法四种方法。

（一）生命周期法

生命周期法又名结构化生命周期法，其基本思想是应用系统工程思想和工程化的方法，以用户至上原则为基准，进行结构化、模块化，自上而下地对系统进行分析与设计。

（二）原型法

原型法的基本思想是用户与系统分析人员合作，根据用户要求，先在短期内建立一个能大致反映用户需求的原型，然后通过与用户反复协商来逐步完善，建立一个符合用户要求的新系统。

（三）面向对象法

面向对象法是以面向对象思想为指导进行系统开发这类方法的总称。其开发过程一般会经历面向对象的分析、面向对象的设计以及面向对象的实现三个阶段。

（四）计算机辅助软件工程法

计算机辅助软件工程法是系统开发工具与方法的有效结合，旨在为系统开发人员提供一组优化的、集成的且能大量节省人力的系统开发工具。它以系统分析和设计以及程序实现和维护等各个环节的自动化为基础，并使之成为一个整体。其解决问题的基本思路是：在生命周期法、原型法、面向对象法中的任何一种系统开发方法之中，如果在对对象进行调查后，系统开发过程中的每一步都能够在一定程度上形成对应关系，那么就可以借助专门研制的软件工具来实现系统开发。计算机辅助软件工程法常常使用查询语句、报表生成器、决策支持系统生成器以及应用软件包等软件。

第二节 生产物流管理信息系统的技术分析

物流信息技术是现代物流体系的重要组成部分，也是建立一个科学合理的物流信息系统，提高现代物流服务效率的基本保障。现代企业物流信息系统充分展现和运用了计算机网络技术、物流信息采集技术、数据库技术、电子数据交换技术、物流信息跟踪技术以及运筹学范畴的路径优化技术等一系列新技术。本章主要介绍第四章系统设计与应用中涉及的几项关键技术。

一、计算机网络技术

计算机网络技术是现代通信技术与计算机技术的结合体。计算机网络就是把分布在不同地区的计算机与专门的外部设备用通信线路相连，成为一个大规模、功能强的网络系统，从而使计算机之间可以便捷地互相传递信息，共享资源。

对于物流业来说，要想完成大量的物流业务，必须有一个畅通的信息网络支撑。由于企业内部计算机网络建设中普遍使用互联网技术和电子商务，互联网得以真正成为众多物流企业的信息基础结构。

（一）计算机网络的功能

在计算机通信基础上实现资源共享是建立计算机网络的主要目标。计算机网络有如下几个方面的功能：

1. 资源共享

资源共享即使所有网内用户均能享受计算机网络系统中的全部或部分资源，这些资源包括硬件、软件和数据等。

2. 进行数据信息的集中和综合处理

通过计算机网络，将原本分散的生产单位或业务部门联系起来，并适时把分散在各地的计算机系统中的数据资料集中，进行综合处理。

3. 提高计算机的可靠性及使用率

在单机使用的情况下，计算机的某一部件一旦遇到故障造成停机，就会造成一定损失，但当众多计算机联成网络后，各计算机互为后备，就提高了计算机的可靠性。另外，当计算机网络中某一计算机的负担过重时，可将新的作业转至网络中另一较空闲的计算机去处理，从而均衡各计算机的负担。

4. 能够将任务进行分布处理

对于综合性问题，可以采用合适的算法，将任务分配给不同的计算机进行分处理。利用网络还可将许多微型机或小型机联成具有高性能的计算机系统，使它能够解决较复杂的问题。

(二) 计算机网络的类型

可以从不同角度对计算机网络进行分类：按照交换技术可以分为线路交换网和分组交换网；按传输技术可分为广播网、非广播多路访问网和点到点网；按传输介质又可分为同轴电缆、双绞线、光纤或卫星等所连成的网络；按照网络分布规模可分为局域网、广域网、城域网和网间网；按拓扑结构可分为星形、环形、树形、总线形、全网状和部分网状网络。

1. 星形拓扑

在星形拓扑结构中，通过点到点通信线路与中心节点连接，中心节点能控制全网的通信，而且任何两节点之间的通信线路都会经过中心节点。星形拓扑结构简单，易于实现，所以在管理与维护这方面也比较方便。但中心节点也是全网可靠性的瓶颈，中心节点的可靠性很差，所以一旦中心节点发生故障，就可能造成全网瘫痪。另外，这种结构消耗线缆较多，施工比较麻烦。

2. 环形拓扑

在环形拓扑结构中，节点与点到点通信线路连接成一个闭合的环路。环形拓扑的结构简单，传输时间比较确定，但环路中每个节点与连接节点之间的通信线路都有可能成为网络可靠性的瓶颈。环路中任何一个节点出现故障，都有可能造成网络瘫痪。

3. 树形拓扑

在树形拓扑结构中，节点按层次连接，信息交换主要在上、下节点之间进行。树形拓扑可以看作星形拓扑的新的扩展，所以结构与星形拓扑相比也比较复杂。

4. 网状拓扑

网状拓扑又叫无规则拓扑。在网状拓扑结构中，节点与节点之间的连接是随机的，没有规律的，其优点是可靠性高，但缺点是结构复杂，必须同时采用路内选择算法与流量控制法。目前，人们广泛使用的广域网，一般就是采用这种拓扑结构，其中最典型的是互联网。

5. 总线形拓扑

在总线形拓扑结构中，各节点通过一个或多个通信线路与公共总线相连。总线形拓扑通常结构简单，易于扩展。其优点是网络中任何一个节点出现故障都不会引起全网故障，所以基于其可靠性高的特点而多应用于主干网。

二、物流信息采集技术

物流管理工作的基础就是数据的采集，物流企业的信息管理系统的一个重要缺点是：基于单品管理的进销调存业务会产生大量的数据，而靠键盘输入使人力成本和出差错的概率都很高，并且无法真正满足业务的实际需求。因此采集数据时应尽量避免人工收集的种种弊端，而采用自动化收集模式，这就与自动识别系统产生联系了。自动识别系统是指用不同键盘直接将数据输入到计算机系统、可编程逻辑控制器或者其他微处理器中，其中比较常见的有条码技术与射频识别技术。

（一）条码技术

条码是世界各国都通用的商品代码的表示方法。条码系统包括条码编码技术、条码符号码技术、快速识别技术和计算机管理技术，是它们的系统组合，实现了计算机管理和电子数据交换相结合。

1. 条码的构成

条码是由一组根据特定顺序排列的黑白相间、粗细不同的条状符号以及相应字符组成的。不同的条码之中隐含着不同的标志信息、字母信息、数字信息以及符号信息。它主要包括对象物（商店销售的商品或进入物流领域的货物）的名称、产地、价格以及类别等信息，相当于一部专门针对物流对象的简要说明书。目前较常用的码制有 EAN 条码、UPC 条码、128 条码、三九条码、二五条码、交叉二五条码和库德巴条码等。

2. 工作原理

条码是由若干个黑色的"条"和白色的"空"组合而成的一个"单元"。白色空对光线的反射率高而黑色条对光线的反射率低，再加上每个"条"与"空"之间的宽度各不相同，扫描光线会产生不同的反射接收效果，在光电转换设备上转换成不同的电脉冲，通过电路系统对电脉冲信号进行放大和整形，最后以二进制脉冲信号的形式输出给译码器进行译码。

（二）射频识别技术

射频识别技术（RFID）是一项非接触式自动识别技术，在 20 世纪 90 年代被广于应用。它利用射频方式进行非接触式双向通信，具有自动识别目标对象并获取相关数据的功能，其优点是精度高、环境适应性强、传输范围广、信息量大、使用灵活等。

1. 射频识别系统的构成

射频识别系统一般由信号发射机、阅读器、编程器和天线四部分组成。

第一，信号发射机。在射频识别系统中，信号发射机存在的典型形式是标签。一般用标签来存储需要识别的信息，再把存储的信息主动地发射出去，所以标签是 RFID 系统的真正载体。第二，阅读器。阅读器主要负责读取标签信息或写入标签信息。第三，编程器。编程器是一个向标签写入数据的装置。但并不是所有的标签都需要编程器，只有可读或可写形式的标签才需要编程器。编程器可以在离线（即 Off-line）状态下写入数据，但也有一些射频识别系统是在线（On-line）状态下写入数据的。第四，天线。在射频识别系统中，天线是标签与阅读器之间传输数据的发射与接收装置。所采用的天线形式和数量则应视具体情况而定。

2.射频识别技术原理

当标签进入磁场后，通过天线接收解读器发出的信号，再凭借感应电流的能量将储存于芯片中的信息发送出去，或者主动发送某一频率的信，当解读器接收到标签信息并译码后，就送至中央信息系统进行最终处理。

（三）采集技术在物流中的应用

1.条码技术在物流中的应用

第一，应用于大型超市或购物中心。众所周知，超市的货架上的每种商品上都有条码，这些商品都要经过光笔扫描、自动计价等一系列程序，并同时记录销售情况。公司可根据这些记录作统计分析，预测未来需求以及制订进货计划。第二，应用于配送中心的订货、进货、验收和出库等。先利用计算机网络终端向计算机中心输入订货信息，然后通过打印机将这些订货信息打印出来，并以条码及拣货单的形式输出。操作人员将条码贴在集装箱的侧面，并将拣货单放入集装箱中。在拣货过程中，一旦集装箱到达指定的货架，自动扫描装置会立即自动读出条码内容，并进行自动分货，大大节省了人力资源。第三，应用于库存管理。将条码技术应用库存物资，尤其是规格包装、集装箱、托盘货物上。入库时，扫面装置会自动扫描并输入计算机，经计算机处理后形成库存信息，并放出应入库区位、货架、货位的指令，反之则是出库程序。通过计算机处理，能够及时掌握物资的进、出、存数据。

2.射频技术在物流管理中的应用

射频技术广泛应用于物流配送，可以提高物流管理的效率，比如仓储管理、运输管理、商品的入库与出库、分拣、配送等程序。

第一，运输管理。由于射频识别技术中的标签可以自动定位货物和运输工具，通过在货物和车辆上贴射频标签，就可准确、迅速地完成物流配送任务，并实现对在途物资的实时跟踪。第二，入库与出库。当阅读器读取到射频标签信息时，就相当于读取了物资的相关信息，再传输给仓储中心系统，就能自动完成物资的出入库第三，仓储管理。在仓储管理中，射频技术通过存取货物与库存盘点来实现自动化的商品登记、存货和取货，增强物流管理的准确性和便利性，提高效率，降低成本，减少物流损耗。

三、数据库技术

在企业物流管理信息系统中时常要处理大量的数据，数据库技术就是主要解决如何收集、存储以及加工物流数据，如何快速、准确地使用物流数据。物流管理信息系统对数据结构和数据库的基本要求是：能充分反映企业发展变化状况，以及充分满足各级组织的管理要求，同时便于后继开发工作中的管理和维护。建立一个良好的数据结构和数据库使信息系统能够迅速、方便、准确地调用和管理所需数据，是衡量信息系统的主要指标之一。在物流管理信息系统中，运用数据库技术对数据库进行设计就是根据数据的用途、使用要求、统计渠道以及保密性能等方面的需求，来确定数据的整体组织形式以及基本结构和类别。数据库的设计过程一般分为四个阶段，即需求分析阶段、概念设计阶段、逻辑设计阶段和物理设计阶段。

（一）数据模型

1. 概念数据模型

数据库的概念设计与数据模型互相关联，概念数据模型为数据库结构设计提供了基础。概念数据模型独立于计算机系统，用于概念设计的数据模型需要具备以下特点：第一，表达能力强，能准确地表述各类型数据之间的联系和约束；第二，组成模型的概念准确，定义严格，没有多义性；第三，使用图形具有表示概念的能力，比如实体－联系模型（E-R 模型），就满足上述特点。

2. 结构数据模型。

结构数据模型可分为三个组成部分：数据结构，是实体与实体之间具体联系的实现；数据操作，即数据库的查询和更新操作的实现；数据完整性约束，即数据及其联系中应有的制约和依赖规则。常用的结构数据模型有层次模型、网状模型、关系模型以及面向对象模型。

（二）数据库的逻辑设计

逻辑设计是数据库设计的重要组成部分，是指数据按一定的分类、分组系统和逻辑层次组织起来，并面向广大用户。在进行数据库设计时需要结合用户对产品管理的需求数据，分析各数据之间的相互关系。例如分布式关系型数据库管理系统要能完全满足各种产品查询要求。数据库设计的大致步骤如下：

第一，数据库结构定义。应针对不同分布式关系型数据库管理系统的不同特点，对数据库结构进行定义。第二，数据表定义。即对数据库中数据表的结构进行定义。数据表的逻辑结构包括属性、名称、类型、缺省值、表示形式、校验规则、是否有关键字以及可否为空等。关系型数据库要尽量规范地进行数据库设计，但为了提高效率，其规范化程度也可根据不同的应用环境和条件来决定。第三，存储设备和存储空间组织。确定数据的存放地点、存储路径、存储空间以及存储设备等时，应充分考虑各版本的一致性和数据的完整性。第四，数据使用权限设置。针对不同用户，确定不同的数据使用权限，这样可以确保数据安全。第五，数据字典设计。可通过数据字典描述数据库的设计，便于维护和修改。

在数据库的设计中还应该注意以下几个问题：重组数据结构要规范化；对数据进行规范化表达后，建立关系数据结构；对数据基本结构进行规范化重组后，还必须建立整体数据的关系结构。

四、电子数据交换技术

电子数据交换技术（EDI），指企业与企业之间、企业与政府通过同一个内部网进行的数据传递和数据交换。通俗地讲，EDI 就是标准化的商业文件在计算机之间从应用到应用的传递。这些商业文件包括订单、发票、送货单、提货单、收据单、对账单以及汇款通知等。许多商户都选择 EDI 这种速度快、价格低和可靠性高的方式来传送订单、发票、运货通知和其他常用的商业文件。EDI 是电子商务的一种，但真正意义上的电子商务，不仅提供 EDI，还可以提供网络购物、网上支付、网络服务等多种服务，所以，EDI 只是一种狭义上的电子商务，它只限于为企业与企业之间提供服务，而并不向普通的消费者提供服务。

EDI 实际上是一种封闭式的、企业与企业之间的物流购销网络，简单地说就是企业的内部应用系统通过计算机和公共信息网络以电子化的方式传递商业文件的活动。

（一）EDI 的组成元素

EDI 主要有通信网络、计算机硬件和专用软件组成的应用系统以及报文标准三个基本组成要素。

1. 通信网络：是实现 EDI 的基础，可利用公用电话交换网、分组交换网以及广域网、城域网或者局域网来建立 EDI 的增值网络。

2. 计算机应用系统：是由 EDI 用户单位建立的，是实现 EDI 的前提。其硬件由服务器和调制解调器等组成，软件由转换软件、翻译软件和通信软件等组成。先用转换软件将计算机系统的文件转换成翻译软件能理解的中间文件，或将翻译软件接受的中间文件转换为计算机系统的文件。然后，翻译软件将中间文件翻译成 EDI 的标准格式,或将后者翻译成前者。最终,通信软件将要发送的 EDI 标准格式文件外层加上通信信封,送达 EDI 交换中心信箱,或从信箱将接受的文件取回,计算机应用系统能将 EDI 传送的单证等经济信息进行自动处理。

3.必须按国际标准将 EDI 报文进行格式化,目前国际上应用最广泛的 EDI 标准是 UN/EDIFACT 标准。

(二)EDI 在物流中的应用

EDI 起源于 20 世纪 60 年代的欧美国家,最早应用于美国运输业,而真正发展则是在 80 年代之后。EDI 的应用开创了"无纸贸易"的新时代,经过不断改进和反复应用逐步推广到世界各地。其应用领域涵盖工业、商业、外贸、金融、运输、医疗保险以及政府机关,而且在这些领域中的应用一般都是互为联系、相互交叉的,各行各业均通过互通的 EDI 网络联系在一起。目前,EDI 在欧美等发达国家已得到了普遍应用,但在我国还处于起步阶段。据统计,全球前 1000 家大型跨国企业中,有 95%的企业都用 EDI 与客户和供应商联系。

在物流应用方面,EDI 最早被应用于企业订货业务活动中的电子数据交换系统,其后从订货业务逐渐向 POS 机销售信息传递业务、库存管理业务、发货以及送货信息和支付信息的传递业务等方面发展,近年来,由于其在物流中的广泛应用逐渐被称为"物流 EDI"。

物流 EDI 的优点在于:基于标准化的信息格式和处理方法供应链的组成各方能够通过 EDI 共同分享信息,从而提高流通效率,降低物流成本。传统的 EDI 成本较高有两个原因,一是因为通过 VAN 进行通信的成本高;二是制定和满足 EDI 标准较为困难。但近年来,互联网的逐渐普及为物流信息活动提供了快速、便利、低价的通信方式,所以,互联网必将为企业实施物流 EDI 提供坚实的基础。

五、跟踪技术

物流管理信息系统中的跟踪技术主要包括:全球定位系统(GPS)和地理信息系统(GIS)。GPS 导航系统与 GIS、电子地图、无线电通信网络及计算机车辆管理信息系统结合,就能实现车辆跟踪、车辆调度等功能,可以在物流中减少车辆空驶率,从而对承运货物的车辆进行全程跟踪,保证其安全性,使之可以实时掌握车辆所在位置,能够提前完成相应工作安排。

(一)全球定位系统(GPS)

美国从 20 世纪 70 年代开始研制 GPS,1994 年全面建成。它是可以进行海、陆、空全方位实时三维导航与定位的新一代卫星导航与定位系统。

GPS有三个部分，分别是：空间部分——GPS太空卫星星座；地面控制部分——地面监控系统；用户设备部分——GPS信号接收机。

1. 原理

21颗工作卫星和3颗在轨备用卫星不间断地发出自身的星历参数和时间信息，地面用户接受这些信息实现导航定位。

一般使用者接收机每一秒钟的坐标信息都是更新的，换句话说就是接收机会连续不断地接收卫星信息，并可以实时地算出其所在位置的坐标信息，所以使用者可以不用担心接收机显示的资料过旧或是不准确。

2. GPS应用在物流信息系统中

GPS应用在物流信息系统中，主要包括跟踪车辆，提供出行路线规划和导航，查询信息，持续监控，紧急援助等。

（二）地理信息系统（GIS）

用来处理直接或间接与地球上的空间位置有关信息的系统叫作GIS。它是在计算机硬件、软件的支持下，以空间数据库为基础，使用系统工程和信息科学的理论，对空间数据进行科学管理与分析，为规划、决定、管理和研究提供信息的技术系统。

在物流的信息系统中，80%的商业数据都与地理因素有关，用价值链的概念检查地理的或空间的信息系统能否适应组织的信息战略。GIS在物流信息系统中主要应用于：

1. 提供跟踪服务。GIS与GPS相结合，可以实时跟踪货物与车辆的位置。

2. 让仓库（超市）的选址更加合理。运用适当的软件，并与相应的空间和属性数据相结合，可以得出最适合的仓库或超市的选址。

3. 在销售与市场营销中，GIS可以分析市场，模拟新产品分销寻找目标市场并做广告。

4. 在紧急情况下安排路线。当时间紧迫时，能够找出可替代的行车路线，为驾驶员提供更多的信息，增强驾驶的安全性，寻求合理的行驶路线。

六、路径选择的算法

（一）物流配送车辆VRP问题

货物、车辆、物流中心、客户、运输网络、约束条件和目标函数等要素都是物流配送车辆VRP问题包含在内的。有车载限制的单配送中心物流配送车辆调度问题的前提条件规定为：

每个客户都有且只有一辆配送车为其服务，且对于客户所需货物的时间是不限制的；只有一个物流配送中心，配送车数量多，并且其总容量足够配送完所有客户货物；每辆配送车有限制其装载额定量和最大行驶距离，所以配送完毕必须返回配送中心；配送总里程最短就是指所建立的目标函数。

（二）遗传算法

模拟生物在自然环境中的遗传和进化过程而形成的一种自适应全局优化概率搜索算法是遗传算法（GA）。它是在1975年由美国密歇根大学的J.H.霍尔兰德（Holland）教授受生物进化的启示提出来的。GA是在"适者生存"基础上的一种高度并行、随机和自适应的算法，它将问题表示成"染色体"的适者生存过程，通过"染色体"群不断的一代代进化，其中包含复制、交叉和变异等操作，最终收敛于"最适应环境"的个体，从而得到问题的最优解。

遗传算法有以下六要素：编码；生成初始种群；评估适应度；选择；交叉；变异。

（三）混合遗传算法解决单配送中心车辆路径问题

求解车辆路径安排问题的有效工具是遗传算法，但是遗传算法具有一定的局限性：因为遗传算法随机选择交叉个体，这就会有"早熟"的问题存在，简单地说，就是容易收敛于局部最优解。在自然界中，远亲交配一般会产生较优良的后代。根据上述情况，本文提出了远亲交叉方法，并将其用于有车载限制单配中心VRP的求解中，这种交叉策略虽然在一定程度上使遗传算法的收敛速度稍有减缓，但使算法具有很好的求解性能。

1.混合遗传算法的编码规则

应用遗传算法求解的第一个问题是对所求问题解的编码。一个解的编码叫做一个染色体，而基因就是组成编码的元素。对于上述物流配送车辆调度问题求解而言，遗传算法是用来解决客户的分群问题，混合遗传算法使用路径编码方法。在编码方式中，每个个体是由区间$[1, m+n-1]$中相互不同的自然数序列组成，其中$1 \sim n$表示客户，$n+1 \sim n+m-1$表示配送中心。举个例子，要是有3辆运输车和12个客户，那么{2，1，3，13，5，4，6，10，14，8，7，9，11，12}就是其个体，而表示三辆车的配送路径为：第一辆车是配送中心→2→1→3→配送中心；第二辆车是配送中心→5→4→6→10→配送中心；第三辆车是配送中心→8→7→9→11→12→配送中心。

2.客户的编号

因为车辆行驶路径的迂回将大于增加的目标函数（3-1）式的值，要想减少迂回造成的增加行驶路径，那么混合遗传算法可以依据客户的位置对客户的方向进行编号：第一步，取任意一个客户并将其编号为1；第二步，以配送中心为极点，以配送中心和该客户的连线为极轴，将所有客户的平面坐标转化成极坐标；最后一步就是以各客户的极角大小，依次对客户进行编号。基于客户的编号，混合遗传算法可以优化车辆的行驶方向，从而尽量使车辆按一定的方向行驶。

3. 建造个体产生初始种群

因为初始种群的多样性会影响遗传算法的求解性能，所以，为了使初始种群能够有较好的多样性，混合遗传算法会采用三种方式，依次产生一部分个体来组成初始种群（其中 K 为种群大小）。

先分别以各个客户作为起始点，然后按客户编号的顺序，也就是极角的顺序遍历一周，在遍历所得的客户序列中，按条件 [就是上文（3-3）式和（3-4）式] 把表示配送中心的基因（即 n+1 ~ n+m-1）在序列中插入，从而构成一个个体。这样，可以产生 n 个个体。再重复（K-n）/2 次以下操作，产生（K-n）/2 个个体，就能随机产生 n 个区间 [1, n]，相互之间不重复的自然数序列按约束（3-3）式和（3-4）式把 n+1 ~ n+m-1 在序列中代入，形成一个个体。如果这个个体能够满足所有约束，那么这个个体就是有效个体，反之则是无效个体，就要重新产生该个体。最后使用贪心算法产生（K-n）/2 个个体，也就是以配送中心为起点，选择一个距其近、没有车辆提供服务且将其加入路径后约束（3-3）式和（3-4）式可以满足的客户加入路径，就可以以该客户为起点继续重复以上操作。要是以上客户未存在，但是还有未加个体的客户，那么就插入配送中心，并以配送中心为起点重复上述操作。若所有客户均已加入个体，则一个个体构造完成。

4. 适应度函数

遗传算法在进化搜索中一般不使用外部信息，只是依据适应度函数（fitnessfunction），利用种群中每个个体的适应度进行搜索。所以，选取适应度函数十分重要，可以直接影响到遗传算法的收敛速度以及是否可以找到最优解。

适应度函数大致上是依据问题的目标函数而决定的。当适应度函数确定之后，自然选择规律是以适应度的大小来决定的概率分布，从而确定可以适应生存的有哪些染色体，而哪些应该被淘汰。生存下来的染色体组成种群，形成一个能够繁衍下一代的群体。

5. 交叉、选择与变异

在选择交叉个体上，简单的遗传算法一般可以直接随机选择两个个体进行交叉操作，这会导致发生早熟现象。混合遗传算法基本思想是：在选择交叉个体时，要求两个个体之间保持一定的距离，从而保证种群的多样性。

选定的两个交叉位置使每个个体分成三个部分：第一步，交换两个个体的中

间部分；第二步，分别在第一部分和第三部分删除已经出现在中间部分的基因；最后一步，从另一个个体的第一个基因位置开始，依次选择没有在该个体中出现的基因，插入到该个体的第一部分末尾和第三部分的开始，从而保持个体的第一部分和第三部分长度不变，并且在个体中每个客户只出现一次。如例，个体 324 | 5768 | 19 和 514 | 8372|96（"|"表示交叉位置），交叉后形成的两个个体为 456 | 5372 | 19 和 143 | 5765 | 29。

上面的操作中，交叉个体的选择策略能够快速解决简单遗传算法的早熟问题。可是，它会导致种群进化速度减慢，增加算法的执行时间。为了解决这个问题，混合遗传算法会使用优良个体保存策略，简单地说，就是在产生下一代种群时，将上一代种群中一定数量的较优个体复制到下一代种群中。因为在种群进化早期，种群的多样性较好，可以复制较多的优良个体到下一代种群中，而到种群进化后期，种群逐渐收敛，复制大量的优良个体能够使种群快速趋于单一化，所以复制较少的优良种群到下一代种群中是可以的。

6.优化策略

以行驶方向的优化策略的基本思想为基础的是：因为车辆迂回行驶导致扩大路径长度，使通过的车辆按一定方向行驶来减少车辆迂回，可以减少车辆路径长度，所以在两个客户之间本优化使车辆按一定方向行驶，其车辆行驶方向依次为两个客户之间的客户提供服务。本优化在个体的两个相邻基因对应的客户间，按极角的顺序插入位于这两个客户间的客户，并从其他位置删除客户的基因。

第三节 生产物流管理信息系统的优化措施

一、实施优化过程计划

（一）项目实施载体

依据公司项目管理的要求，申请对物流管理信息系统的优化实施立项，以科技项目的申报、听证、立项作为开展实施该项目的载体。对所要开展项目各阶段的工作进行总体规划并制订目标。优化公司物流管理信息系统，不仅包括之前有的业务模块新增功能程序的优化，还包括增加新的功能模块。优化整体一方面是通过技术手段，从而实现对计算机系统功能的编程，另一方面，还是生产物流精益管理模式的应用及实施，部分职工的工作内容，业务处理流程都会随着系统的变化而改变，所以这是一个比较大的系统性人机互动性工程。

(二) 进程计划的实施

1. 建立优化物流管理信息系统项目组

以公司生产物流的主要分管领导及企业主要承担物流管理工作的相关管理人员、技术人员组建成项目组，并且要求信息管理部、工艺质量管理部、设备管理部等部门的领导和专家进行指导参与。如果情况允许，聘请原系统开发技术人员给予技术支持也是有必要的。在优化系统的过程中应充分协调好每一个相关部门。项目组负责优化系统的总体规划，人员的组织，事物的协调和培训。项目相关人员应积极参与优化系统的实施，并且对每一阶段目标的检查都要负责。分工应该明确细化，并且落实到人。

2. 分析优化项目业务流程调研及需求

根据制定的物流管理信息系统的优化方案，业务人员应对每一项措施都进行重新梳理，并进行需求调研，对新增的优化业务功能进行构建，结合之前有的业务流程，进行合并优化，重新梳理相关模块的业务流程。流程是否准确、有效直接决定了优化系统后的使用效率。因此，该阶段需要管理人员及技术人员的配合，让精益物流的理念在业务设计过程中完全体现，从而为下一步的开发工作打下坚实的基础。

3. 划分业务功能模块、编写程序

当业务流程及需求确定下来后，根据优化方案，把之前的模块功能进行优化及划分新增功能，对各项优化方案的难易程度，紧急程度进行综合评定，依据评级的情况来划分各项优化措施的具体实施进度，同时在系统业务功能模块中进行划分与归类，并在现有的系统三层结构中归类。依据新增的模块功能的系统运行情况，如果需要重新在实体计算机上独立运行的功能模块，那么选择与物流管理信息进行对接。

4. 培　训

优化物流管理信息系统的实施的系统工程十分庞大，涉及的人员不仅有项目组人员，还包括现场多数的操作员工，涉及的内容包括管理、技术、现场运作等方面。由于不同成员的知识背景、工作领域、特长技术、管理意识、计算机水平不同，为了保证系统的优化工作能够顺利实施，达到管理目标，必须对员工进行培训。第一，通过物流管理信息系统的优化目的及目标的培训，让员工明白优化所带来的切身利益。第二，让员工明白优化后的操作配合流程，为日后实施运行打下基础。根据企业自身的实际情况，采取对员工的内部培训。可以让技术、管理人员讲解，还可以聘请外部专家培训。培训要贯穿整个项目实施阶段。

5. 统计数据

系统模块构建后，实施准备必须有过程数据的事先录入，每一项优化都与其梳理出来的业务活动过程数据紧密相关，如材料的质量信息，物流过程设备的故障信息、运行生产线的信息、上下游的通知信息等。收集并统计以上信息，在计算机内记录，建立充分的编码系统是很有必要的。

6. 试运行

按构建模块、编写程序计划的进行，优化物流管理信息系统的软件功能开发结束，就应该运行程序并保存结果，逐步进行区域化、批次化的试运行，及时修整发现漏洞。在试运行期间，主要的专业技术人员必须全程参与，并培训运行系统、数据库、工具研发等业务的相关人员。新添加的功能模块或独立运行的对接系统，首先要通过计算机仿真后才可以进行现场模拟运行。对试运行中发现的问题，要做出解决方案且反复运行，这样对系统运行的更加稳定是有好处的。在试运行过程中除了查找漏洞，还要观察员工对系统优化的适应性，系统功能的适用性，并对其进行修改与完善。经过试运行阶段的测试后，系统就可以正式使用。

二、维护优化成果的运行

优化后的物流管理信息系统功能投入使用后，还要继续进行其运行情况的信息收集和维护，充分发挥优化功能的好处，从而真正实现精益物流管理的实施。

在试运行期间，要是有员工出现抵触情绪，就要对员工进行教育、培训，让其了解系统优化带来的好处，通过奖励创新从而调动员工积极性。在系统正常运行的过程中，对系统数据要进行跟踪维护，保证数据的准确性和实时性。其次，和原有部分的维护一样，要对物流管理信息系统进行定期的保养维护，并形成制度规定，从而保证整个系统的稳定运行。由于有新进企业的、操作不熟练的员工，所以开展相关知识的培训，增强员工对该系统的应用水平。是很有必要的管理人员不断学习，提高科学管理方法的应用水平，充分发挥优化功能是很重要的。

第七章
供应商管理

供应链的制造中心，后勤保障中心和质量、成本控制中心叫做供应商。供应商对于企业供应链中的新产品开发影响十分重要。在供应商管理中的供应链管理，其集成化链条的位置十分重要。尤其是在制造企业为核心的供应链环境下，供应商业绩的高低能够直接影响整个供应链的竞争力。所以，供应商管理就变为供应链管理的核心工作之一。

第一节 供应商管理的必要性和关键环节

一、供应商管理相关含义和理论

为核心企业提供原材料、设备和其他资源的企业叫做供应商，它不仅可以是生产企业，还可以是流通企业。供应商是供应链的源头，并且制造资源的输入。供应商与要素市场的规范、制造资源的质和量密切相关，其业务成绩关系着核心企业的交货、生产质量、提前期、库存水平、产品设计和客户满意度等。

供应链管理中的一个基本策略就是供应商管理。狭义地说，供应商管理是指对供应商的供货质量、货期、价格的管理。广义地说，供应商管理包含了对材料资源市场的调查、了解、收集到供应商的开发、选择以及有效的供应商的评核机制及使用。

本文对于供应商的管理是就广义而言的，其具体定义是：供应商管理是对供应商的调查、选择、开发、使用和控制等综合性管理工作的总称，它控制和管理着企业对资源的来源，是为企业生产提供有利资源的根本保障。

供应商管理的重要意义可以分为技术和战略两个层面。就技术层面而言，它有益于商品采购成本的降低，提高产品的质量与档次，降低库存，缩短交货周期等。就战略层面而言，它有益于供应链的集成、核心竞争力的提升等，促进企业完成从传统模式向综合集成模式的转变。

供应商管理的目的包含下面几个方面：开发有潜力的供应商；维持并发展良好的供应商关系，如长期的战略合作伙伴关系等；得到符合企业质量与数量要求的产品或服务；减少产品或服务的成本；减少企业库存、完善营销战略；保证供应商的服务质量并做到及时送货。

成功的供应商管理就是要在供应链中保持主动与优势，从而促进供应链的运转。运作原则是把需求分给少数供应商，在总量上使供应商获得利益，在单价方面降价以适应薄利时代，从而达到共赢的目的。

二、分析供应商管理的必要性

供应商可以简单地解释为为那些向买方提供产品和服务，然后收取相应货币作为报酬的实体。因为交易的内容简单，形式单一，买卖双方的关系自收到货币后就基本可以结束。如果在其他条件一定时，双方争论及讨价还价的焦点就会是价格。所以，传统的竞争模式是在价格驱动下。其关系的特点有：

第一，制造商同时从很多供应商处进货，从供应商的价格竞争中获得低价的好处的同时也保证了供应的连续性；第二，通过在供应商之间分配采购配额对供应商加以控制；第三，制造商与供应商相互之间缺乏信任，所以供应商参与制造商的开发与设计较少；第四，由于多家供应商可以供应一个产品，但是产品的质量水平却大不相同，最终导致产品的质量也有差异；第五，制造商与供应商之间沟通较少，很难发现潜在的问题，所以对于市场需求变化的应对方法也较少；第六，制造商与供应商之间仅仅是一种短期合作关系。

由于传统的供应商存在种种问题，所以必须进行供应商管理。其优点有以下几个方面：

第一，有助于客户对需求和服务满意度的提高。现如今很多制造商与供应商之间仍是一种对立而不是合作的关系，如果通过减少自己的要素投入来实现自己利益的最大化，那么只有加强供应商管理，让采购方与合作供应商之间建立合作关系，让信息共享，从而才能实现降低成本的目的。

第二，有利于提高供应商对客户需求反应的敏捷性。逐渐占领生产领域、流通领域和管理领域是零库存管理、准时制生产和精益物流等。而处在这种环境中，只有加强供应商管理，才能实现供应商与制造商之间的合作伙伴关系，从而提高供应商对客户需求反应的敏捷性，以此更好地适应市场的需要。

第三，有利于保证采购质量和降低采购成本。客户生产与研发质量的一个重要组成部分就是供应商产品的质量，客户质量管理体系同时也是供应商质量管理体系。

因此，加强供应商管理，选择适合的供应商，在竞争环境中保持产品质量的提高、成本降低的竞争状态，对于保证采购质量、降低采购成本影响重大。

三、供应商管理的重要环节

供应商管理的关键与基本环节主要包括供应库的建立，供应商的关系管理，供应商的评价与选择，供应商的绩效评估以及供应商的控制与激励。

第一，建立供应商信息库。供应库就是指能够满足企业物资需要的供应商群体。这是采购活动能够完成的基础之一，供应库的建立包括供应商的调查、潜在供应商的确定和供应库的优化，其主要工作是完成供应商的调查工作，用供应商信息建立企业的供应商选择范围，并利用科学的方法时刻监督供应库的情况，保证供应库的供应源的作用，同时将好的供应商补充入库，将不合格的供应商淘汰出库，从而保证市场的适应。

第二，管理供应商关系。企业在供应商管理的工作中面临着要与供应商建立何种关系的一个重要的前提问题。在企业的战略决策中，供应商关系发挥着重要的作用，优质的供应商关系可以提高公司的效率和服务的质量，并且及时了解和满足客户的需求，在为客户创造价值的同时也可以提高竞争力。

第三，评价与选择供应商。在确定供应商关系方向的基础上，企业要根据不同时期的物资需求，通过科学合理的步骤进行供应商的评价与选择工作。这是供应商管理中的一个重要环节，供应商的选择影响价格、质量，传递商品的可靠性及产品获取的能力都会关系到顾客的满意度。研究供应商选择的方法基本上历经了三个阶段，分别是定性方法，定量方法和定性与定量相结合的方法。这在一定程度上有利于企业的发展。

第四，建立供应商激励机制。企业要与供应商的供需关系要保持良好，这对供应商的激励是十分重要的，失去了有效的激励机制，良好的供应关系是不可能维持下去的。在激励机制的设计上要体现公平、一致的原则。在保证良好的供应商不被忽略的同时，要使有潜力的供应商成为以后合作的伙伴，从而也可以排除劣质的供应商。对供应商评估考核的目的是希望通过考核找到最佳的供应商，并且保证供应商具备满足其要求的能力，以促进公司产品的质量得到稳定的发展和提高。激励的形式有很多，像价格激励、订单激励、商誉激励、信息激励、淘汰激励，新产品新技术共同开发和组织激励等都包含在内。

第二节 供应商管理的系统

供应链采购管理系统中一个很重要的问题就是供应商管理系统,其在实现准时化采购中影响重大,主要包括基本信息管理环节和评价与选择环节两个功能环节。企业选择供应商最根本的依据就是基本信息管理。其中供应商的信息建模非常重要,因此要求该信息必须完善,要足以让企业进行综合分析评价和选择。

一、管理基本信息环节

基本信息的管理环节必须要建立供应商档案。产品较复杂、规模较大的企业一般会有数十甚至上百家供应商,经过审核合格选定后,为了保证其长期稳定的供应能力,对其进行长期的、动态的监控是很有必要的。经审核通过后的供应商,应建立统计数据表,对质量问题、准时交货等进行分析统计,或者每季度或者半年进行等级评定,选优汰劣。要建立企业供应商的资料记录档案,最合适的方法是利用公司的现有供应商相关信息和商品交易记录等,创建一个能够共享供应商信息的数据统计分析平台,其中包含供应商类型、交易信息、售后服务、通信方式、财务信息、质量保证体系、银行信用和经营范围等内容信息,企业可以利用这些资料,提供给动态管理必需的依据。

基本信息管理能够给决策者准确、及时地决策提供充分的依据。基本信息管理将供应商基本信息管理和商品基本信息管理包括在内。在与供应商的业务往来的时候,供应商提供其基本信息,并作为信息档案保存是不可避免的,同时也可以作为后期评价的基本依据。当订购的产品运送到企业后,就应将商品进行基本的信息采集,有利于日后企业生产和管理中能够充分地利用。所以,必须要完善供应商的信息,使之成为综合分析和评价的依据。

简单地说,该系统建立的供应商库中包括供应商编码、供应商名称、公司地址、供货信息、价格、质量、供货期、服务、以往的业绩、信誉度、市场占有率、生产能力、技术水平、邮政编码、联系人、联系电话、传真、电子邮箱、公司网址等信息。此系统满足了根据信息评价选择供应商,并且在关系管理中,因为供应商信息统一管理便能得出供应商需改进的地方,以此达到企业帮助供应商进一步提高的目的。

二、评价与选择环节

供应商管理系统至关重要的部分就是评价与选择环节。好的供应商是保证供应商品的质量、价格和交货期的关键。因此,供应商的管理中的供应商的选择是一个主要问题。要依据最佳路径、最短送货时间和最优的价格等多方面因素来对供应商进行综合评价与选择,以寻求最佳供应商,使其产品的质量、时间和成本等都达到最佳配置与组合。而供应商的选择又依赖于供应商的评价,所以供应商选择的核心环节是对供应商的评价。在一般情况下,对于供应商的评价会从评价指标选择、评价标准设置、评价指标比重设置和评价指标等方面来打分。而可以用来设置评价供应商时需要考核的指标来进行对供应商评价指标的选择,不同的供应商因为其组织结构、生产模式或管理模式等不同,并且因为企业在生产时对所需商品的要求不同,在选择不同的供应商时对其评价内容也大不相同,所以需要设置不同的评价指标。供应商评价标准的设置可以设置在供应商评价算法中评分标准的取值,不同的评分标准会对供应商的评价结果有其重要的影响。供应商评价指标比重设置是指对供应商评价指标集中各项指标的重要性不同作量化处理,并给予其不同的比重值,而同一个供应商得到的评价结果也会不同。对供应商的各项指标进行打分就是评价指标打分,然后得到一个量化的结果,并成为选择供应商的直接依据。

(一)建立供应商评价指标体系

供应商评价指标的选择依赖于完整的评价指标体系的建立,以此为基础,企业可以依据每次采购的不同标准,从中选择相应的项作为这次供应商评价的指标集。要参考大多数企业的实际要求,从而考虑到评价的具体实施性。

(二)选择评价指标并建立评价指标集

企业依据每次采购所需的不同标准,从供应商评价指标体系中选择相应的项,成为此次供应商评价的指标。评价指标集为 $E=\{e_1, e_2, e_3, \cdots, e_n\}$,系统以各项指标的选择状态来表示本次评价的评价指标集的数学表达式,就是说,如果被选择的指标项赋值为 1,那么未被选择的指标项赋值就为 0。

(三)评价指标比重的确定

设置供应商评价指标比重,就是将重要性不同的供应商评价指标作一个量化的处理。比重集 $W=\{w_1, w_2, w_3, \cdots, w_n\}$,其中 $w_1, w_2, w_3, \cdots, w_n$ 分别为指标 $e_1, e_2, e_3, \cdots, e_n$ 所对应的评价比重。当企业采购某种产品时,在所选择的各项评价指标中,对重要的指标赋予的比重较大,而对那些不太重要的指标赋予的比重较小,这可以体现出综合评定结果的准确性。

(四) 综合分析评价

1. 评价指标的确定

企业首先有一个评分标准才可以对供应商进行指标打分, 也可以根据需要设置 N 级评价等级 (一般 $3 \leq N \leq 20$), 如像 $N=5$ 时, $L=\{L_1, L_2, L_3, L_4, L_5\}=\{$优秀, 良好, 一般, 较差, 最差$\}$, 企业可以依据专家建议自行设置各等级分值。

2. 为评价指标打分

如果为供应商的各项指标打分, 结合其评分标准就能够得到一个量化的结果。最后能够得到该供应商的各项指标得分集为 $S=\{S_1, S_2, S_3, \cdots, S_n\}$。

3. 整体评价

将定性与定量分析相结合, 用数学模型或算法对供应商进行整体的分析评价, 如类算法等。

三、企业供应商资料的管理系统

为了方便供应商资料管理, 创建企业供应商资料管理系统很有必要。

(一) 企业供应商资料管理系统概述

经过整理多家供应商的数据, 从而形成合作伙伴资源库, 进而成为公司的战略资源之一。通过供应商资源库能够便于发现可以与之合作的供应商, 从而建立密切的关系, 而这种手段无疑是降低采购成本中最有效的。使用供应商资料管理系统, 可以形成公司的供应商合作战略。供应商系统能够提供给供应商合作策略的依据和行之有效的数据作支撑, 并且可以贯彻公司的战略, 以此来满足业务不断变化的需求。这样, 软件在开发时就会减少变更, 而高扩展性实现及时适应多变的业务需求情况。

如今互联网技术不断发展, 其中有关供应商管理方面出现了许多系统, 如电子目录和电子采购等, 其设计能够使企业在网上购物和交易。而很多中小型企业, 其本身业务还没有达到网络采购的高度, 所以这些电子采购系统解决不了实际问题, 不具备必要性。普通供应商的信息管理系统一般只涉及新建、修改和查询供应商信息, 数据记录简单, 所以本文会针对中小制造型企业, 为其考虑到能具体存储供应商基本信息和交易记录, 计划能够用于企业内部的供应商资料管理系统, 一方面能够记录供应商的基本信息, 另一方面将所有的交易记录用表页的形式进行记录, 这样的资料管理系统不仅具有独立性, 也易于保密。

(二) 设计系统

1. 对比其他相关系统进行分析

包含供应商管理作用的相关系统有电子目录, 电子采购系统等。

（1）电子目录

从产品选择到订货、支付等一系列过程叫做电子目录，即"发现到支付"的过程，是组成电子商务的关键部分。它是一种以网络为依据，发展迅速的全球性市场的前台，是顾客与厂家、厂家与厂家之间的双向渠道。电子目录是一种多功能应用系统，广泛应用在广告市场、销售和客户支持，而且是一种零售渠道。

（2）采购系统

电子采购系统设置了大块采购信息公告、采购物品分类、登记供应商、电子投标、公开采购和电子文件交换等。它主要是在网上直接采购生产物料等专用物料。这种电子化集中采购模式为企业的采购管理提供了新的管理方式和管理观念，利用先进的电子化手段与集中采购结合，可以优化采购程序，促进用户与供应商交流，增强集中采购的效率和质量，进而提高企业的经济效益和竞争力。但集中采购是现代采购的模式，如今在国内还是一个新的研究课题，理论上和实现技术上还处于初步阶段。

综上所述，两种系统主要侧重于企业采购部分，而不是针对企业直接供应商的档案进行管理。

2. 分析系统需求

为了便于管理供应商资料，开发适合中小型企业的供应商资料管理系统是一个不错的选择，该系统可以分析、评价及选择已有的供应商。企业供应商资料管理系统是一个管理供应商基本信息的系统，也是供应商信息数据来源，而企业主要负责供应商的信息维护组织工作。简单地说，供应商资料管理系统的内容包含一些供应商信息如企业类型、地址、联系方式、网址、合作时间及信誉好坏等、产品信息如产品名称、规格描述及价格的集合等。

供应商信息通过企业审核，就会在企业资料管理系统中保存。系统不仅可以设置供应商基本信息，还能够将营业执照、税务登记证和工艺流程等相关电子图片保存起来。该系统还能录入供应商和企业间的每一笔交易记录，甚至详细到商品的描述，交易的地点、时间和数量，交付方式以及折扣情况和其他特殊的服务等。不仅如此，如果用户有需要时，系统还能够进行查询。

如果该系统对企业供应商信息的统一记录和统一管理都要实现，那么需要以下几点：第一，在建立的供应商资料管理系统的平台上，可以查到所有供应各类物资的供应商并且对其基本信息清晰明了，最好能够分类记录，保证企业供应商资源统一管理，有利于日后对供应商的分析和评价。第二，如果企业引入供应商业绩管理机制，那么就可以在资料管理系统中查询到企业所有的交易记录。

通过整合供应商信息，供应商资料管理系统可以实现日后对供应商的业绩进行评估,年度考核时对于不合格供应商要进行淘汰处理,这样才能吸纳更多的优秀供应商,从而建立一种动态的供应商档案。企业还可以利用大量供应商历史交易信息、其他各种信息研究市场行情以及需求变化规律,从而制订应对策略与方案,辅助物资采购决策管理。

(三) 系统实现

1. 系统主界面

当用户进入供应商资料管理系统,系统会列出所有供应商的信息,其中包括名称、联系人、电话及地址等。企业供应商资料管理系统软件界面大致分为以下几个部分:

第一,标题栏:可以将显示系统最小化、最大化和关闭按钮。

第二,工具栏:由很多常用工具按钮组成,每个常用命令由一个按钮代表。企业供应商资料管理系统的工具栏是一个方型按钮,而工具栏可以快速地访问常用的命令和功能。标准工具栏、表页设计工具栏、表格格式工具栏、目录资料工具栏组成工具栏,而工具栏的使用可以使表格操作变得更简单快捷。

第三,编辑区:即表格的填写区,可以录入,编辑,修改表格等。

第四,树状目录:管理系统文件和用户文件。

2. 实现系统的基本功能

系统的主要功能包括:

第一,修改基本信息。用户能够在新建供应商信息时填写供应商基本信息,并且在操作过程中也可以随时更改此信息。针对系统管理,系统的授权人员可以实现添加删除新供应商,更改供应商信息,输入更改表格内供应商具体信息及交易记录等。就供应商在审核过的系统中添加后就可被认证为合格供应商,授权人员就会将其有关的信息录入系统,并按照要求填写企业代码;当授权人员登录后,便可输入更改有关供应商的相关信息。

第二,对供应商相关信息进行查询。对于一般的供应商的查询可通过其名称、所在地区或企业编号等进行。其结果大致包括供应商的最基本信息,从而有利于用户更快捷地找到所需内容。也可以在查询基础上根据需要选择其显示属性。要是在当前页面的内容查找,运用查找替换功能对于用户是再快捷不过的了。

第三,分类。树状目录在目录资料工具栏中来说显得尤为重要。它有利于用户更容易地查找用户所需的资料和以前记录的表格用户资料。工具栏上有"展开所有表格"按钮、"查找表格"按钮和树状目录中的选择框,这些可以快速定位其查找的表格。在树状目录中,利用图标区分用户表格和系统表格。但是分类目录是按原材料的种类进行分类，分为 A、B、C 等；次级目录类别展开为各个不同的供应商；最后一级则是每个供应商的基本信息和交易记录等。

第四，其他的基本文档功能。文字编辑：文字进行复制、剪切、粘贴、字号、颜色、位置、斜体、粗体、下画线、删除线、查找替换等操作都是支持的，可以满足用户最基本的需求。图片编辑：可以将图片进行插入和删除操作，也支持录入企业相关证件等。表页编辑：不仅可以插入、删除、重命名表页，也可以在表页上增加自己的表页说明。导入导出：可以将本系统文件导出到 Excel 软件，将 xls 文件导入到本系统也是可以的。打印及预览：能够打印预览文件，以及打印文件的单页。自动计算：所有包含计算的表格，用户只填写基础数据，软件就可以做到自动计算，用户也可以自行输入或修改计算公式。自动编号：对表格编号进行自动填写，当前模板下已经编号的表格能够重新编号。

3. 系统的特点

供应商资料管理系统的功能：关于设计模板，能够节省填写后面资料，尤其是重复的交易记录的填写。树状结构的目录，随时能够展开，查找方便快捷。相比其他的信息管理系统，这个资料管理系统有利于存档交易的数据资料。具有独立性，因为供应商资料具有保密性，所以该系统只有企业内部人员才可以看到。专门人员需要手动输入资料，但是进行供应商资料或产品资料查询时可以节省时间，进行数据管理、维护以及供应商选择分析是很有帮助的。

第三节 供应商选择和评价

供应链合作关系运行的基础是供应商的选择和评价。现今，供应商的业绩对制造企业的影响十分重要，在交货、产品质量、提前期、库存水平、产品设计等方面都能够影响制造商是否成功。传统的供应关系已经不能够适应全球竞争、产品需求日新月异的环境，企业必须实现低成本、高质量、柔性生产以及快速反应，企业的业务重构必须包括供应商的选择与评价。供应商的选择与评价对于企业来说是多目标的，其中包括许多可见或者不可见的多层次原因。

一、选择供应商的标准

（一）选择供应商的短期标准

一般来说，商品质量合适、价格水平低、交易费用少、交付及时以及整体服务水平好成为选择与评价供应商的短期标准。采购企业能够通过市场调查得到相关供应商的资料并进行比较，从而依据比较结论作出正确的决策。

1. 原材料质量

原材料的质量是否符合企业的要求是企业生产经营活动能否进行的必要条件。质量较差但价格偏低的商品，虽然采购成本低，实际上却增加了企业的总成本。如果将不合格的原材料投入使用，就会影响生产的连续性和成品的质量，最终这些都将会反映到企业总成本中去。但是另一方面，质量过高并不意味着采购物品适合企业生产所用，如果质量过高，远远超过了生产要求的质量，对于企业而言也是一种浪费。因此，对于采购中质量的要求是符合企业生产所需。对于供应商产品的质量，一方面要从原材料检验入手，另一方面要从供应商企业内部去考察。

2. 低成本

有效甄选供应商的方式之一是对供应商的报价单进行成本分析。不过，成本不只包括采购价格，还包括原料生命周期结束后的所有支出。采购价格相对较低对企业降低生产经营成本、提高竞争力和增加利润等有明显作用，所以是选择供应商的一个重要条件。但价格最低的供应商不一定就是最合适的。如果该供应商在产品质量、交货时间上达不到要求或者由于地理位置过远而使运输费用增加，对于企业来说都是不合适的。

3. 及时交货

供应商是否能够按约定的交货期限和交货条件供货对企业生产和供应活动的连续性产生了直接影响，因此，选择供应商所要考虑的因素之一也即是交货时间。企业在考虑交货时间时，不仅要降低原料的库存数量，还要降低断料停工的风险。影响供应商交货时间的原因主要有：供应商从取得原材料、加工到包装的生产周期所使用的时间；供应商生产计划的规划与弹性；准备供应商的库存；在生产过程中采购原材料所需要的供应商数目；运输条件。

4. 整体服务水平好

供应商内部各作业环节叫做供应商的整体服务水平，可以配合企业的能力与态度，例如各种技术服务项目、方便订购者的措施以及为订购者节约费用的措施等。评论供应整体服务水平的指标大致有：处理订单的速度及准确性；采购流程、生产流程、会计流程、后勤支援系统等企业交易各流程的弹性与健全程度等（企业的作业流程越健全，则越具有弹性，就越能履行合约，也就意味着越能满足采购方的需求）；公司内部人员的责任心与服务水准。

5. 可以履行合同的承诺与能力

当企业采购，确定供应商有无履行合同的承诺与能力时要注意：提前确认供应商对采购的项目、订单金额及数量是否有兴趣（订单数量越大，那么供应商生产能力可能越不足，而订单数量越少，则供应商有可能对其缺乏兴趣）；供应商处理订单的时间；供应商在需要采购的项目上是否具有核心能力；供应商有没有具有自主研发产品的能力；目前供应商闲置设备的状况，其接单情况和生产设备的利用率。

（二）选择供应商的长期标准

供应商是否能提供长期而稳定的供应是选择供应商的长期标准，供应商的生产能力是否符合企业而相对扩展，供应商的企业体制是否健全，与企业的经营理念是否相近，其产品未来的发展方向与企业的需求是否符合并且是否长期合作的意愿等。

1. 供应商的财务情况是否稳定

供应商的财务状况会直接影响供应商交货和履约的绩效。如果其财务出现问题，就会使企业周转不灵，出现停工的严重危机，甚至有可能倒闭破产。因此，供应商的财务状况是有关供应商长期供货能力的重要指标之一。虽然企业判断一家供应商的财务状况并不是一件容易的事，但是可以通过一段时期营运成果的资产负债表来考核供应商，还可以通过损益表考察供应商一段时期内的销售业绩与成本费用情况，从而发现其所拥有的资产和负债情况。

2. 供应商内部组织与管理的优劣情况

供应商内部组织与管理关乎到日后供应商服务质量。而供应商内部组织机构设置合理与否充分影响着采购的效率和质量。供应商组织设置机构混乱，采购效率与质量低下，供应商部门之间的管理不善，都会导致供应活动不能及时地、高质量地完成。同时，供应商的高层主管是否将采购企业视为重要客户也是影响供应质量高低的一个重要因素。

二、选择供应商的过程分析

（一）建立供应商评价指标体系

由于顾客的需求是处于动态变化中的，所以对供应商满足顾客需求的评价标准非常复杂。尽管如此，人们还是能从对供应商的评价指标体系进行系统的研究中找到一些相同的东西。由于供应商在广义的供应链环境下是经营主体之一，所以评价供应商的指标特征，一方面应该能够反映质量、交货期和价格等服务性指标，另一方面还要将供应商的协同能力、技术开发能力、发展能力等发展和协调性指标纳入评价的指标体系。

1. 建立指标体系的原则

（1）系统全面的原则：建立的指标体系一方面可以全面反映供应商企业的现有情况，另一方面还能体现供应商企业的未来发展趋势。

（2）可灵活操作原则：指标体系的设立应具有充分的灵活性，能够使企业根据自身特点和实际情况运用。

（3）科学实用性原则：指标体系必须科学地反映供应商情况。指标体系过大、层次较多或指标太细，会使评价的注意力不能充分体现，指标体系过小、指标过粗，又不能真实地反映供应商实际水平。

（4）可拓展性原则：各个产业和行业的企业有自己的特殊要求，需要一些特殊的指标加入，从而需要指标体系和相应的评价模型具有扩展的空间。

（5）完整性原则：因为选择合作伙伴的因素较多，所以建立完备的评价体系是很有必要的。尤其是关于合作伙伴的主要因素，不仅不能遗漏，还不能重复，从而保证全面、综合地对合作伙伴进行评价，使评价结果具有合理性和客观性，为组建供应链建立良好的基础。

（6）简洁性原则：既要完备地评价体系，又要突出影响合作伙伴选择的主要因素。但是如果把影响合作伙伴的选择原因都列在评价体系中，不仅不利于发现合作伙伴优势，而且会增加选择合作伙伴的难度，选择的准确性会降低。因此，合作伙伴的评价体系要保证简洁性。

2. 建立指标体系

筛选供应商评价指标，应该从最大化供应链绩效的目标出发，并且根据指标的设计原则，从技术水平、经营能力、服务水平和经营环境四个方面分析。具体指标如下：

（1）技术水平指标：包含技术参数、产品的质量和产品可靠性等。产品的技术参数是一定性的变量，技术人员使用评分法来衡量产品质量，且通过合格率来度量可靠性。

（2）经营能力指标：包括协作能力、发展能力、供应能力三个方面。协作能力是综合指标并且由多项指标反映其发展能力，可以通过企业利润增长率、固定资产净值变化以及培训费用比例等具体指标来衡量其供应能力，大致表明企业是否具有相当的生产规模，取值范围为 $\{0，1\}$，0 则代表供应商不能满足企业的需求，1 则代表能够满足企业的需求。

（3）服务水平指标：包括提前期、价格和售后服务等。前两项是定量指标，并且可以通过数据来进行具体度量；售后服务则可以通过用户的评价测出。

（4）经营环境指标：包括政治法律环境、经济技术环境、自然地理环境等。当企业的经营大环境大致相同时，可以不考虑该项；当企业经营的大环境大致不相同时，应考虑此项。

（二）选择供应商和评价供应商的方法

在国外，对于供应商的评价和选择的研究至今已形成较为成熟的理论和方法，其中包含了定性、定量及二者结合的方法。20世纪90年代初到至今，国内学者关于选择供应商的方法也做了大量的研究工作。现有评价与选择供应商的方法大致分为线性加权法、基于成本的方法、实证概念方法、数学规划方法、基于人工智能的方法、组合方法和其他方法等7种，这里的其他方法是指模糊理论优化方法和DEA方法等。

论文使用的是三大类的分类方法：第一类是定性的分析评价方法；第二类则是定量的分析评价方法；第三类是定性与定量相结合的分析评价方法。定性的选择分析方法一般是评价人的主观判断，需要评价人具有丰富的专业知识、管理才能和充分了解供应商。而定量的分析方法就要得到评价供应商相关指标的量的特征值，简单地说，就是得到供应商相关技术指标作为评价标准。在供应商的选择中有下面几种方法：

1. 定性方法

（1）直观判断法

根据调查得到的资料并结合个人的分析判断，对供应商进行评价。主要是倾听和采纳有经验的采购人员意见，或者由采购人员直接凭经验作出判断。此法常用于选择企业非主要原材料的供应商。

（2）招标法

当有企业提出招标条件时，招标供应商将进行竞标，最后由企业决标，提出最有利条件的供应商来进行签订合同或协议。如果订购数量大、合作伙伴竞争激烈时，就必须采用招标法来选择当合适的合作伙伴。

（3）选择协商法

企业在大量的供货对象中选出几个条件较为有利的供应商，分别同它们协商，从而确定合适的供应商。此方法适用于采购时间短，投标单位少，竞争程度不激烈，订购物资规格和技术条件较复杂的情况。

2. 定量方法

（1）比较采购成本法

能满足质量和交货期要求的供应商，需通过计算采购成本来进行比较。采购成本包括售价、采购费用和运输费用等支出。比较采购成本是对于各个不同供应商的采购成本来进行分析比较，从而选择采购成本较低的供应商的方法之一。

（2）线性权重法

本方法是先确定选择产品供应商时所依据的标准，给每一标准确定一个适合的权重，并且将供应商在各标准上的总分乘以该标准的权重，再进行综合处理得到总分，通过比较各候选供应商的得分，从而实现对供应商的最优选择。

（3）规划多目标数学法

本方法是确定各目标选择准则的权重，从而将多目标规划问题转变为单目标规划问题，在各目标权重非负的情况下，所转化的单目标优化问题的最优解是原多目标优化问题的非劣解。

（4）作业成本法

该方法是 F.鲁德胡夫特（Filip Roodhooft）和 J.肯定格斯（Jazal Konings）在1996年提出的一种成本分析法，通过计算各个供应商采购总成本来进行选择。采购活动而产生的直接和间接的成本总和叫做总成本。使用 ABC 法对供应商进行选择和评价，可以把因为供应商而导致的生产或管理等问题定量化，这样可以使企业采用相应的措施来降低各种相关的成本。就供应商来说，ABC 法提供了对于客户满意程度和采购过程所涉及的不同指标的客观测量。实施作业成本法需要企业的信息技术基础设施和数据采集系统的支持。

（5）分析数据包络法（DEA）

这种方法是建立在效率评价概念基础上的一种新的系统分析方法，适用于多输入多输出相同类型单位（例如供应商）的有效性评价。决策单元就是被评价的单元，DEA 模型假设 n 个决策单元，每个决策单元都有 m 种类型输入，s 种类型输出。在选择供应商时，为了把已确定的选择准则转化为数据包络分析模型的形式，就需要先将它们分为输入变量和输出变量，再建立数据包络分析模型，计算各个候选供应商的相对效率，最后根据计算结果来选择适当的供应商。

3.将定性与定量相结合的方法

（1）层次分析法

此法是20世纪70年代中期由美国匹兹堡大学教授 T.L.萨特泰（Satty）提出的。其基本思想是把一个复杂的问题划分为各个组成因素，并将这些因素按支配关系分组，然后形成一个有序的递阶层次结构，通过比较的方式来确定层次中许多原因的相对重要性，然后进行综合判断以确定决策诸因素相对重要性的总排序。

（2）人工神经网络法

这个法是指建立在接近人类思维模式的定性定量相结合基础上的人工神经网络

模型，通过对给定的样本模式的学习，得到专家评价的知识、经验，从而对合作伙伴作出综合评价。

现信息技术的存储数据的能力正在高速发展，大量数据的存储不再是难事，但如何从海量的数据中得到需要的知识则是个问题。为了解决这个问题，数据挖掘应运而生。当今，数据挖掘算法在许多领域都有所运用，一些专家学者将这一方法运用于供应商的评价选择中，人工神经网络就是其中之一。数据挖掘就是从大量的、不完全的、有噪声的、模糊的、随机的实际应用数据中提取隐藏在其中的、人们事先不知情的但是又有用的信息和知识的过程。通过数据挖掘过程所推导出的关系称为模型或模式，包括线性方程、规则、聚类、图、树等。在现实生活中，企业在面临大量不同类型的供应商时，快速地挑选出合适的供应商是核心企业必须考虑的。为此，本文提出了供应商选择的聚类分析法。

第八章
供应链环境中的采购管理

第一节 传统采购与供应链采购的比较

供应链管理的重点内容之一是采购管理,它在供应链企业之间原材料和半成品生产合作交流方面架起一座桥梁,从而方便生产需求与物资供应的联系。为使供应链系统能够实现无缝连接并提高供应链企业的同步化运作效率,必须加强采购管理。在供应链管理模式下,采购要做到以下五个方面:恰当的数量、恰当的时间、恰当的地点、恰当的价格、恰当的来源。

一、采购的传统模式

传统采购的重点是放在如何和供应商进行商业交易上,特点是重视交易过程中供应商的价格比较,通过供应商的竞争选择价格最低的供应商为合作者。质量、交货期虽然也是采购中的重要考虑因素,但都是经过事后把关的办法进行控制,如到货验收等。交易过程的重点放在价格的谈判上,所以供应商与采购部门之间常常需要报价、询价、还价等谈判且多头进行,最后从多个供应商中选择一个价格最低的供应商签订合同订单才可以决定下来。传统的采购模式的特点主要表现在:

(一)传统采购过程是信息不对称的博弈过程

在传统的采购活动中,选择供应商是一项首要的任务。采购一方为了从多个竞争供应商中选择一个最佳的供应商,一般会保留私有信息。这是因为如果给供应商提供的信息越多,那么供应商的竞争筹码就越大,从而使采购一方不利。供应商在和其他供应商竞争中也会隐瞒自己的私有信息。这样就导致采购、供应双方都不进行有效的信息沟通。这就是信息不对称的博弈过程。

(二)验收检查是采购部门的一项重要的事后把关工作,质量控制的难度大

采购一方要考虑的两个重要因素是质量与交货期,但在传统的采购模式下,有

效的控制质量和交货期只能通过事后把关的方法。由于采购一方很难参与供应商的生产组织过程和有关质量控制活动，相互的工作是不透明的，所以，需要运用各种有关标准如国际标准、国家标准等进行检查验收。没有合作质量的控制，容易采购部门对采购物品不容易控制质量。

（三）供需关系是临时的或短时期的合作关系且合作少于竞争

传统的采购模式中供需之间的关系是临时性的或者短期的合作且竞争多过合作。因为没有合作与协调，采购过程中各种乱七八糟的事情较多，从而导致大量的时间浪费在解决问题上，从而使运作中的不确定性增加。

（四）响应用户需求的能力不足

因为供应与采购双方在信息的沟通方面没有及时对信息进行反馈，所以在市场需求方面发生改变的情况下，采购一方不能改变已有的订货合同。这样，当采购一方需求减少时就会导致库存增加，而当需求增加时就会出现供不应求的现象。如果重新订货，就会需要增加谈判过程。如此，供需之间对用户需求的响应没有同步进行，缺乏应对需求变化的能力。

二、采购供应链管理环境下采购方式的特点

企业的采购方式在供应链管理的环境下和传统的采购方式有所不同，这些不同主要体现为下面几点：

（一）从为库存而采购到为订单而采购的变化

传统采购模式中的采购目的就是为了补充库存。采购部门不了解企业的生产过程，不了解生产的进度和产品需求的变化，采购过程没有主动性，采购部门制订的计划要想适应制造需求的变化十分不易。而在供应链管理模式下，采购是以订单的方式进行制造，产生订单是在用户需要的驱动下产生的，制造订单推动采购订单，而采购订单再驱动供应商。这种模式使供应链系统能够准时响应用户的需求，这就使库存成本降低，也能提高物流速度和库存周转率。订单推动采购的方式有以下几个特点：

因为供应商与制造商建立了合作关系，所以签订供应合同的手续可以简化，从而不用双方进行询价、报价、议价的反复磋商，这样也能使交易成本下降。

在同步的供应链计划协调下，制造计划、采购计划、供应计划可以并行，从而减少了用户响应时间，这就实现了供应链的同步化运作。采购与供应的重点在于协调各种计划的执行。

采购物资直接进入制造部门，从而减少了采购部门的工作压力和不增加价值的

活动过程，实现了运作供应链精细化。

改变了信息传递方式。传统采购方式中，供应商不了解制造过程的信息，也无需关心制造商的生产活动。但在供应链管理环境下，供应商可以分享制造部门的信息，提升了供应商的应变能力，减少了信息失真。在订货过程中同时进行信息反馈与修正订货计划，会使订货与需求同步。

实现了面向生产的作业管理模式。订单驱动的采购方式能够简化采购工作流程，沟通供应商与制造部门之间的联系，为实现精细生产提供基础保障是采购部门的职责。

（二）从采购管理转变为外部资源管理

当采用工程业务承包时，为了监控承包业务的进度与工程质量等，负责工程项目的部门会深入到承包工地，对其进行实时监督。这种方法也可以适用于企业采购活动，而外部资源管理则是将事后把关转变为事中控制的有效途径。

传统采购管理的缺点就是与供应商之间缺乏合作、缺乏柔性和对需求快速响应的能力。供应链的思想对企业的采购管理提出了严峻的挑战，它需要对传统的为库存而采购的管理模式提高采购的柔性和市场响应能力，增加与供应商的联系和相互之间建立新的合作模式。在传统的采购模式中，对采购部门的要求不能得到实时的响应，控制产品的质量也只能进行事后把关，不能实时监控，这些不足都使供应链企业无法实现运作同步化。因此，在供应链管理下的采购管理就要实施有效的外部资源管理。

实施外部资源管理也是实现生产精细化、生产零库存的要求。供应链管理的一个重要思想就是在控制生产中使用基于订单流的准时化生产模式，从而使供应链企业的业务流程向精细化方向生产转变，简单地说，就是实现生产过程管理零缺陷、零库存、零交货期延迟、零故障、零纸文书、零废料、零人力资源浪费。供应链管理思想简单地说就是系统性、协调性、集成性、同步性的外部资源管理，是实现供应链管理的重要步骤之一——企业集成。从供应链企业集成的过程来看，它是供应链企业从内部集成走向外部集成的过程。要想实现外部资源管理企业的采购活动，应从以下几个方面改进：

与供应商建立一种长期的、相互的合作关系。这种合作关系不仅保证供需双方合作的诚意，也提高双方共同解决问题的积极性。

通过提供反馈信息和教育培训，支持在供应商之间促进质量的提高和保证。传统采购管理的缺点是没有给予供应商充分的有关产品质量保证方面的技术支持和信息反馈。在顾客需求化的今天，产品的质量是根据顾客的要求而决定的，并不是简单地通过事后把关就可以解决的。在这种情况下,管理质量的工作在需要企业提供相关质量要求的同时,还要把产品质量问题及时反馈给供应商以促进其及时改进。对个性化的产品质量要提供有关技术培训,使供应商可以按照需要提供合格的产品和服务。

参与供应商的产品设计和产品质量控制过程。供应链管理的一个重要思想是同步化运营。通过同步化的供应链计划可以使供应链各企业在响应需求方面取得一致性的行动,从而提高供应链的敏捷性。制造商企业应该参与到产品设计和质量控制的过程中来,并同时共同制订关于产品质量标准等使需求信息,这样能很好地体现在供应商的业务活动中。

计划协调供应商。一个供应商可能同时参与多条供应链的业务活动,因此在有限的资源下必然会造成多方需求争夺资源的局面。因此,下游企业的采购部门必须主动参与供应商的协调计划中,在资源共享的前提下保证不因为供应商资源分配不公而出现企业与供应商之间的矛盾,从而保证供应链的正常供应关系,维护企业的利益。

建立一种新的、层次不同的供应商网络并通过供应商致力于与供应商建立供应合作关系。一般来说,供应商越少越有利双方的合作。但企业的产品对零部件或原材料的多样需求导致不同企业供应商的数目有所不同。企业应根据自己的情况选择适当数量的供应商,从而建立供应商网络并逐步减少供应商数量,努力和少数供应商建立战略伙伴关系。例如,1993年,柯达公司创立了一个由采购人员和工程人员组成的小组,统一负责世界各地的所有柯达生产厂,并对控制系统的使用和采购情况施行管理。控制系统控制整个生产的工艺流程,特别是高度自动化的工厂。在选择供应商的过程中,柯达公司尽可能选择少的供应商,并且小组侧重于考察控制系统的寿命周期成本,而不是单位成本。寿命周期成本有两个:隐性成本和显性成本。隐性成本包含培训、工程、零部件维修、可靠性等方面的成本。柯达公司的隐性成本大约是单位成本的2.5倍。小组选择供应商将在全球范围内进行。小组首先对现有的控制系统供应商进行评价,主要对产品、服务、潜在的成本降低能力、全球竞争能力、战略导向等进行调查,再据此对潜在的供应商进行评价,从而将供应商分为三类:世界一流供应商、首选的供应商和淘汰的供应商。在此基础上,根据合作目标选择尽可能少的供应商进行合作。通过这种方法选择供应商,柯达公司在控制系统上大约降低了25%的总成本花费。特别是柯达公司的小型生产厂具备了控制系统安装周期缩短、供应商允诺持续更新、地方分销商愿意持有闲置部件、供应商在设计早期就参与其中等优点。

外部资源管理并不是采购一方单方面的努力就能取得效果的,需要供应商的配合和支持。为此,供应商应该从以下几个方面提供协作:帮助拓展用户(下游企业)的多种战略;保证售后服务的质量;对下游企业的问题快速作出反应;及时报告可能影响用户服务的内部问题;根据用户的需求不断改进产品和服务质量。

(三)从一般买卖关系向战略协作伙伴关系转变

供应链管理模式下采购管理的第三个特点是供应与需求的关系从单一的买卖关系向双方建立战略伙伴关系转变。在传统的采购模式中,供应商与需求企业之间是一种简单的买卖关系,所以对于一些涉及全局性、战略性的供应链问题无法解决。这些问题是:

1. 库存问题

在传统的采购模式下,供应链的各级企业都没有办法分享库存信息,各级节点企业都独立地采用订货点技术进行库存决策,从而不可避免地产生扭曲需求信息的现象,使得供应链的整体效率没有得到充分提高。但在供应链管理模式下,可以通过双方合作共享库存数据,采购的决策过程变得更加透明,这就减少了需求信息的失真现象。

2. 风险问题

通过战略性合作关系,供需双方可以降低因为不可预测的需求变化带来的风险,如运输过程的风险、信用的风险、产品质量的风险等。

通过合作关系,可以为双方解决问题提供便利的条件,可以共同协商制订战略性的采购供应计划,从而不必为日常琐事消耗时间与精力。

3. 采购成本降低问题

由于建立了合作关系,供需双方都能够从降低交易成本中获得好处。由于避免了许多不必要的手续,谈判过程中信息又可共享,避免了由于信息不对称决策而导致的可能的损失。

战略性的伙伴关系消除了供应过程的组织障碍的问题,并且为实现准时化采购创造了条件。

三、供应链管理与传统管理模式的不同

供应链管理同传统的物料管理与控制有明显的不同,大致体现在下面几点:

第一,供应链管理把供应链中所有节点的企业看成一个整体。供应链管理涵盖整个物流的从供应商到最终用户的采购、制造、分销、零售等职能领域过程。

第二,强调供应链管理和依赖战略管理。"供应"是整个供应链中节点企业之

间共享的一个概念（任何两节点之间都是供应与需求关系），又是一个有重要战略意义的概念，它影响或者决定了整个供应链的成本和市场占有份额。

第三，供应链管理的关键是需要采用集成的思想和方法，不单单是节点企业、技术方法等资源的简单连接。

第四，供应链管理有更高的目标，通过管理库存和合作关系去达到高水平的服务，而不是单单完成一定的市场目标。

第二节 现代企业采购管理中的问题及挑战

一、企业采购管理情况

（一）采购观念的落后

因为历史的惯性和环境的作用，我国企业在采购管理方面存在大量不合时宜的观念，大致体现在两方面：

1. 重销售，轻采购

企业价值链中两个重要的战略因素：采购与销售。但我国企业对其重视是不同的，大多数企业都重视如何销售产品，而不是管理采购环节。长期以来，企业界一直把采购，当作例行的幕僚工作，而不是把它作为企业商务活动的重要环节来对待，从而忽视了采购对企业产销活动的贡献。

2. 过于利己，缺乏战略眼光

我国多数企业采购观念中的误区还表现为只单单考虑节支，更多地考虑利己。采购管理的目标多数集中在压低供货商的价格，没有从长远角度来培养与供货商的合作伙伴关系。多数企业为了追求经济利益而没有注意自身的信用程度，对与其有商业往来的企业却尽力将利益收为己有。甚至还有个别知名企业用名气来挤压供货商，长期拖欠巨额供货商货款。这些行为肯定不会给企业带来长远利益。

（二）存在灰色采购

目前，我国企业普遍存在的一种屡禁不止的现象就是灰色采购行为。其大致意思是采购者在没有综合分析所有销售信息的情况下盲目地或故意地做出对采购主体不利的采购决策行为。灰色采购行为广泛存在于不同类型企业中，从而造成企业大量流失利润。采购环节的腐败、盛行"灰色"回扣多年来在工商企业中已经成为公开的秘密。回扣使制造业产品进入市场的成本提高，一些假冒伪劣商品可以使用"灰金"收买市场通道，从而导致一些好产品因无力支付回扣费用被市场拒之门外。灰色采购一方面提高了企业采购成本，另一方面也败坏了社会风气。因此，加强企业采购管理不仅是一个经济问题，也是一个社会问题。

二、供应链管理下企业采购管理的挑战

1. 采购信息化所面临的挑战

作为一种现代管理方法，供应链管理就是对其整个供应链中参与组织、部门之间的物流、信息流与资金流进行计划、协调与控制等，其目的是通过提高所有相关流程的效率降低不确定性。它在实施过程中要求共享供应链中的节点企业之间以及企业内部的信息流通畅。采购管理作为供应链管理中的重要一环，提高效率对增强整个供应链竞争力有着重要的作用。采购的信息化管理将是提高采购效率的有效方式。传统的采购过程是信息不对称的博弈过程。在采购过程中，采购一方为了从多个竞争的供应商中挑选出一个最佳的供应商，一般会保留私有信息，而相应的供应商也在和其他供应商竞争中隐瞒自己的信息。因为供应与采购双方在信息的沟通方面没有及时的信息反馈，所以当市场需求发生变化时，采购一方也不能改变现有的订货合同。这样，当采购一方需求减少时，库存就会增加，而需求增加时，就会出现供不应求。供需之间对用户需求的响应没有同步进行，没有应付需求变化的能力。

2. 采购质量和成本所面临的挑战

供应链管理下的采购是由订单驱动的采购方式。这种方式可以有效地降低库存，但同时也会对采购的产品和原材料质量要求更高。如果采购的产品和原材料出现质量问题，要是没有足够的库存进行补充，就会导致生产线停止工作，使交货期延误。传统采购过于注重交易过程，而在质量控制方面就会忽视。但由于采购一方很难参与供应商的生产组织过程和有关质量控制活动，相互工作不透明，所以会对采购质量的控制采取事后把关的方法。这种质量控制方法会使采购部门对采购物品质量控制增加难度。因为采购部门"上游"质量的控制程度不足，一方面会加大"下游"质量控制的难度，另一方面也会增加企业来货检验费，无形中还增加了库存成本和后续产品的服务成本。

3. 采供关系所面临的挑战

采购工作在供应链管理模式下要做到恰当的数量、恰当的时间、恰当的地点、恰当的价格和恰当的来源。在有完善的信息系统作支撑的同时，还要有战略协作性供应商的支持。与供应商建立长期的合作伙伴关系，能够保证及时供货，也就是只在需要的时候按需要的量提供所需的物品，可以共同保证和提高质量。因为买卖双

方都知道不良产品会给双方带来损失,所以应该提高质量并且降低成本。采购方与供应商要在一种确定的目标价格下共同分析成本共享利润。在传统采购模式中,供应与需求之间的关系是临时性的或者短时性的合作,而且竞争多于合作。因为没有合作与协调,采购过程中各种乱七八糟的事情使多数时间浪费在解决日常问题上,导致没有更多的时间用来做长期性预测与计划工作,供应与需求之间缺乏合作的气氛也就增加了许多运作中的不确定性。企业在供应链管理下要实施有效采购管理,必须注意这些问题。

第三节 企业采购管理的优化途径

一、建立与完善管理信息系统

(一)建立信息系统的意义

供应链管理的基础叫做信息系统。没有信息系统,就谈不上供应链管理。供应链上的合作企业必须互相了解各自的情况,从而对市场需求作出快捷的反应。因此,建立一个快捷的信息系统是必需的,这是企业进行快捷反应的前提。首先,信息系统应处理日常事务和电子商务;其次,信息系统支持多层次的决策信息,如需求计划和资源规划,最后信息学院应根据多数来自企业外的信息进行策略分析。信息系统在管理供应链中起到下面几个方面的作用:

1. 有利于快速了解信息

用互联网络等信息技术来交换关于消费者的信息成为企业获得消费者和市场信息的途径,例如供应链的参与各方通过信息网络交换订货、销售、预测等。基于这些信息,供应链管理者可以对供应链进行有效的管理。大多数企业基于详细的销售服务信息和成本信息应对市场的改变,作出最佳决策。

2. 有利于建立新型顾客关系

信息技术使供应链管理者通过顾客与供应商之间构建信息流和知识流来形成新型的顾客关系。企业建立信息系统可以把企业内部各个部门的采购需要都集中起来并通过电子市场进行招标,一方面可以发现优良的供应商,从而节约采购成本使采购业务合理化,另一方面也可以为公司内部的采购人员提供进入全球市场的机会。

3. 有利于开发高效率的营销渠道

企业利用网络与其经销商协作,在零售上建立订货和库存系统。企业通过信息系统可以获知有关零售商商品销售等有关信息，在这些信息的基础上进行库存补充和销售指导，使企业与零售商一起提高营销渠道的效率，从而增加顾客满意度。

4. 有利于共享信息与知识

供应链管理者须要不断地改进供应链的运行过程并在供应链内部和企业内部对有用的信息进行分享。企业有能力获得有关促进供应链革新和增强供应链能力的信息是十分重要的。所以，要建立企业知识管理系统，使有效的信息和知识电子化，从而使之可以与整个供应链一起分享。

（二）实施 ERP 系统

ERP 包含计划、采购、库存、生产管理、销售与分销、财务、售后服务、成本核算等各个部分，涉及企业的所有方面。ERP 结合财务、分销、人力资源的管理系统，使企业内部的物流、资金流和信息流均形成了闭环，同时把供应商、销售商、物流商以及客户归入系统管理的范围，因此它又是一个开放的系统。一方面，它实现了共享资源，有效地提高了企业决策的质量和速度，从以前的事后控制转变为现在的事前控制和事中控制，保持了信息传递的完整性和及时性；另一方面，它消除了传递过程中造成的信息失真等现象的出现，减轻了信息不对称带来的决策误差，促进了决策的质量和速度的提升。ERP 的成功关键因素有：

1. 选择适合的软件厂商的产品

企业选择 ERP 系统有时存在一定的盲目性，而这种盲目性导致选出的软件在日常中不一定适合企业的需要，从而导致整个 ERP 投资的失败。企业在选择 ERP 软件产品时应该注意：

第一，企业是否清楚地定义了自己的需求和期望。第二，如何综合地评价 ERP 系统，包括软件功能、开发工具、价格、软件商的技术支持能力等。第三，企业如何将自身的实际需求与软件系统很好匹配，从而选择最适合自己的 ERP 系统。第四，由哪些部门和人员对软件作出评价选择。第五，企业选择 ERP 系统软件时，如果各方出现了完全不同的意见时该如何处理等。

2. 变革管理

（1）转变管理理念

ERP 系统区别于其他信息系统的一个方面在于 ERP 系统的实施是一个管理项目，而不仅仅是一个 IT 项目。而很多企业高层管理人员却没有认识到这一点，在选择系统时仅由技术主管负责，没有业务部门用户的参与。在实施此系统时，也只由技术部门负责，没有管理人员和业务人员的积极参与。

转变管理观念还体现在实施 ERP 系统过程中。ERP 系统不单单是一套软件，还是一套先进的供应链管理思想。只有深刻理解、全面消化吸收了新的管理思想,并结合企业实际情况加以运用,才能充分发挥 ERP 系统带来的效益。因此,在实施过程中,企业管理人员和业务人员能够成功地转变管理思想是一个不可缺少的成功因素。

(2)重组业务流程

企业在实施 ERP 系统中,必须对企业的业务流程进行重组。任何成熟并且先进的业务流程模板都是可以借鉴的,但是重组业务流程还涉及人员的变动、权力的重新分配、组织结构的改变等,所以企业还必须按照自己的实际情况设计自己的新流程。

(3)持续改善管理

当 ERP 系统开始上线运行,许多人便可以松一口气,一旦碰到新问题都会怨天尤人,事实上,任何一个信息系统都有相当长的试行、维护期,企业要进行持续的进行改善才能取得成功。

3. 实施正确的方法

企业在实施 ERP 系统时应该按照下面的方法进行,才可以取得成功。

(1)组织高效的实施队伍

实施队伍和实施人员对于 ERP 系统的成功实施十分重要,应该由具有丰富 ERP 系统项目实施和企业流程管理经验的咨询人员和企业内部的管理人员、业务人员以及技术人员共同组成项目的实施小组。经常发生的情况是各方人员不到位,实施队伍完全由计算机背景的技术人员组成,这将会隐藏着巨大的风险。

(2)进行需求分析

选择 ERP 系统是一项非常复杂的工作。事实上,任何系统的表面的用户信息需求得到都是很容易的,但是想要得到更深一步的企业独特性的需求是需要予以最多考虑的。要是开发小组不深入地分析用户的需求,仅仅从技术角度予以考虑,就会在系统实施一段时间以后发现具体业务以及管理需求没有得到充分满足,这就会造成相当严重的人力、物力、财力资源的浪费。

(3)安排科学的实施时间

在实施 ERP 系统的过程中,企业必须管理项目和控制项目进度,从而保证整个实施过程可以按照预计的时间表进行,这对于 ERP 项目的成功十分重要。

(4)有效地控制实施成本

ERP 实施过程中需要投入较大的成本,实施结束时资金往往超出预算,所以进行有效的实施成本控制是十分有必要的。

(5)完善的系统安全体系

系统安全包括操作系统授权、网络设备权限、应用系统功能权限、数据访问权限、预防病毒、非法入侵的监督等。目前，企业在 ERP 系统的实施过程中普遍不重视系统，没有安全意识的后果就是系统在安全设计上有着漏洞和缺陷，这就会导致系统的瘫痪。

（6）系统集成的成功

企业中先前是各自分开来开发的一些自动化信息孤岛和 ERP，当集成时就会出现很多接口上的问题。要想深入了解各个孤岛的内部机制，并将其集成在一起并非一件易事。数据库的共享还需要数据的规范和利益各方的协调，否则很难将系统集成起来。

二、重构企业组织和业务流程

（一）企业组织结构与业务流程管理变革的必要性

在工业化时代，市场环境还是较稳定的，产品供不应求，企业强调规模经济，企业组织结构呈现出金字塔式的结构。多职能部门、多层次、严格等级制度、以简单重复的劳动来获得部门的效率是其结构特点。其缺陷是工作时间较长，一项业务要流经不同部门、不同层次，大量的时间和资金都浪费在很多不增值的活动中。

在实际操作中，有的流程（如询价、报价）在多数企业中并不是每次都进行的。这个流程的弊端是物料管理、采购管理、供应商管理都通由一个职能部门来完成，没有监督和控制机制。供应部为保证正常供应原材料，一定会加大采购量，这就很容易导致不必要的库存积压，增加大量的应付账款，当原材料涨价时显得特别严重。因为业务信息共享程度弱，业务可追溯性弱，要是出了问题，调查是十分困难的。人员的岗位变动对业务的影响较大，一般对采购控制大多都是事后控制，这就会造成很多不必要的损失。

信息化时代的到来使市场环境变得更加不稳定，顾客要求也趋向于多样化，企业一方面追求规模经济效益，另一方面也强调时间经济。上述流程使企业难以满足多方要求，从而导致组织结构越来越显得僵硬：一项任务必须要流经各个职能部门，上一环节的工作必须完成之后才可以开始下一环节的工作。要是把一个完整的项目所包含的各项作业在职能部门之间进行分散，不仅会造成部门之间衔接中的等待时间较长，还会增加各部门很多重复劳动，而完成任务所花费的时间就会大量延长。尽管人们曾试图使用先进设备，从而减少时间和资金的浪费，如应用管理信息系统等，但因为组织设计对业务流程没有产生根本性的影响，其应用效果不是很好。

为了适应新的竞争环境，对传统企业组织模式及业务流程进行改革是很有必要的。美国麻省理工学院 M. 哈默教授于 1990 年在《哈佛商业评论》上首先提出企业业务流程重构（简称BPR）的概念。要打破企业按职能设置部门的管理方式，代之以业务流程为中心，重新设计企业管理过程是BPR的核心思想。它是"为反映企业绩效的关键原因，像成本、质量、服务和交货速度等方面得到重大进展，从而对企业整个活动过程所进行的根本性重新设计"。

基于BPR，必须改善和创新企业采购的组织结构和业务流程，一方面要求在企业组织结构中减少甚至消除那些不产生附加值的中间环节，另一方面还要求以业务流程为企业组织的主干，彻底改造企业的组织结构模式。经过战略联盟而利用企业和供应商的技能，采购组织可以促进产品开发，加速进入市场，最后得到市场地位和财务成果。

（二）重构供应链管理下企业采购组织

建立一个新的企业组织结构是一项十分复杂的系统工程，其核心内容放在运营的规则上是很有必要的，包含速度、准确性、灵活性和反应性。基于BPR的企业组织结构应以关键流程为主干，彻底打破以前的按职能分工的组织结构。旧的职能部门也可以存在，但其重要性在流程之后，并且转变为激励、协调、培训等。在信息科学推动下，执行人员被授予更多的决策权，对人员素质要求会更高。

如果在供应链管理环境下仍然沿用传统业务流程，供应链管理模式带来的优势有可能被落后的工作方式所取代，其先进性是体现不出来的，从而使企业失去对新管理思想的信心。所以，企业系统须分析现行管理模式，理解供应链管理的实质，必须在电子商务支持下重构企业采购业务流程。

1. 分析供应链环境下采购业务流程重构的目的

供应链管理环境下，制造商与供应商，制造商与分销商，供应商与供应商之间多数要借助于网络或进行业务联系。在信息技术支持下，业务环节将会变得简单快捷。由于供应链企业之间的合作关系，之前那些为处理订单而设置的部门、岗位和流程就可以重新考虑设计。采购流程再造包含对企业范围的采购实践进行重新思考和设计，其目的是使供应链的各个要素都得到质的飞跃，包括质量、成本、技术、周转率、库存水平、提前期、交易和权益总成本等。

2. 分析供应链环境下的企业采购循环

伴随着管理供应链的应用，企业管理信息化的程度日益提高，使采购业务流程发生较大变化。以前是生产管理人员制订出生产计划后再经物资供应部门编制采购计划，同时还要经过层层审核才可以向供应商发出订货。因为流程较长，流经的部门也比较多，所以难免会有脱节、停顿、反复等现象出现，从而导致完成一项业务要花费很长时间。而在供应链管理环境下，生产部门制订生产计划后，采购供应部门可以通过数据库读取计划内容,然后计算消耗所需的原材料、配件和数量,之后迅速制订出采购计划。通过查询数据库的档案就可以得到最佳的供应商信息,然后迅速向有关厂家发出订货单。

采购循环需要从组织内部到外部购买物料、设备、补给及其他物品开始,在采购部门被通知货物已收、符合要求时结束。其主要步骤为:采购部门收到正式采购请求——采购部门选择供应商——采购部门向供应商订货,监督订单并且接收订单。供应链管理环境下,企业之间建立了战略合作关系,可以通过网络传递上下游企业间的供需信息,然后直接从不同企业的网站上获得相关信息。这样可以简化企业间的业务流程。

3.分析采购业务流程重构的意义

重构企业采购业务流程,一方面可以降低采购成本,简化传统的采购过程,从而使复杂的订单管理变得更加简单,使企业的采购环节井然有序,另一方面,与供应商的交流可以更加多样化,增强采购效率和效益。尤其是可以降低采购成本,与此同时还能够减少错误,从而节省下提供订单和支付费用的时间,使买卖方形成互动,并为双方创造了安全可靠的网络交易环境。

第九章
现代企业采购管理的创新

第一节 现代企业采购管理创新的背景

一、思想方面

行为的先导是观念，无论对个人还是组织都是这样。由于历史具有的惯性和环境的作用，我国企业在采购管理方面存在着很多不合时宜的观念，主要体现在下面两个方面：

（一）重销售，轻采购

企业价值链中两个重要的战略因素是采购与销售，而我国企业对其重视程度是不同的：多数企业都重视如何销售产品，而不是对采购环节的管理。长期以来，企业界一直把"采购"当作例行性的幕僚工作，并没有把它作为企业商务活动的一个重要环节来对待，忽视了采购对企业产销活动的贡献。曾经的观念是"有钱就能买到东西"，没有物资来源，可能会受到天然或人为因素的限制。一般企业经营者或主管比较注重"开源"，而不是"节流"。观念落后在很大程度上影响了企业采购行为的合理性。

（二）过度为己，没有战略眼光

我国企业过去采购观念中的误区还有一味考虑开支，过多地考虑自己的利益。采购管理的目标主要是对供货商降低采购价格，没有从长远发展的角度考虑与供货商建立合作关系。多数企业为了追求经济利益而没有注意信誉和商业道德，从自己的利益出发，所以将责任、风险、成本等转嫁给其他与其有商业往来的企业，却将利益收归自己。甚至还有个别知名企业用名气而挤压供货商，长期拖欠供货商货款。这些行为都不会给企业带来长远利益。

二、行为层面

灰色采购行为是目前我国企业存在较普遍的一种现象。采购者在没有对商品销售信息进行综合分析的情况下，盲目地或故意地做出对采购主体不利的采购决策的行为就叫做灰色采购行为。灰色采购行为广泛地存在于不同类型企业中，从而导致企业利润的大量流失。

采购环节的腐败、"灰色"回扣的盛行，多年来在工商企业中已经成为公开的秘密。回扣使制造业产品进入市场的成本上升，有些假冒伪劣商品使用"灰金"收买市场通道，从而导致好产品因无力支付回扣而被市场拒之门外。很多企业的采购环节中，收受回扣和贿赂，舍贱求贵，以次充好，损公肥私的现象十分严重，从而造成资产大量流失，败坏了社会风气。因此从严格意义上说，加强企业采购管理不仅是一个经济问题，还是一个重要的社会问题与政治问题。影响企业绩效的企业灰色采购行为可以分为故意的灰色采购行为和盲目的灰色采购行为。

（一）故意的灰色采购行为

故意的灰色采购行为是"故意"的，即企业采购者明知其采购行为不利于企业发展，但是由于种种原因而故意做出不合理的采购行为。

第一，官员采购。本来，企业应有专门机构来进行企业采购，可是在实际工作中，有些有权势的上级领导经常命令或逼迫企业使用不合理的价格与质量来购买某种商品。因为这些人在某些方面能够制约企业，企业惹不起或根本不敢惹，所以明知不妥，也得执行。这样的采购行为会导致企业产品的成本和最终质量不合格。

多数企业采购权在少数主要领导手中、尤其是"一把手"，从而就使一部分人把采购行为变成个人权力行为，利用尚未发育完善的市场环境到处"寻租"。甚至有的直接插手采购，将采购作为个人发财的机会。在他们的身上充满着"短期行为"、"长官意志"、"家长作风"等行为，从而导致企业采购决策失误或失职行为经常发生。有些供货商就是看中了这一点，利用个人关系从采购企业获得其自身的利益。

第二，降低采购质量。企业采购行为是理智型购买。可是因为信息客观存在不对称现象，原材料供应商产品的不断更新换代，再包括采购者主观上的故意，从而就会出现降质采购的现象发生。太差的原料品质或设备一方面无法达到使用目的，另一方面还会增添使用上的困难和损失，如买进的灯泡光度不足、买入的原材料损耗率太高等，都会给正常的生产造成障碍。

第三，高价采购。采购商品的价格应公平合理，采购价格不能过高。要是采购价格太高，买方就会负担额外成本，从而会使产品的竞争力下降。商品价格与质量、供求关系、物流费用紧密相关。如今进货渠道多元化，商品价格和物流服务价格的透明程度日益下降，采购人员使用低买高开、高买高开吃回扣、与供应商沆瀣一气做手脚等方式，中饱私囊，从而给采购企业带来产品成本膨胀的隐患。

第四，采购超量。批次与批量采购能够直接决定着企业采购费用。如果供货单位货源并不紧缺，对于本地货源多数情况下就会采取小批量多批次进货的方式，对于远程货源应采取批量进货。只有这样，才可以保证企业在满足生产供应需求的前提下降低采购费用和企业流动资金占用量，加快流动资金周转。如果使用标准来衡量企业采购行为，就能够发现很多不合理现象，而最常见的就是超量采购。

第五，采购越位。这是采购主体想要获取非法超额利润而采用超越政策法规界限的渠道和手段进行的商品采购行为，如对地区代理规范的破坏，也就是"窜货"行为；大中型商业零售店营业组从集贸市场"搬砖头"等。

（二）盲目的灰色采购行为

与故意的灰色采购行为相比，有盲目的灰色采购行为的人一般很少存在利己动机，观念落后，素质较低，对现代管理方法学习研究不多都是其主要原因，从而就会不自觉地采取不利于企业的采购行为。

第一，超质采购。品质应以适合可用作为其原则。从核算成本的角度来考虑，质量提升一定会使价格上升，采购支付的总价格一定会大幅度上升。超过既定质量水平的超质采购是一种不能形成产品使用功能的无效支出，不但不能提倡，还必须尽量减少或避免。由于品质太好，一方面会造成购入成本提高，另一方面还会造成浪费，例如买进极速超过道路速限的汽车，买进只放不录的录音机、甚至还有产能超过实际产量过多的机器等。

第二，提前采购。为了保证生产供应，采购有一个采购提前期是必不可少的。很多企业在控制采购提前期方面，工作过于粗放，导致大量原材料长期占压大量流动资金。如果采购行为发生过早，就会造成企业堆积存货，占用大量仓储面积，也因为使用资金影响了资金周转速度影响企业的整体效益。

第三，舍近求远的采购方式。企业需要的某种原材料，在等质等价的情况下，就近会有利于企业采购。可是在多数情况下，一些企业不深入比较质量，只盲目相信名牌，盲目崇外，从而导致一方面提高了原材料的价格，另一方面还多花了一大笔运输费用，提高了采购成本。

第四，独家采购。很多企业在购买原材料的时候，只选择一家供货商建立长期购销合同，自我感觉用起来放心，省事。但是长期从一家供货商购进原材料，就会导致对方产生垄断心理，从而提升价格、服务质量下降。要是在保证质量的前提下，选择几家供货商进货,让它们相互之间进行竞争,并在它们之间相互公开,情况就会大不一样。

除了灰色采购行为,企业的采购环节还存在着强买强卖等其他不良采购行为,不利于企业采购环节的管理效率。

三、增强企业采购管理创新的必要性

经济主体为满足自身的某种需要,通过支付一定代价的方式向供应商换取商品或劳务的经济行为叫做采购,其目的是以最少的支出得到最大的收获。提出采购需求,选定供应商,谈判价格,确定交货及相关条件,签订合同并按要求收货付款就是采购过程。在平时经济生活中,有各种不同类型的采购:根据采购得不同主体,有个人采购、家庭采购、团体采购、企业采购和政府采购等;根据采购的不同客体,有农产品采购、工业品采购、工程采购和服务采购;根据采购频率与数量,有集中采购和日常采购;交易方式包含现款采购、租赁采购、交换采购等。本文主要讨论企业采购行为。

伴随着市场经济日益发展与完善,采购已经从单纯的商业买卖演变成为一种职能与专业。在现代企业经营管理中,采购显得十分重要,外购件与原材料能否采购成功会影响企业的竞争力。认识到传统采购的误区,正确理解采购与采购管理的重要性,运作方式与方法,是企业在全球化、信息化市场经济竞争中赖以生存的基本保障,也是现代企业发展的一个必然要求。

(一)采购环节具有不可或缺性

企业可能没有销售的机会,却无法避免采购行为。因为存在社会分工,不管是什么性质与类型的企业,所有生产经营需要的各种物资不可能完全自给自足,企业所需的原材料、设备等必须依靠采购。企业一项不可或缺的经济活动就是采购。没有采购,企业就没有办法维持日常经营活动,更谈不上发展。

(二)采购环节的重要意义

第一,从价值角度看。为了能够正确理解采购环节的重要性,区别采购成本和采购费用的概念是很有必要的。

采购成本:其含义是企业采购成本与所采购物资的价格和采购费用的总和。这部分成本组成了企业成本中的主要部分。

采购费用:企业在物资采购过程中发生的各种耗费,包含由购货单位负担的运输费用、入库前的挑选整理费用、保管费用、定额范围内的途中损耗等。采购费用和物资价格一起组成了企业采购成本。

就世界范围来说，一个典型的企业，一般采购成本（包含原材料、零部件）要占到60%左右，工资和福利占20%，管理费用占15%。而中国的工业企业，各种物资的采购成本要占到企业销售成本的70%。据国家经贸委1999年发布的数据，如果中国的国有大中型企业每年下降采购成本2—3%，那么就能够提升500多亿元人民币的效益，相当于1997年国有工业企业的总和利润。美国通用汽车公司有一位叫佩罗斯的采购经理，用完善的采购系统，每年可以节省通用汽车公司10亿美元的采购成本。

举个例子：一家公司花费总收益的50%来购买原材料，税前纯利润是10%；每销售100元，利润是10元，物料采购成本为50元，其他开销为40元。假设所有成本费用都随着销售变化而变化，其损益情况为：

销售为￥100，则生产成本中，采购￥50，其他￥40，税前利润为￥10。

假设这家公司想要多赚1元，采取扩大销供的方法，那么销化额必须提升到110元才可以实现，采购以及其他开销则相应就要提升至55元和44元。所以，新的损益情况：

销售为￥110，生产成本中，采购￥55，其他￥44，税前利润为￥11。

假设这家公司采取降低采购成本的方法，那么节省2%的采购成本就能够达到利润上升1元的目的。其损益情况为：

销售￥100，生产成本中，采购￥49，其他￥40，税前利润￥11。

上文中采购成本降低2%与销售额增长10%对税前纯利润的影响是对等的，可是提升销售额就需要提升5倍的努力。由此可知，采购成本占总销告额的比重越大，两者的比例也就越显著。所以，采购对企业的成本和利润的影响是很大的。

在市场经济条件下，市场决定价格，从而导致计划经济体制下"成本+利润＝价格"的公式已经改成"价格－利润＝成本"的模式。成本已经不再是既成的事实，而是企业管理所追求的目标。邯钢"模拟市场核算，实行成本否决"的例子可以体现。企业利润的实现直接取决于成本目标能否完成，而采购在其中发挥着的作用也越来越重要，采购部门已经逐渐成为企业的又一个重要的利润中心。

第二，从质量的角度来看。采购一方面是企业物流系统的第一关卡，另一方面也是控制产品质量的第一环节，外购物资的质量状况能够直接影响本企业的产品质量。不管生产管理经验多么丰富，生产技术多么先进，采购环节质量把握的失误都有可能会造成不可挽回的损失。因此，企业必须重视采购环节的质量管理。确定合理的货源，"货比三家"，择优购买；鉴定供应商的资格，与供应商协调要求；制订检验计划，进行入厂检验；制定不合格品处理程序、对供应厂商进行质量评级等；

这些活动都能够保证外购物资的质量。

通过采购，企业可以将质量管理延伸到供应商，从而提高自身产品的质量。但产品中价值的采购部分是由供应商操作，也就是说产品"生命"的60%由来货质量控制之前得到保证。一个企业要是能将1/4到1/3的质量管理精力用在供应商的质量管理上，那么企业自身的质量水平可以提高到50%甚至更多。

第三，从时间角度看。企业的敏捷、快速、质量、成本这四个维度是其生存甚至成功的基石。在20世纪60年代，成本是企业竞争的主要原因；70年代转变为质量；80年代以后则为时间。特别是现在，随着市场竞争越来越激烈，经济活动节奏逐渐加快，市场机会几乎是稍纵即逝，每个企业对时间的要求越来越高，不仅要求供应商按期交货，而且时间也越来越短。

在市场竞争日益激烈的条件下，提升时间、加快商务活动周转速度对企业越来越重要。企业商务活动的基础环节是采购，供应商的反应速度必须符合采购者的要求，实现准时交货，从而能够快速满足生产部门的要求。

（三）采购环节的薄弱性

采购是我国企业管理中十分薄弱的环节，如今我国很多采购制度都是一种较为落后的状态，如："大而全"、"小而全"的体制导致企业对于核心竞争力与非核心竞争力根本不加区分；实施电子商务过程中，条件不配套，网上采购进展有限。种种落后状态容易给经济犯罪分子以可乘之机，采购中的违法乱纪现象屡屡发生，暗箱操作十分猖獗。

目前，我国对企业采购管理的研究还很少，远远落后于企业对采购知识的需求。由于对采购的正确认识较少，又没有先进系统的采购理论与技术，我国企业采购环节的隐性浪费现象十分严重。由于市场化水平与管理水平相对落后，采购技巧较低，方法较少。近几年来，越来越多的企业开始重视采购管理并试图用招标采购等方式降低采购成本，但这些进步只是初步的，距国际竞争的要求还是较远。

（四）忽视采购管理

物流、库存与采购因为直接影响到企业控制成本，所以一直是西方发达国家企业管理的核心内容之一。20世纪80年代中期，产业竞争激烈，利润空间较少，采购管理开始成为帮助企业得到竞争力的战略问题并得到重视，战略采购日益成为跨国公司提高公司营运能力与市场定位的系统方法之一，相继在欧洲和美国盛行。世界经济500强中的一些公司通过采用战略采购方法有效地改变了企业财务状况，逐渐优化供货商组合，从而有利于提高企业的竞争力。

相对而言，我国企业在采购与供应链管理方面重视程度不足。企业管理注意力往往集中在营销、财务等环节，对于采购管理的研究则重视不足。这一点可以从配置人员的比例上看出：制造性企业的采购人员数占企业员工总数的比例在 1%—2% 之间，而销售人员比重较大，一些制药公司甚至到了 50% 以上。不管是企业界还是管理学界，都是谈销售较多，谈采购较少。如今已经有企业为控制采购成本使用了招标采购、比价采购、集中采购等方法，但在实践中还是存在很多问题。

总起来说，采购是企业商务活动中一个必不可少的环节，这一环节在我国企业实践中十分薄弱，还没有引起管理者的高度重视，在一定程度上影响了企业管理的整体水平。

四、创新企业采购管理的背景

（一）国内背景：买方市场呼唤对采购管理进行创新

买方市场，在中国 20 世纪 80 年代中期之前，还只是在少数书本上或在经济学家头脑里的名词，今天，它频繁地出现于报端和人们面前。买方市场形势是经济发展的必然结果，也体现了市场繁荣。

买方市场是指买方在市场交易中处于主导地位，卖方以买方为中心，从而展开竞争的市场。在我国由长期的卖方市场到初步形成买方市场的背景下，企业经营肯定会发生重大转折，只有创新才能够适应这个转折。只有增强企业管理创新，适应市场需要，才能促进企业快速并且健康发展。我国社会主义市场经济体制的建设和买方市场日益形成，加强和规范企业采购逐渐突出。在买方市场形势下，企业无论充当"买方"还是"卖方"，都必须对采购管理进行创新。

1.企业作为买方：必须优选供应商

在计划经济和卖方市场的经济时代，物资较为短缺。相对于采购人员来说，哪怕是计划分配下来的物资，也要求人才可以弄到手，而手里有"物"的人却是一批"特权"人物，批一张"条子"能够换来很多好处，采购一方的地位较被动，选择的余地并不多。

市场态势发展到了买方市场后，情况就发生了变化。尽管现今中国的买方市场还具有初级性和相对性，可是从总体上来说，购买方已经从被动地位转移到了主动地位，供应商围绕怎样能够满足买方需求展开了市场竞争。对于企业采购部门来说，良好的经济背景有利于企业发展，采购部门可以完全按照市场交易规则由自己选择供应商，对于供应商的价格、质量、交货期等因素进行综合评价，从而不断地追求物美价廉、时间有保证的供应。

2.企业作为卖方：微利时代应从采购管理要效益

从采购角度看，买方市场为企业创造了更多机遇，可是企业并不全是作为买方而存在的，企业也必须作为卖方，做到满足消费者的需要服务。在买方市场条件下，伴随着市场日益走向成熟，行业利润越来越趋于平均化，然后企业就进入了微利时代。这一背景使企业生存环境越来越严峻，企业接连倒闭也是正常的现象。

中国的市场经济脱胎于计划经济，短缺是计划经济的主要特征。在短缺条件下，生产商品可以获得高利润。短缺经济向过剩经济的转变，就说明企业暴利时代已经结束，微利时代开始到来。以1985年商业数据为例，全国国有商业零售企业利润率大约为15%，1997年就降为1.5%左右，好的能达到2%。这与发达国家零售商业的利润率差不多（法国和日本最有名的零售店利润大约是2.2%）。微利时代的到来，加大了企业的经营压力，企业要在激烈的市场竞争中得到生存和发展，必须以消费者为中心，由粗放经营向集约经营改变。改善企业的经营管理是十分重要的，采购管理则是企业增加利润、增强企业竞争力的一个最有潜力的环节。

综上所述，企业成本中的主体和核心部分是采购成本（包括购买价格和采购费用），因为企业管理中"最有价值"的部分是采购管理。然而在现实中，多数企业在控制成本时将大量时间和精力放在不到总成本40%的其他管理费用以及工资和福利上，从而忽视了主体部分——采购成本，结果往往是收效甚微。产品成本中材料部分（BOM）每年都存在着5%—20%的潜在降价空间。还有，采购价格每一元钱的节省都会转变为一元钱的利润，从采购的角度降低成本远比从销售上多卖产品容易得多。由此可见，相对于改进销售，加强采购管理有事半功倍之效。处于微利经济时代的企业，重视企业采购环节的潜力也是很重要的。

（二）国际背景：经济全球化的机遇和挑战

第二次世界大战以来，特别是近20年来，技术进步推动经济全球化进程逐渐加快，从而成为世界经济发展的主流。随着国际贸易壁垒的削减，国际商品贸易飞速增长，1980—1995年平均增长率达到5.6%，服务贸易异军突起，年均增长速度达到9.3%，均高于同期世界经济增长速度。国际互联网的出现和迅速扩张，使国际间信息流动快速便捷，"地球村"正在形成之中。

经济全球化的进程正在逐渐加快。信息技术的发展突破了时间和空间对经济活动的限制，从而为国家、企业间经济关系的发展提供了新的条件。

在世界范围内，各种信息可以有效地传递和共享，任何一个企业都可以从网上获得自己所需要的信息，世界上的每个企业都被经济纽带紧密地联系在一起，不仅可以互相依存，还可以互相补充。尤其是进入21世纪，中国加入WTO（世界贸易组织）之后，使中国经济与世界经济密不可分，企业面对的将是更加激烈的国际市场竞争，并且每个企业都有机会占领更大的市场，也可能因竞争失利而被市场淘汰。

1. 经济全球化为企业提供机遇

经济全球化是一个有关世界经济全局的长期发展趋势，其意味着生产的、消费的、竞争的全球化。经济全球化打破了国与国之间的壁垒，促进了各种经济资源在全球范围内优化配置。

经济全球化趋势改变了采购的职能范围。最初的跨国采购，也就是以降低成本来保持企业优势的一种防御性策略，对抗对本国市场进行渗透的国外进入者是其目的。如今，一些有远见的公司把国际供应管理看作驱动财务管理和增强竞争力的关键力量，一些拥有全球采购能力的公司降低成本，提高技能和灵活性，从而促进企业迅速地进入市场。在IBM，发展全球供应商已经成为一项制度。IBM专门设置了一个部门为全球采购支持部，它能够识别和建议在全球市场上能够获得的、最远的资源，包括印度和东欧的软件开发商和以色列及远东的电子机械供应商。

世界经济一体化促使企业采购选择范围更大，扩大了供应的基础，从而能够获得更大的利益。因为从事国际贸易的厂商一般技术能力都比较高，国际采购能够取得满足要求水准的品质，一般供应商有即时交货的可能性等。这是经济全球化为企业提供的机遇，企业可以利用全球各地的资源，在全球范围内寻找符合条件的供应商。

2. 经济全球化对企业的挑战

经济全球化不是一首各国共同繁荣的田园牧歌，而是一把双刃剑，对每一个国家来说都是机遇和挑战并存，它有可能带来巨大的利益，同时还蕴含着巨大的风险。比如：由于地理因素会增加运输时程，提高不确定性；文化语言的因素会使信息传递变得十分困难，甚至造成错误。在经济全球化的过程中，国际竞争日益激烈，包括中国在内的发展中国家，因为竞争力较差，导致整体处于不利的竞争地位。尤其是加入WTO（世贸组织）之后，所面临的国际竞争压力日益增大。

近几年来，我国经济实力逐渐增强，许多领域都具备了参与国际分工和竞争的能力。面临经济全球化的机遇和挑战，只有深化改革，才能提高我国经济的国际竞争力，从而成为全球化的赢家。对于中国企业来说，加入WTO所面临的是国际范围的市场竞争，各个行业都是竞争对手，都十分强大。长期带有垄断色彩或受政府保护的生产经营，使国内一些缺少足够的国际竞争经验的行业想要适应突如其来的国际竞争就十分不容易。因此，目前最迫切的任务就是加强对市场经济体制的理解和学习，对国际规范的了解，各个行业都要根据自身的特点转变观念。这样才能把挑战变成机遇，从而趋利避害。

第二节　现代企业采购管理创新的外部环境

今天,企业采购管理问题日益受重视,同时也有了成功的案例。但是就我国现在的总体状况看,多数企业在采购管理方面的创新并不明显,没有充分解决效率低下的问题。外部环境很大程度上并不完善是其根本原因。

一、我国政府行为误区对企业采购管理创新的影响

自从改革开放后,我国走的一直是市场化的道路,可是政府却一直使用计划体制下的状态运行,所以市场经济改观并不是很大,从而不利于经济的纵深发展。如今政府机构不断作出改革、政府职能的转变以及社会主义市场经济体制的确立,都证明了国家在规范政府行为上作出的努力效果显著。可是有时候规范政府行为的步伐仍滞后于市场经济的发展。政府与企业关系不规范不利于企业管理效率的提高。

第一,政府对企业采购管理重视不够。采购环节一直是我国企业管理中最容易忽视的环节之一,供应链管理也是这几年才提出来的。新生事物虽然生命力较强大,可是初级阶段还是需要政府扶持,所以政府就会给予资金、政策、法律等方面的支持。然而政府在这方面起的作用有限,甚至还存在许多不合理的行为。

第二,地方政府干预不当,从而形成地区分割、条块分割。减少本地区与外界的经济往来是地方保护主义造成的,会产生在本地区内形成众多"大而全、小而全"的企业,还有在本地区内形成"供应链"的现象产生。这种狭隘的地区眼光会缩小企业的采购范围,从而不利于采购战略决策。

二、我国市场环境制约企业采购管理

第一,市场是企业之间互相交易的场所。供应链的运作和企业采购业务的进行都应该有一个较为完善的市场经济环境。我国如今正处于由计划经济向市场经济转轨的过程中,市场发育尚未成熟,不利于企业采购效率的提高。

第二,市场机制不完善不利于采购业务交易的进行。采购是商品或劳务的买卖交易行为,这种买卖只有在完善的市场环境下才能够体现出公平性,从而提高效率。市场经济应该是公平公正地对待市场主体,让它们在市场竞争中位于平等地位。如今我国的市场经济水平刚建立阶段,市场交易规则尚未完善,所以导致不公平交易、强买强卖现象的发生,其现象不利于企业采购和销售环节的效率提高。

第三，社会经济生活的突出问题是市场经济秩序混乱，导致一些地区各类违法犯罪活动猖獗，并且一些地方的经济割据也日益严重，保护本地企业和产品，而对于外地企业和产品则是百般刁难。地方保护主义和经济封锁很大程度上为上述不法行为提供了保护伞，严重影响了市场经济秩序。

三、技术环境制约企业采购管理

今天，新的生产力是信息技术，都会引起生产方式、经营模式的重大的变革，企业家们一方面要充分认识到信息技术对原有企业管理模式产生的影响，另一方面还要积极寻找办法，探索新型企业管理模式及理论，从而促进企业的发展。

自1990年以来，发达国家兴起了管理变革的浪潮，陆续建立了一些有代表性的管理新思想和新模式，如企业再造工程、虚拟企业、电子商务等，它们分别概括了不同领域和侧重点，并且都与信息化相联系，同时还是现代企业管理思想与现代信息技术相结合的产物。它们代表的是管理手段的升级，也是创新的管理思想。

我国信息化建设启动时间并不算太晚，但是因为偏重信息化的技术本身，真正应用于企业并取得成效的案例较少。有些稍微好的管理思想还只停留在理论阶段。国外多数先进的管理思想与方法，因为没有理论上的指导与创新，也没有良好的技术作为支撑，没有办法应用到我国企业管理的实践中。

通过信息技术的应用，增加企业需求信息的透明度，有助于提高供应商对物料供应的预见性，是当前形势下企业的明智抉择。从决策层来说，必须重视信息的作用，通过研究信息、技术给企业带来的机会与挑战，给组织结构和管理方式带来的变革，认识到信息技术既是变革的推动力，又是变革的技术保障。

第三节 现代企业采购管理创新的重要内容

企业采购管理创新是一项系统工程，需要各方面的协调运作。企业开展采购管理的整体创新设计，有利于提高采购环节效率，为企业增效。

（一）创新采购观念

企业采购管理创新的任务是十分重要的，但是更艰巨、更基础的是树立和培植企业从上到下的创新观念。采购管理创新的第一步应该是创新观念。

1.采购管理观念创新的思路

在社会主义市场经济条件下进行的企业采购管理创新，需要具有创新观念的人才进行策划和操作。但现今大部分企业职工长期接受传统的计划经济的影响,其观念与市场经济的要求格格不入。因此,企业要进行采购管理的创新,就会遇到下面的难题:要么换掉大部分职工,重新选择一大批具有创新观念的人;要么转变大部分职工的观念,让不适应市场经济体制的少数职工下岗。第一种选择会产生较大的社会震荡,不利于国家的安定团结,因此我们只能选择第二种,也就是只淘汰少数职工,让多数职工进行彻底的观念创新。

2.采购观念创新的主要方面

长期以来,因为历史和社会等因素的影响,我国企业管理者和员工在对采购管理的认识上形成了误区。如果观念不进行变革,那么就不可能实现采购环节的创新。

第一,从忽视采购转变为重视采购。在传统的采购观念中,采购活动一直被认为是简单的执行指令。即使在今天,当你去问很多企业的采购人员"采购在企业中的作用是什么",他的答案仍然是"为了保证生产"。当然,保证生产的需要是采购工作的重要目的之一。但现代企业的采购早已远远超越了这一范围,成为对每个企业运作有决定性作用的重要职能。采购部门不只是一种单纯的行政性供应中心,还是一个重要的利润中心。

事实上,企业采购价值占销售额的比例正在逐渐提升。在市场经济环境中,现代企业对于发展自己的核心竞争力越来越重视,所以集中主要力量投入到最擅长的领域,而把不擅长的部分让专业的公司去做。从传统服装行业的老大——耐克公司,到今天 IT 业的 DELL 公司,都是这方面成功的典范。在 20 世纪 90 年代初期,克莱斯勒公司由濒临倒闭到重新崛起的重要战略转变就是将自己生产的部分由 70% 减少到 30%。

要实现采购管理的创新,必须先从战略高度重视采购管理。如果不从观念上予以重视,所有实质性的创新都不会发生。尤其是到了微利经济时代,在企业为了生存和发展而绞尽脑汁降低成本、提高效益的时代,我们不能再像以前那样忽视采购,必须把采购作为企业挖潜改造的一个重要对象来抓,通过创新采购管理挖掘自身优势。企业管理必须在抓好生产管理的同时向两头延伸,向前延伸到采购管理,向后延伸到产品销售和售后服务,把采购、销售"两头小"而生产环节"中间大"的"橄榄型"管理模式转变成"两头大、中间小"的"哑铃型"管理模式。

第二,从"万事不求人"转变为"培养核心能力"。在计划经济条件下,企业形成了"大而全""小而全"的自我服务基础设施和服务体系。我国传统企业管理体制与运作模式一般都被"大而全""小而全"的思想影响着,"万事不求人"的思想会使企业变成一个封闭系统。

传统企业对资源的直接控制是通过"纵向一体化"实现的,从而能够适合市场环境相对稳定的情况,企业通过规模效益促进自身的发展。但是当今更强调的是可以快速满足用户需求,拥有大量的子公司、设备或雇佣职工并不一定能达到此目的。所以,对"采购——制造——分销——销售"全过程控制的管理模式已经没有吸引力了。

为了促进企业生存和发展下去,必须转变观念,改变传统的管理模式。要彻底打破"大而全、小而全"的思想,就要把主要精力放在企业关键业务上,充分发挥企业自身优势,对于非核心业务,让合作企业去完成,这就是"业务外包"。企业在集中于自身核心业务的同时,让其他企业的资源来弥补自身的缺点,从而使企业更具有竞争优势。据美国《财富》杂志报道,如今全世界年收入在5000万美元以上的公司多数都开展了业务外包。邓百氏公司的《1998年全球业务外包研究报告》表明,全球营业额在5000万美元以上的公司在1998年业务外包的开支提高到了27%,比1997年业务外包的总开支提升近2350亿美元。通过业务外包,通过外向资源配置,企业可以分散由政府、经济、市场、财务等原因所产生的风险,并且可以控制成本,降低资金,促进企业降本增效。

第三,从"竞争"到"双赢"。传统采购往往更加倾向于一种材料有多个供应商,和供应商之间关系是利益竞争。而现代管理的趋势是建立一种新的、层次不同的供应商网络,并利用日益减少供应商的数量,促进与供应商之间建立互信、互利、互助的长期稳定合作关系,通过合作实现双赢。如果能开发新技术和新产品,就可以获得关键资源、发掘市场机会,并且还能建立核心竞争力。

随着经济全球化程度的日益深化,我国"大而全、小而全"的企业模式越来越向虚拟企业、动态联盟和协作方向发展,采购管理在制造业中的重要性将越来越重要。

认为买方与卖方是一种简单的买卖关系就是传统采购观念。如果一方获取利益,那么另一方的代价就是损失,两者所得是一种互为消长的关系。所以在采购环节就会存在维护自身利益的想法,眼光也常常会局限在眼前利益。在供应链管理的环境下,供应企业与采购企业之间是一个利益相关的关系,合作双方都希望采购取得成功,同时还可以建立并维持一个为双方创造价值的双赢关系。信任和合作是这种关系的基础,每一方都将共同合作培育信任关系,从而挑战其他公司,并对自身进行不断改进。要本着双赢的态度,双方合作,解决问题。要不断关注双赢机会,了解对方的需求和期望,通过致力于合作使双方获益是必不可少的。

第四,培养资源配置的观念。采购观念创新还表现在界定采购对象范围上。在传统的企业采购观念中,采购管理大多都局限在对企业生产用物资的采购和配置。现在,现代企业运营资源是多种多样的:厂房、加工设备、检测设备、运输工具等是企业的硬件资源；人力、管理、信用、融资能力、组织结构、员工的劳动热情、企业精神等是企业的软件资源。这些资源在企业运行发展中相互作用，从而成为企业进行生产活动、完成客户订单、创造社会财富、实现价值的基础。现代企业管理中的 ERP 系统就是将企业资源要素界定为以上内容。

在现代企业管理中，采购观念转变是十分重要的，要突破采购管理是对生产用原材料、设备的购买和配置的概念。事实上，企业采购范围是更大的，管理者要从企业资源配置的角度看待采购。除了原材料外，管理采购还包含对先进设备，先进管理思想和方法，企业人员的采购和配置，还有更大范围的对企业的采购——企业并购。

（二）创新采购人员

不管是哪种类型的企业，人是决定成功的根本原因。在市场经济条件下，企业采购必须要通过采购人员完成，有的企业每年外购货品的总价值高有数亿、数十亿甚至数百亿，如果工作发生一点纰漏，就很可能造成严重后果。所以，提高采购质量很大程度上取决于提高采购人员的素质。

1. 采购人员的创新目标

采购人员的素质和能力很大程度上影响着企业采购绩效。优秀的采购人员应具备多方面的综合素质，一方面要有良好的职业道德，另一方面还应该能得心应手地运用各种采购技术。

第一，良好的品德素质是必须要具备的。据《中国经营报》报道，很多企业管理者知道采购员收取了好处费，但因为没有办法查，所以也没法管。这主要是因为，其行为都是私下进行的，并且还普遍存在。管理层对这些人为造成的采购腐败行为痛恨而束手无策。

采购人员在谈判中无原则地让步、承诺合同之外私下的利益，肯定会给采购活动的绩效带来不好的影响。但采购环节具有特殊性质，采购环节的贪污腐败现象便成了企业不治之症。

随着市场经济的发展，社会供求结构发生了变化，由买方市场日益演变为卖方市场。采购行为中的管理机制和监督机制不完善，使得职务犯罪屡屡发生。据统计，上海1997、1998两年中发生采购环节上的职务犯罪大约有70件，其总价值高达580万余元。

这些现象和企业采购人员的道德素质密切有关。因此采购人员具有良好的道德素质是必不可少的：要秉公守法，廉洁自律，不能够以"权"谋私，拒绝接受礼品和回扣；要有良好的敬业精神，工作兢兢业业；还应有强烈的质量意识，不因"利"

而忽视质量。在采购全过程，能坚持将质量放在第一位，绝不能片面追求降低采购价格，从节约中获得利益。

第二，要有满足要求的业务素质。在以前对采购的理解中，一般只局限在"购买"和轻松的"花钱办事"，与专业和职业素质没有太大的联系。这种不符合国际运营规范的理念和封闭无知的认识影响了多数机构的经营业绩和管理效率。如果一味低估经营中采购运行和采购管理的重要性，企业就一定会受到国际化竞争的冲击。

采购不只是购买东西的简单行为，也是一门专业技术。在国外一般由工程师来担任企业的采购人员，原因是采购需要专业知识，而采购人员应对业务十分熟悉，具有能满足工作要求的业务素质，其中包括：掌握谈判业务合同、签约的方法与程序；掌握企业的采购政策与控制采购、采购质量有关的书面程序，并可以认真地贯彻执行；明白顾客与供应商的需求，能熟练掌握计算机及其他信息技术工具（如电子函件、互联网等）；有考虑综合成本的头脑，可以充分领悟整体供应链的要求；具有大量的专业技术知识，掌握采购外购货品技术标准的要求，以及与负责采购货品有关的技术、质量等专业知识。

2. 合理的采购人员结构

培养一批具有高素质的采购人员，从而有效地组织采购管理，是开展采购改进的基础。一个较为成熟的采购部门，应该是大约70%左右的人有本科以上的学历，剩下30%的人是专科水平。采购队伍的平均工作时间最好是10年左右，其中工程技术、经济贸易及其他专业背景宜分别占70%、10%、20%左右。

在采购部门内，每年最好保持5%—10%左右的人员流动率，并且有30%左右的专业采购人员长期在采购领域发展，剩下70%左右的采购人员在职业发展中可以流入其他部门。这样既能保持采购队伍的稳定性，还能提升采购队伍的活力与创造性，同时还可以将采购的理念带入其他领域，使整个企业可以正确认识采购，并且支持采购工作。一般地说，一个大约1000人的工厂，采购部门人员最好配置10人左右，平均每人管理10—15家的供应商，200种左右的采购物品数。

从职责上，采购工作或供应商管理应是由采购部门牵头，企划、工程、品质、成本等部门一起参与工作。但是中国的企业采购还没达到专业化的水准，所以最好的途径就是立足企业现状、通过实践与培训来提高采购人员的专业水平。

（三）创新采购业务流程

每个企业都存在很多业务流程。每一个业务流程都有其自身的特定目标、明确的任务及相对应的组织形式。在一个业务中可能有一种活动或多种活动，按照采购单要求，按时、按质地采购原材料，及时送检验部门进行质量检查，将检验合格的原材料送到仓库保管是采购业务活动的目的。

市场环境在工业化时代还比较稳定，产品供不应求、强调企业规模经济，其时金字塔式组织结构、片断化的业务流程危害就十分明显了。信息化时代的到来使市场环境更加不稳定，顾客要求日益多样化，企业一方面追求规模经济效益，另一方面还强调时间经济。这样，企业的采购流程使企业想要满足多方要求就更加不容易，组织结构越来越僵硬，不仅造成部门之间在衔接中的大量等待，还使各部门增加很多重复劳动，从而加大了完成任务所花费的时间。为了适应新的竞争环境，必须对传统企业组织模式及业务流程进行改革。随着供应链管理的应用，企业管理信息化的程度日益提高，采购业务流程发生的变化较大：以前是生产管理人员制订出生产计划后，再经物资供应部门进行编制，同时还要经过审核，才可以向供应商发出订货。这种做法因流程较长，所流经的部门较多，不免会有脱节、停顿、反复等现象出现，要花费很长时间才能完成一项业务。生产部门在供应链管理环境下，制订生产计划后，采购供应部门可以通过数据库读取计划内容，计算需要消耗的原材料、配件的数量，然后迅速制订出采购计划。通过对数据库供应商档案的查询，从而获得最佳的供应商信息，然后可以迅速向有关厂家发出要货单。采购循环需要从组织内部到组织外部购买物料、设备、补给及其他物品开始，然后在采购部门被通知货物已收、符合要求结束。

企业采购业务流程创新一方面可以减少采购成本，简化采购过程，另一方面能使繁杂的订单管理变得轻松简单，使企业的采购环节井然有序，与供应商的交流更加多样化，提高采购效率与效益。尤其是网络的使用，能够大大降低采购成本，同时还可以减少错误，减少下订单和支付费用的时间，使买卖方形成互动，可以为它们营造出安全可靠的网络交易环境。

附 录
企业标准体系管理标准和工作标准体系（GB/T 15498-2003）

GB/T 15498-2003《企业标准体系管理标准和工作标准体系》是企业标准体系系列标准之一，本系列标准结构如下：
——GB/T 15496-2003《企业标准体系要求》；
——GB/T 15497-2003《企业标准体系技术标准体系》；
——GB/T 15498-2003《企业标准体系管理标准和工作标准体系》；
——GB/T 19273-2003《企业标准体系评价与改进》。

本标准代替 GB/T 15498-1995《企业标准体系管理标准工作标准体系的构成和要求》。

本标准在修订时考虑了与 GB/T 19001-2000《质量管理体系要求》、GB/T 19004-2000《质量管理体系业绩改进指南》、GB/T 24001-1996《环境管理体系规范及使用指南》和 GB/T 28001-2001《职业健康安全管理体系规范》等标准的要求，以便企业在建立和实施企业标准体系时能够更好地与这些管理体系相结合。

本标准与 GB/T 15498-1995《企业标准体系管理标准工作标准体系的构成和要求》相比主要变化如下：
——将名称改为《企业标准体系管理标准和工作标准体系》；
——本标准适用于包括服务业在内的各类企业；
——本标准体现过程管理思想，强调持续改进理念，并通过标准的建立、实施达到企业管理各类体系运行的符合性和有效性；
——将原标准第4章"管理标准工作标准的制定原则"改为"管理标准体系和工作标准体系的编制原则及基本要求"；
——将原标准第5章"管理标准的构成和要求"改为本标准第5章"管理标准体系的构成"、第6章"管理标准的格式和编写要求"和第7章"管理标准的构成及指南"；
——原标准第5章"管理标准的构成和要求"中管理标准体系的结构，选择了除管理基础标准外的15个要素，本标准第5章"管理标准体系的构成"对以上要素重新整合、增删，调整为除管理基础标准外的 17 个要素；

——将原标准第 6 章 "工作标准的构成和要求" 改为本标准第 8 章 "工作标准体系的构成和编写要求"。

1. 范围

本标准规定了企业标准体系中管理标准体系和工作标准体系的构成及编制的基本要求，并为采用本标准的各类企业提供了编制管理标准和工作标准的指南。

本标准适用于各种类型、不同规模的企业。

2. 规范性引用文件

下列文件中的条款通过本标准的引用而成为本标准的条款。凡是注日期的引用文件，其随后所有的修改单（不包括勘误的内容）或修订版均不适用于本标准，然而，鼓励根据本标准达成协议的各方研究是否可使用这些文件的最新版本。凡是不注日期的引用文件，其最新版本适用于本标准。

GB/T 1.1-2000 标准化工作导则第 1 部分：标准的结构和编写规则（ISO/IEC Directives, part3, 1997, Rules for the structure and drafting of International Standards, NEQ）

GB/T 13016 标准体系表编制原则和要求

GB/T 13017 企业标准体系表编制指南

GB/T 15496 企业标准体系要求

GB/T 13017 企业标准体系技术标准体系

GB/T 19001 质量管理体系基础和术语

GB/T 19001 质量管理体系要求

GB/T 19004 质量管理体系业绩改进指南

GB/T 19273 企业标准体系评价与改进

GB/T 24001 环境管理体系规范及使用指南

GB/T 28001 职业健康安全管理体系规范

3. 术语和定义

下列术语和定义适用于本标准。

3.1 管理标准

对企业标准化领域中需要协调统一的管理事项所制定的标准。

注："管理事项" 主要指在企业管理活动中，所涉及的经营管理、设计开发与创新管理、质量管理、设备与基础设施管理、人力资源管理、安全管理、职业健康管理、环境管理、信息管理等与技术标准相关联的重复性事物和概念。

3.2 工作标准

对企业标准化领域中需要协调统一的工作事项所制定的标准。

注:"工作事项"主要指在执行相应管理标准和技术标准时与工作岗位的职责、岗位人员基本技能、工作内容、要求与方法、检查与考核等有关重复性事物和概念。

3.3 管理标准体系

企业标准体系中的管理标准按其内在联系形成的科学的有机整体。

3.4 工作标准体系表

企业标准体系的工作标准按其内在联系形成的科学的有机整体。

4. 管理标准体系和工作标准体系的编制原则及基本要求

4.1 管理标准体系、工作标准体系应符合国家有关法律、法规和强制性的国家标准、行业标准及地方标准的要求。

4.2 管理标准体系应能保证技术标准体系实施。工作标准体系应确保技术标准体系和管理标准体系的实现。

4.3 构成管理标准体系、工作标准体系的标准之间应相互协调一致。

4.4 管理标准体系、工作标准体系应与企业的其他管理体系相互协调一致。

4.5 企业对管理标准体系和工作标准体系应定期复审,并确定其有效。

4.6 因评价或确认需要,构成管理标准体系的标准可为评价或确认提供所需要的文件,并组合成新的体系文件。

4.7 管理标准体系的基本要求包括:

a) 管理标准体系应在企业标准体系表的框架下制定,管理标准体系表应符合 GB/T 13017;

b) 管理标准体系应贯彻国家、行业的管理基础标准;

c) 企业应充分吸收和运用国内外先进的管理理论和经验,结合实际。将其应用在管理标准体系的建立和实施中。

4.8 工作标准体系的基本要求包括:

a) 企业对与生产、经营、管理有关的工作岗位应建立工作标准,并形成体系,以保证技术标准和管理标准的实施。

b) 工作标准体系应在企业标准体系的框架下制定,并与技术标准和管理标准协调一致。

5. 管理标准体系的构成

5.1 管理标准体系总则

企业对与企业生产经营管理有关的重复性的管理活动制定管理标准,并按其内在联系形成体系。

5.2 管理标准体系的构成

5.2.1 管理标准体系包括企业所执行的国家标准、行业标准、地方标准和本企业制定的管理标准。

5.2.2 管理标准体系可以是一个独立的体系，可以是多个体系的组合，也可分成若干相互联系相互作用的子体系。

5.2.3 本标准规定的要求是通用的，不同企业类型及产品的管理标准体系要素可根据其实际需要适当剪裁。

5.2.4 管理标准体系是多个体系的组合时，应避免重复和矛盾。

5.3 管理标准体系的层次

5.3.1 管理标准体系采用层次结构。

5.3.2 企业管理层次较多时，可采用多层结构。

5.3.3 上一管理层次的管理标准与下一层次标准体系的标准，应确保相互协调。

5.3.4 同层次的技术标准与管理标准应确保相互协调。

6. 管理标准的格式和编写要求

6.1 管理标准的格式

6.1.1 管理标准的格式参照 GB/T 1.1 的规定。

6.1.2 当管理标准作为其他体系的部分时，可采用相应的体系的格式，但不应影响标准的完整性和系统性。

6.1.3 管理标准的封面及印刷格式可参照 GB/T 1.1 的规定。在一个企业内所有的管理标准格式应一致。

6.1.4 企业管理标准的编写顺序可参照 GB/T 1.1 的规定。通常可按如下顺序：前言、范围、规范性引用文件、职责、管理内容与方法、报告和记录，必要时可增加附录。

6.2 管理标准的编号

6.2.1 企业管理标准应使用统一的编号方法，并应与技术标准、工作标准相区别。

6.2.2 同一分类的管理标准应使用同一类别的编号标志。

6.2.3 纳入本企业管理标准体系的适用管理标准原则上应赋予该企业管理标准的标准编号，并注明企业标准与适用标准之间的关系，具体编号形式由企业自定。

6.3 管理标准的编写要求

6.3.1 封面、前言

可参照 GB/T 1.1-2000 中 6.1.1 和 6.1.3 的规定进行编写。

6.3.2 名称

标准名称应简明、确切地反映管理活动的主题。标准名称除采用"管理标准"以外,也可采用管理活动的主题与"程序""控制""办法""制度"等的组合,例如:合同评定程序、采购控制、能源管理办法、财务管理制度等。

6.3.3 范围、规范性引用文件

可参照 GB/T 1.1-2000 中 6.2.2 和 6.2.3 规定编写。

6.3.4 职责

明确由哪些部门实施此项管理活动及他们的职责、权限。该管理活动涉及几个部门时,应规定由主管部门、协作部门及其接口和相互关系,同时应明确该项标准贯彻实施检查考核的部门及方法。

6.3.5 管理活动的内容与方法

企业在制定管理标准时,首先确定管理内容和方法,包括:

a) 应详细规定该管理活动所涉及的全部内容和应达到的要求,采取的措施和方法;

b) 逐步列出开展此项活动的细节,明确输入、转换的各环节和输出的内容。其中包括物资、人员、信息和环境等方面应具备的条件,与其他活动接口处的协调措施;

c) 明确每个过程中各项工作由谁干、干什么、干到什么程度、何时干、何地干、怎么干以及为达到要求应如何进行控制,并注明需要注意的任何例外或特殊情况。必要时可辅以程序或流程图;

d) 内容复杂的管理标准,当条的层次大多时,可根据管理活动的特点或类别分别列出若干章,分别表述;

e) 管理要求应尽可能量化,不能量化的要求应用可比较的特性表述。

6.3.6 报告和记录

应规定该项管理活动所形成的报告、记录格式、签发、传递路线和保存期限。

7. 管理标准的构成及指南

7.1 管理基础标准

7.1.1 在企业范围内,管理基础标准是作为企业制定各项管理标准的基础。

7.1.2 管理基础标准可以包括:

——术语;

——标准化工作导则、指南和编写规则;

——图形符号;

——量和单位;

——数理统计;

——网络计划技术；

——价值工程；

——可靠性工程；

——计算机软件工程企业管理信息系统；

——服务标准化指南；

——工业工程等。

7.2 经营综合管理标准

7.2.1 方针目标管理

企业各项工作应在其方针目标指导下进行，企业管理标准体系由多个体系构成时，可分别建立各体系的方针和目标；各体系的方针和目标应与企业总的方针和目标保持一致。

在制定方针目标时应考虑：

a）方针应提供制定和评审目标的框架；

b）方针应在企业内得到沟通和理解；

c）各项目标应与方针保持一致；

d）各项目标应是可测量的。应通过检验、计算或其他测量方针确定量值，并与设定值进行比较，以确定实现的程度；

e）在相关职能和层次上展开目标时注意各部门之间的配合及协调关系；

f）目标展开期限应根据企业的不同层次分别规定年度、季度和月度。

7.2.2 市场营销管理

应对市场信息、市场预测、营销策划进行控制，并制定市场营销管理标准。

市场营销管理标准应明确：

a）市场信息收集、处理的方法以及沟通和处置；

b）根据市场需求，策划适应的销售方法和促销方式，并对其进行评价；

c）营销效益评价的原则和方法。

7.2.3 合同管理

7.2.4 财务成本定额管理

应按国家法律法规和行业的要求，对财务活动和成本核算以及定额进行管理，并制定财务成本定额管理标准。

7.2.5 人力资源管理

7.3 设计、开发与创新管理标准

7.3.1 企业应对设计与开发进行控制，对改进创新提出要求，并应制定设计与开

发管理标准和改进创新管理标准。

7.3.2 设计与开发管理标准应包括对设计与开发的输入和输出的要求，对其评审、验证、确认的方法以及修改的程序。

7.3.3 企业制定的改进创新管理标准应明确：

a）管理者应不断主动寻求对管理的有效性和效率改进；

b）新产品、新工艺、新方法、新技术等的创造、策划、实施，以及专利技术的管理；

c）企业技术革新、合理化建议和科技进步的管理内容，如：

1）建立技术革新、合理化建议和科技进步的管理组织，明确其任务、职责、权限；

2）健全有关工作的提出方式、实施办法、应用效果、评审鉴定、审批程序及资料归档等办事程序。

3）制定奖励办法。

7.4 采购管理标准

7.4.1 企业应对采购活动进行控制，并制定采购管理标准。

7.4.2 标准应规定在采购过程中选择合格的供方，企业应：

a）要求供方提供其有能力为合格供方的证据

b）根据供方提供产品的能力，进行评价和选择。

c）制定选择评价和重新评价合格供方的准则。

d）对评价结果及评价所引起的任何必要措施的记录予以保持。

7.4.3 企业应建立并实施检验标准，以确保采购的产品满足规定的采购要求。包括：

a）测量、检验、观察、提供合格证明文件等方式；

b）企业或其顾客可在供方的现场或本企业现场实施验证；

c）拟在供方现场实施验证时，应在采购信息中对拟验证的安排和产品放行的方法做出规定。

7.5 生产管理标准

7.5.1 企业应对生产过程中的资源配置（人力、设备、生产环境）、原料准备、技术提供、工艺加工直至产品实现的具体过程的管理制定生产管理标准。

7.5.2 对生产现场应提出文明有序的管理要求。

7.5.3 生产管理标准的制定，应适应市场规律。

7.6 质量管理标准

7.6.1 GB/T 19001 规定的质量手册、程序文件，是管理标准的一种形式，企业按照 GB/T 19001 规定建立形成文件的质量管理体系，应充分利用已有的企业管理标准，并将质量手册、程序文件纳入企业管理标准体系。

7.6.2 企业质量管理标准应引入 GB/T 19001 质量管理原则以及 P-D-C-A（计划 - 实施 - 检查 - 改进）模式的方法，并满足质量管理的原则。

7.6.3 质量管理标准中有关策划的要求，包括：

a）策划企业质量管理方针目标参照本标准 7.2.1 的要求；

b）管理体系策划、产品实现的策划、测量分析改进的策划等，均可参照本标准中相关的要求。

注：策划手段推荐采用矢线图法、过程决策图法、KJ 图法等决策技术。

7.6.4 质量管理标准中有关实施的要求，包括：

a）质量管理的要求贯穿于企业管理各项活动的实施过程中，如经营管理、采购、设备管理、服务管理等，均可参照本标准中相关的要求；

b）文件和记录管理，应参照本标准 7.16.4 和 7.16.6 的要求；

c）制定并实施标志和可追溯性的管理标准。

7.6.5 质量管理标准中有关检查的要求，包括：

a）对产品或服务特性的检查，应参照本标准 7.8.5 的要求；

b）对过程能力的检查，参照本标准 7.8.6 的要求；

c）对各类管理体系符合性和有效性的检查，参照本标准 7.17.1 和 7.17.2 的要求；

d）对顾客满意程度的检查，参照本标准 7.16.8 的要求。

7.6.6 质量管理标准中有关处置的要求，包括：

a）对不合格品的管理应制定标准，包括：

b）应制定纠正措施标准，以消除不合格的原因，防止不合格的再发生。应规定：

7.6.7 在质量管理标准中应规定，充分应用各种质量管理理论，推广先进管理经验，开展质量管理小组攻关活动。

7.7 设备与基础设施管理标准

7.7.1 企业应对设备的选择、购置、安装、调试、控制、维护、保养、改造和报废处理全过程进行管理，并制定管理标准。

7.7.2 一般设备管理标准应包括：

7.7.3 企业对内部或外部提供的支持性服务，应建立管理标准予以控制。

7.7.4 企业对基本建设工程的计划、审批、建设、验收、维护、改建和报废等事项进行管理，并制定基本建设工程管理标准：

7.8 测量、检验、试验管理标准

7.8.1 企业应明确产品实现过程中所需要的测量、检验、试验装置和设备，并制定管理标准。

7.8.2 测量、检验、试验装置和设备的控制范围为：

7.8.3 企业在测量、检验、试验装置和设备的管理标准中需明确。

7.8.4 企业应制定测量检验试验的管理标准，收集、编制测量检验试验方法、依据，设备使用人员的资格和技能要求，建立相关的记录、统计报表，正确使用证书、标志等要求。

7.8.5 对产品或服务的特性建立监测程序，以验证对产品或服务的要求是否已得到满足。

7.8.6 对生产过程建立监测程序。

7.9 包装、搬运、贮存管理标准

7.9.1 企业应根据产品的特性及需要制定包装、搬运、贮存管理标准。

7.9.2 包装管理标准应包括：

a) 包装形式或容器选择应符合产品特性的要求；

b) 包装材料的选择、包装形式的确定应符合包装技术标准的规定；

c) 包装箱、包装袋等的外部标志应符合食品卫生、交通运输、环境管理、工商管理、技术监督、检验检疫等部门的有关要求。

7.9.3 产品搬运管理标准应包括：

a) 制定企业内部使用搬运机械或工具的人机联控办法；

b) 实施搬运技术标准要求的对策与控制手段。

c) 对易腐、易燃、易爆和有害物品的搬运应有特殊要求；

d) 搬运应符合铁路、公路、水运、空运、管道运输等的法规。

7.9.4 产品贮存管理标准应包括：

a) 库房设专职保管，建立物资保管账目，定期盘点查库，做到账、卡、物相符；

b) 各类物资按有关要求合理堆放、隔离、搬运和保存，防止损坏和丢失。

c) 有贮存期要求的物资，要加强检查，防止过期变质；

d) 易腐、易燃、易爆和有害、有毒、放射性物品应按有关要求管理；

e) 物资入、出库必须有入、出库凭证，均应有批准人、发放人、领取人签字。

7.9.5 对具有可追溯性的材料和外购件应有识别的标记，并在整个生产过程中保持，以确保必要时能追溯物资的质量状况。

7.9.6 标准应包括对顾客财产的爱护和对产品的符合性提供防护。

7.10 安装、支付管理标准

7.11 服务管理标准

7.12 能源管理标准

7.13 安全管理标准

7.14 职业健康管理标准

7.14.1 企业应参照 GB/T 28001 制定企业职业健康管理标准，并形成体系，以消除或减小因企业的活动而使员工和其他相关方可能面临的职业健康安全风险。

7.14.2 职业健康管理标准应明确实施、控制和改进职业健康管理体系应提供的必要的人力资源、专项技能以及技术财力方面的要求。职业健康管理标准应明确：

a）接触有毒、有害、高温、放射线、噪声、高频、微波、有振动场所人员应定期普查、统计；

b）规定各部门防护设备和个人防护用品器具配备，并保持有效。

7.14.3 职业健廉管理标准应规定职业健康绩效常规监视和测量，包括：

a）预防性的绩效测量：主动监视是否符合职业健康安全管理方案、运行准则和适用的法规要求；

b）事后性的绩效测量：被动监视事故、疾病、事件和其他不良职业健康安全绩效的历史证据；

c）记录监视和测量的数据和结果，以便于采取纠正和预防措施的分析。

7.14.4 职业健康管理标准应对职业病和职业禁忌病的诊断与调离，职业病的治疗与疗养建立管理办法。

7.14.5 职业健康管理标准应明确要求，并发动全体员工参与危险源的辨识，提高员工职业健康安全的自觉性。

7.15 环境管理标准

7.15.1 GB/T 24001 规定的环境管理手册、程序文件是管理标准的一种形式，企业按照 GB/T 24001 的规定建立形成文件的环境管理体系，并将其环境管理手册、程序文件纳入企业管理标准体系。

7.15.2 环境管理标准应明确：

a）促进企业在经济条件许可的情况下，根据需要考虑采用最佳可行技术，包括过程更改、控制机制、材料替代、资源的有效利用和排放物处理等；

b）识别采用这些技术的成本和效益；

c）规定遵守国家、行业对"三废"排放标准的要求。

7.15.3 对可能对环境造成危害的废弃物处理采取必要的措施，包括：

a）定期定点对污染源监测，建立监测记录、报表和报告程序；

b）将环境保护设备的管理纳入企业设备管理，确保运行正常。

c）制定计划或应急计划，以确保能得到或替代某些资源，从而预防对企业业绩的负面影响或将其减至最少。

7.15.4 环境管理标准应充分考虑：

a）确保良好工作环境对员工的能动性、满意程度和业绩产生的积极影响；

b）发动员工参与环境因素的识别，提高员工环境保护意识。

7.16 信息管理标准

7.16.1 企业应明确对信息的收集、加工、传输、处理、存储与利用等方面的活动，编制信息管理标准。制定企业信息管理标准的要求：

a）建立信息收集渠道，组建信息管理协调部门；

b）逐步改进传统的信息管理方式，建立网络信息管理办法；

c）推动信息技术标准化工作；

d）推广电子商务、电子政务的应用；

e）逐步完善电子计算机等的管理；

f）标准应明确指出，各类企业应根据需要和可能选择合适的信息技术，并与企业发展相匹配。

7.16.2 企业应将信息技术向更灵活的动态化方向发展，促进信息技术标准更具实用性。采用国际标准和国外先进标准，与国际标准一致或兼容，以确保信息技术与国际接轨。

7.16.3 文件是信息的一种载体，企业应按有效性和效率原则对文件进行有效管理，并应编制文件管理标准。

7.16.4 文件管理标准应明确：

a）使文件和资料易于查找，明确文件发放、收回、借阅、销毁的途径，重要文件必须纳入受控状态；

b）文件发布前应得到批准，以确保文件是充分与适宜的，必要时对文件进行评审与更新，并再次批准；

c）文件的更改和修订状态得到识别，在使用处可获得适用文件的有效版本；

d）文件保持清晰，易于识别，外来文件得到识别，并控制其分发；

e）及时将失效文件和资料从所有发放和使用场所撤回，或采取其他措施防止作废文件的非预期使用，若因任何原因而需保留作废文件时，对这些文件进行适当的标志。

7.16.5 各种记录是企业为提供符合要求和各种管理体系有效运行证据的信息，应将记录纳入管理标准。

7.16.6 记录管理标准应明确：

a）记录保持清晰、字迹清楚、标志明确，并可追溯相关活动，易于识别和检索；

b）记录的标志、贮存、保护、检索、保存期限和处置所需的控制；

c）记录的保存部门和保管人员。

7.16.7 管理活动中形成的具有保存价值的信息，包括，文字、图表、图样、数据、声像、电子信息等资料，均应纳入档案管理，档案管理标准应明确类别和要求：

a）档案可分为科技档案、财务档案、人事档案、设备档案、质量管理档案、环境保护档案和职业健康档案等类别；

b）各种档案的管理要求，应包括接收、整理、贮存、鉴定、销毁等；

c）应推进档案管理技术的现代化，规定适合文件档案管理的环境条件。

7.16.8 建立对各方面业绩监控的方法，收集、分析顾客满意和不满意的信息，并不断提高顾客满意程度。此类信息包括：

a）有关产品质量、交付和服务等方面的顾客反映；

b）顾客需求或市场需求的变化；

c）竞争方面的信息。

信息的收集方式、渠道及分析的一般要求：

——收集方式可以是口头或书面的；

——收集渠道包括顾客投诉或顾客报怨，问卷与调查，与顾客直接沟通，专项小组调查，消费组织信息，社会研究活动或媒体报道；

——应进行分析，得出定性或定量的分析结果，找出差距，作为改进的依据。

7.17 体系评价管理标准

7.17.1 企业对其建立的企业标准体系及企业其他各类体系运行的状况应定期进行评价，以利查明各种管理体系的实施效果是否达到了规定要求，及时发现存在问题，采取纠正措施，保证相关的管理体系有效运行。企业应制定体系评价标准。

7.17.2 企业标准体系的评价工作，按 GB/T 19273 进行。

7.17.3 企业其他各类体系的评价工作，可采用内部评价的方法。内部评价程序要求：

a）规定评价的频次、目的、范围等；

b）规定评价的职责，包括评价人员的职责和资格，评价人员应是非受审部门的人员等；

c）明确评价实施中的评价计划、评价方法等；

d）应记录评价结果，包括通知单、检查表、不合格报告、评价报告等；

e）向管理者报告评价结果，并对评价中发现的不合格项制定纠正措施。

7.17.4 体系评价标准应要求企业最高管理者,就企业的方针、目标,各管理体系的方针。目标以及企业各管理体系的适宜性、充分性、有效性和效率,进行管理评审。这种管理评审要求：

a）明确管理评审由最高管理者主持；

b）按策划的时间间隔进行,一般每年一次或企业遇重大变故时进行；

c）管理评审的输入应包括：对方针、目标的评价,对体系的评价结果,顾客反馈信息,产品的符合性,预防和纠正措施的状况,以往管理评审的跟踪措施,改进建议等；

d）管理评审的输出应包括：各管理体系及其过程有效性的改进,与顾客要求有关的产品改进,以及资源需求等方面有关的任何决定和措施。

7.18 标准化管理标准

按照 GB/T 15496 制定企业标准化管理标准,并形成体系。

8. 工作标准体系的构成和编写要求

8.1 工作标准体系的构成

构成工作标准体系的工作标准可根据行业不同选择不同内容,一般包括岗位工作标准或岗位责任制等。

8.2 工作标准的格式

工作标准的封面及印刷格式可参照 GB/T 1.1 的规定。

8.3 工作标准的编号

工作标准应使用企业统一的标准编号方法,并应与技术标准、管理标准和其他标准或体系文件相区别。

8.4 工作标准的编制要求

8.4.1 编写原则

制定企业内各职务、各岗位的工作标准时应注意：

a）最高决策者及决策层其他管理人员,每个职务都应制定明确的职责和权限；

b）中层管理人员,正职和副职的职责和权限都需要制定；

c）部门工作标准,可用部门正职管理人员的工作标准代替；

d）一般管理人员工作标准应按岗位制定,其职责、权限体现在工作标准中,不按现实分工制定；

e）应为操作人员制定作为企业员工必须遵从的通用的工作标准；

f）对特殊工序过程的操作人员,可对特殊工种、特殊任务制定相应的具体的工作标准；

g）操作人员的职责权限应体现在具体的岗位工作标准中，应按工种制定。服务人员在操作人员范畴，服务人员的工作标准应包括服务规范和服务提供规范的要求。

8.4.2 名称

工作标准的名称应简短明确，反映标准的主题。

工作标准的名称一般由岗位名称或职务名称加"工作标准""行业标准"或"作业指导书"字样组成。

示例1：立车车床工岗位——立车车床工作业标准

示例2：超声波探伤工岗位——超声波探伤工作业指导员

示例3：车间副主任职务——车间副主任工作标准

示例4：技术科科长职务——技术科科长工作标准

示例5：公司副经理职务——副经理工作标准

示例6：工厂厂长职务——厂长工作标准

示例7：饭店前厅服务员岗位 -- 前厅服务员作业指导书

8.4.3 范围、规范性引用文件

可参照 GB/T 1.1-2000 中 6.2.2 和 6.2.3 规定编写。

8.4.4 职责、权限

明确该岗位的职责和权限，以及相关岗位的相互关系。部门正职管理人员在工作标准的职责中还应明确该部门组织机构的设置内容。

8.4.5 岗位人员资格要求

明确岗位人员的基本资格要求，包括文化水平、操作水平、管理知识等。对从事特殊作业的人员应对其经验和技能进行评定，需要时应发给资格证书。

8.4.6 工作内容与要求

工作内容与要求一般包括：

a）明确该岗位在企业生产经营管理活动中所应承担的工作目标；

b）最高决策者的工作内容，主要是确立企业的方针目标，围绕创造并保持使员工能充分参与实现企业目标的内部环境而做出决策、提供资源、监督实施、评价体系、持续改进等；决策层人员的工作内容应由最高决策者确定，相互之间不宜交叉，各负其责，协调接口，互相支持；

c）管理人员的工作内容应注意尽量避免交叉，明确接口，工作内容应由主管管理者确定，对管理人员应侧重于效率和服务的要求；

d）对岗位的工作应偏重于质量要求，也包括数量和时间方面的要求，能够定量的要求尽可能定量化。凡能规定定额的岗位，均应制定定额，包括时间消耗定额、

物资消耗定额等；

e）对特殊工序过程工作岗位，例如焊接工、探伤工、锅炉工等的作业要求，应参照国家有关部门颁布的规定制定；

f）对每个岗位按作业顺序列出工作（作业）的细节，明确输入、转换的各环节和输出的内容，其中包括物资、人员、信息和环境等方面应具备的条件，并与其他工作（作业）接口处相互协调。应明确每个环节转换过程中的各项因素，以及要达到的要求，说明需要注意的任何例外或特殊情况，必要时辅以程序或流程图；

g）企业可运用工业工程制定工作（作业）标准的方法。

8.4.7 检查与考核

在工作标准中应根据标准的工作内容和要求详细规定考核条件及奖惩办法，明确考核的部门、时间。一般的考核程序和方法应制定专门的"工作标准考核办法"；特殊的考核程序和方法也可以在每个工作标准中加以规定。

8.4.8 附录、记录及表格

必要时以附录形式补充说明，企业应根据各自情况编制所需的必要的记录或表格。

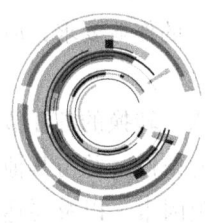

参考文献

[1] 白世贞，宋杨，等.物流企业质量管理[M].北京：中国物资出版社，2006.
[2] 吴梅，吴燕子.论物流企业的质量成本管理[J].交通与企业管理，2006（06）.
[3] 尤建新、武小军等译.质量创造利润[M].北京：机械工业出版社，2004.
[4] 王银书.八项质量管理原则分析[J].机械工业标准化与质量，2002（02）.
[5] 冉文学，李严锋，等.物流质量管理[M].北京：科学出版社，2008.
[6] 云虹.物流成本管理与控制[M].北京：人民交通出版社，2010.
[7] 郑秀恋，温卫娟.物流成本管理[M].北京：清华大学出版社，2013.
[8] 董千里，陈树公，王建华.物流运作管理[M].北京：北京大学出版社，2010.
[9] 王英，黄海峰.企业生产物流质量管理[J].中国储运，2012（03）.
[10] 姚冠新.物流质量管理指标体系构建及模糊评判[J].商业时代理论，2005（29）.
[11] 张海涛，刘超英，田水.权重确定的主客观综合法[J].江汉大学学报，2004（04）.
[12] 朱建军.层次分析法的若干问题研究及应用[D].沈阳：东北大学，2005.
[13] 白宝光，张世英.质量成本模型及其优化[J].科学管理研究，2005（03）.
[14] 冯耕中，李雪燕.企业物流成本计算与评价[M].北京：机械工业出版社，2007.
[15] 马士华.论核心企业对供应链战略伙伴关系形成的影响[J].工业工程与管理，2000（01）.
[16] 马士华.新编供应链管理[M].北京：清华大学出版社，2008.
[17] 彭兴，杜跃平，等.企业信息化与供应链管理[J].情报杂志，2004（12）.
[18] 邱春龙.信息技术在集成供应链管理中的应用[J].漳州职业技术学院学报，2006（02）.
[19] 饶坤罗.零售业供应链管理现状及对策[J].财经界，2007（12）.
[20] 邵晓锋，季建华.供应链中的牛鞭效应分析[J].东华大学学报，2001（04）.
[21] 邵亦惠.美国环境管理的发展动向[J].上海环境科学，2003.
[22] 施先亮、李伊松.供应链管理原理及应用[M].北京：清华大学出版社，2006.
[23] 王洪刚，韩文秀.绿色供应链管理及实施策略[J].天津大学学报，2002（02）.
[24] 王炬香，胡宗武，王安麟.基于电子商务的供应链管理[J].制造业自动化，2000（10）.

[25] 武春友，朱庆华，耿勇，等.绿色供应链管理和企业可持续发展[J].中国软科学，2001（03）.

[26] 西贝.以法矫正企业行为[J].世界环境，2005（06）.

[27] 夏春玉，李建生.绿色物流[M].北京：中国物资出版社，2005.

[28] 向欣.中国企业供应链管理现状及主要问题[J].中国流通经济，2004（03）.

[29] 张国庆.有效执行：新时期中国政府公共政策的理性选择[J].北京行政学院学报，2004（03）.

[30] 谢科范.供应链管理中的牛鞭效应与信息风险[J].中国机械工程，2003（03）.

[31] 张成海.供应链管理技术与方法[M].北京：清华大学出版社，2002.

[32] 林小兰.管理信息系统在企业中的应用[M].西安：西安电子科技大学出版社，2005.

[33] 雷红宇.支持敏捷虚拟企业供应链敏捷的动态物流规划与仿真[D].武汉理工大学，2008.

[34] 张华丽.邮电机房动力监控系统的理论与开发[M].西安：西北工业大学出版社，2001.

[35] 何黎霞，杨胜华.基于J2EE技术体系的企业物资管理系统的设计与实现[J].电脑开发与应用，2005（06）.

[36] 朱俊武.基于本体的WEB服务语义支撑技术研究[D].南京航空航天大学，2008.

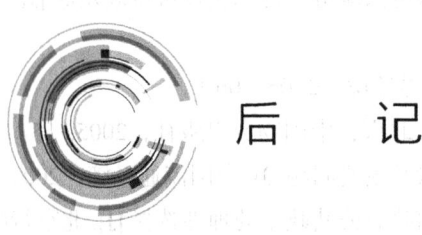

后　记

　　现代企业生产物流是众多观念、原理与方法的综合，不仅涉及传统的市场营销、生产、采购、会计和运输领域，还涉及信息学、组织行为及经济学的规律。本书立足于现代企业的实际需要，着眼于企业目前以及未来发展态势，从发展和系统的角度出发，思考和探究企业生产物流与采购管理的思想观念、主要策略和一般操作方法。

　　由于本人的理论水平有限，对所研究的问题只能浅尝辄止，很多问题都还未涉及。同时，企业管理的新方法、新技术不断涌现，企业要实施有效的采购管理，就必须因势而动，因时而动，这些都需要我们不断地研究和探索。

　　本书在写作过程中参考了大量的文献资料，在此谨向这些作者表示衷心的感谢！

　　由于时间仓促，书中难免存在不足，恳请读者提出宝贵意见。

金　凤

2016 年 10 月